釈迦《しゃか》如来《にょらい》坐《ざ》像《ぞう》

悟りを開いた釈迦の教えが仏教という宗教を生んだ。その教えは伝播する過程でさまざまに解釈され、多くの宗派が形成されることになった。

(東京国立博物館蔵)

【法相宗《ほっそうしゅう》】『玄奘三蔵像《げんじょうさんぞうぞう》』
『西遊記』の三蔵法師のモデルとして知られる玄奘は、中国唐代初期の僧。玄奘がインドからもたらした唯識思想が法相宗のルーツとなった。(東京国立博物館蔵)

【律宗《りっしゅう》】鑑真像《がんじんぞう》

鑑真は中国唐代の僧。日本人僧に請われ、苦難にめげず来日を果たし、多くの人々に戒律を授けた。その戒律にもとづく宗派が律宗である。(鑑山禅寺蔵)

【華厳宗《けごんしゅう》】東大寺《とうだいじ》盧舎那仏像《るしゃなぶつぞう》

東大寺は華厳宗の大本山。その東大寺に、聖武天皇の命によって建立された大仏は正式には毘盧舎那仏といい、華厳宗の本尊として大仏殿に祀られている。

【真言宗《しんごんしゅう》】
『空海《くうかい》(真言《しんごん》八祖《はっそ》像《ぞう》)』

空海は「弘法大師」として知られる真言宗の開祖。仏教のみならず、語学・文学・修辞学・書道、さらには建築・土木や教育事業に才能を発揮し、日本文化に多大な影響を与えた。(奈良国立博物館蔵)

【天台宗《てんだいしゅう》】比叡山延暦寺《ひえいざんえんりゃくじ》

天台宗の開祖・最澄が創建した比叡山延暦寺は、その1200年以上の歴史のなかで、法然、親鸞、道元、日蓮といった各宗派の祖師を数多く輩出してきた。そこから「日本仏教の母山」と呼ばれている。

【浄土宗《じょうどしゅう》】『阿弥陀《あみだ》聖衆来迎《しょうじゅらいごう》図《ず》』

浄土宗をはじめとする浄土系宗派の本尊である阿弥陀如来（阿弥陀仏）は、西方にある極楽浄土にいて、人が亡くなるときに、この世に飛来し、浄土に導くと信じられている。(東京国立博物館蔵)

【融通念仏宗《ゆうづうねんぶつしゅう》】大念佛寺《だいねんぶつじ》の万部《まんぶ》おねり

浄土系の宗派には、来迎する諸菩薩に仮装して練り歩く練供養という行事がある。融通念仏宗の総本山・大念佛寺では、二十五菩薩による「万部おねり」が行われ、盛り上がりを見せる。

【浄土真宗《じょうどしんしゅう》】『親鸞聖人像《しんらんしょうにんぞう》』

浄土宗の開祖・法然に師事して念仏の教えを伝え、浄土真宗の開祖となった親鸞。僧でなく俗人でもない「非僧非俗」の立場をとり、あるがままの自分の姿で伝道を続けた。（奈良国立博物館蔵）

【時宗《じしゅう》】『一遍聖絵《いっぺんひじりえ》』

時宗では、輪になり念仏を称えながら踊る「踊念仏」（画像中央）が民間信仰と結びつき、広まっていった。その踊念仏が風流化し、現在の盆踊りにつながったとされている。（東京国立博物館蔵）

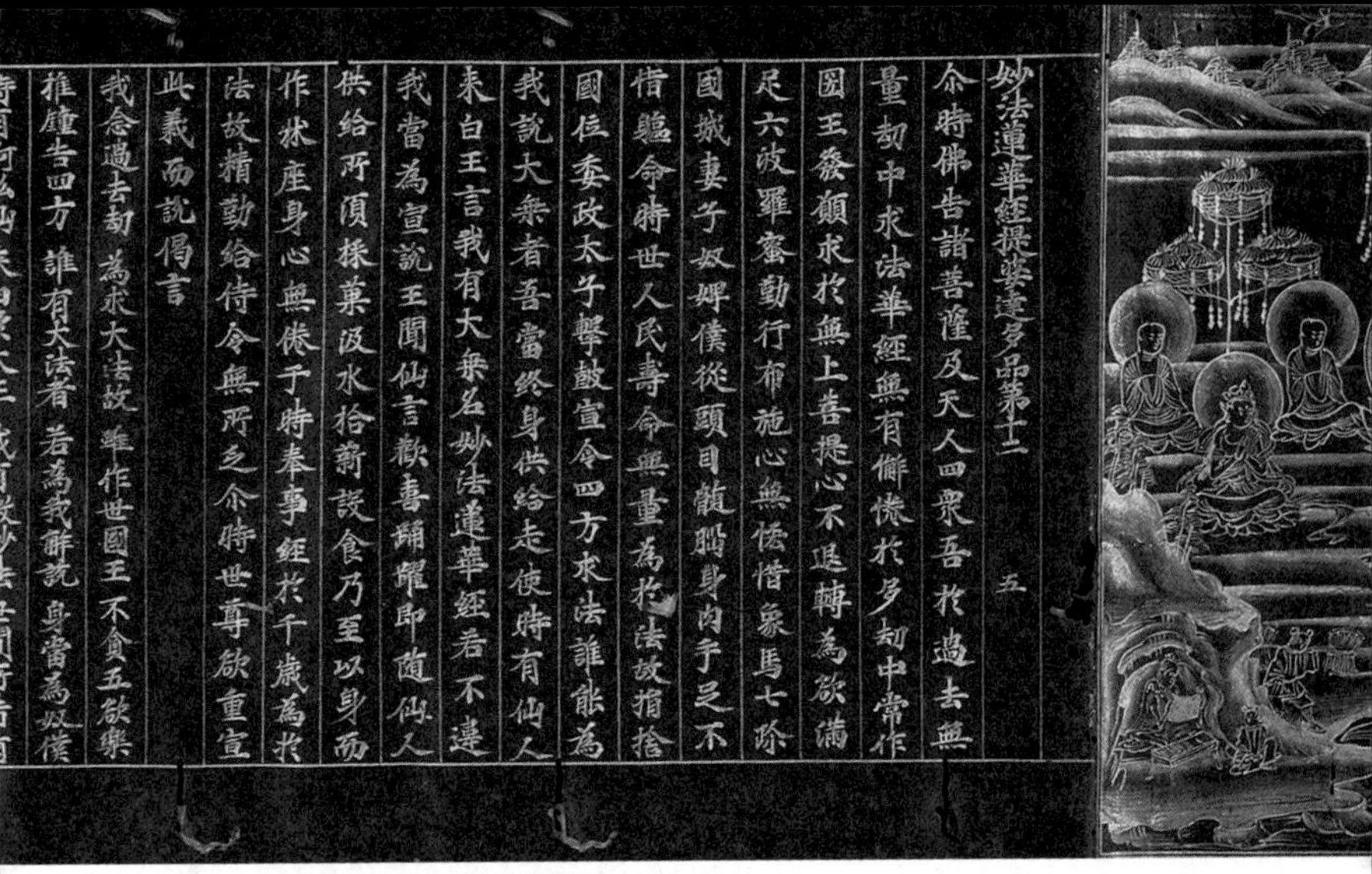

【日蓮宗《にちれんしゅう》】『妙法蓮華経巻第五《みょうほうれんげきょうかんだいご》』

『法華経』は日蓮宗の根本経典。日蓮は末法の時代にあっては、『法華経』の教えによってのみ救われると説き、「南無妙法蓮華経」の題目を唱えることをすすめ、社会の安寧と現世の人々の幸福を願った。（東京国立博物館蔵）

【臨済宗《りんざいしゅう》】建長寺《けんちょうじ》法堂《はっとう》『雲竜図《うんりゅうず》』小泉淳作《こいずみじゅんさく》

臨済宗は禅の教えを説く宗派。禅文化は建築、庭園、文学、芸能など、さまざまな分野に影響を与えている。この建長寺のように、堂の天井に大きな龍の絵が描かれていることも少なくない。

【曹洞宗《そうとうしゅう》】永平寺勅使門《えいへいじちょくしもん》

永平寺は曹洞宗の大本山。深山幽谷の境内に、70あまりの堂宇が建ち並ぶ。開祖・道元が禅の修行道場として建立した。

【黄檗宗《おうばくしゅう》】『隠元隆琦像《いんげんりゅうきぞう》』

（喜多元規《きたげんき》筆《ひつ》 隠元隆琦《いんげんりゅうき》賛《さん》）

黄檗宗の宗祖・隠元は中国明代の臨済宗の僧。福州にある黄檗山萬福寺の住職をつとめていたが、日本から招請に応えて来日し、禅の教えを伝えた。

（九州国立博物館蔵）

図説

ここが知りたかった!

日本の仏教とお経

廣澤隆之［監修］

青春出版社

はじめに

仏教はアジア各地でさまざまに展開し、現在では欧米にまで広まっている。そしてその思想には昏迷《こんめい》する現代社会の指針となるべく、大きな期待がよせられている。とりわけ、世界の民族紛争や戦争の背後にはさまざまな宗教の原理主義的な主張が見え隠れしている時代に、異なった宗教や思想に対して寛容であり、対立する他者との共存をはかる仏教の思想が新しい可能性をはらんでいることは、すでに多くの方面から指摘されている。

このように未来にむけて新しい可能性を秘めている仏教も、日本での現状を見ると、すでに日本人の心から離れているようにさえ思える状況がある。

めまぐるしく変化する時代にあっては、目先の事柄ばかり気になり、時代を超えて人間が生きる意味を見失いがちになる。まさしく、日本が経済成長をするにしたがって、経済的利益への関心が強まるのに反比例して、崇高《すうこう》な存在への関心は薄まってしまった。そして、ついに神仏への祈りを忘れた日本社会はさまざまに荒廃した様相を呈しはじめている。

このような時代であるからこそ、私たちが仏教を見つめる意義があると思われる。しかも、私たちの先祖が精神生活の基盤とした仏教は、今日まで伝えられた各宗派のなかに脈々と生き続けている。まさしく今日までの自分を振り返り、明日に向かって生き続けるためにも、日本に伝わった仏教を知る必要があるといえよう。

そのために、とりわけ必要な知識として、インドで成立した大乗《だいじょう》仏教の経典《きょうてん》（お経）と、その経典にもとづく日本の仏教の各宗派の成立と展開があげられる。

ただし、本書で紹介した経典と宗派の教えを知ることだけで、日本の仏教の全体像が見えてくるというものではない。じつは、日本における仏教の展開はもっと複雑にさまざまな要素が入り込んでいるのである。習俗《しゅうぞく》としての仏教（初詣《はつもう》で・墓参り・お盆《ぼん》など）、呪術的《じゅじゅつてき》な仏教、神道《しんとう》と結びついた仏教、葬儀のための仏教、こういった仏教イメージは近代社会の合理的精神からすると見下すべきものであった。しかし、近代の合理的精神を反省してみると、迷信であると断罪《だんざい》し、呪術的であると侮蔑《ぶべつ》した民衆の仏教のなかに、じつは生を活性化させる智慧《ちえ》が秘められていることにも気づかされる。

人々は日々の暮らしのなかで、未来への希望をいだき、あるいは不安や絶望や恐怖から逃れるために、必死に釈迦《しゃか》への祈りを捧げる。そして民衆を指導した各宗派の祖師《そし》たちは自らが清《せい》貧《ひん》に徹し、命がけで釈迦の世界を知り、伝えることに努め、そして釈迦に祈った。

まさしく、仏教はこのように生の根源を衝《つ》き動かすものであり、しかも未来に開かれた思想をそなえるものでもある。

廣澤隆之

図説　ここが知りたかった！　日本の仏教とお経●目次

四章　江戸仏教

第二部　仏教の経典

仏教の経典　151

五章　大乗経典　156

執筆協力／平尾和雄
写真提供／東京国立博物館・奈良国立博物館・京都国立博物館・九州国立博物館・フォトライブラリー・アドビストック・ピクスタ・ColBase（国立文化財機構所蔵品統合検索システム）
図版・DTP／ハッシィ

序章

釈迦の誕生と教えの伝播

仏教の成立

釈迦族の王子による革新的な宗教の出現

悟りを開いたシッダールタ

仏教の開祖・釈迦《しゃか》は、その名をゴータマ・シッダールタといい、もとは北部インドの釈迦族の小国の王子だった。「釈迦」という名は、この部族に由来する。

現在のネパール南部にあるルンビニー園で誕生したシッダールタは、生まれるとすぐに七歩あゆんで、右手で天を、左手で地を指さし、「天上天下唯我独尊《てんじょうてんげゆいがどくそん》（わたしは世界でもっとも尊い者である）」と宣言した、と伝えられている。

シッダールタは誕生の七日後に母と死別し、養母に育てられたが、物質的な富と享楽《きょうらく》に恵まれた少年時代をおくり、十六歳で結婚。男児、羅睺羅《らごら》（ラーフラ）をもうけた。

しかし、生老病死《しょうろうびょうし》をはじめとする人生の苦や世の無常といった仏教の根本命題が心に芽ばえ、二十九歳で出家《しゅっけ》。仙人のもとで修行したり、森に入って苦行《くぎょう》に打ち込むなどして六年をすごす。そして、苦行が真実への道ではないと悟《さと》ったシッダールタは、森を出て川で身を清め、

釈迦の足跡

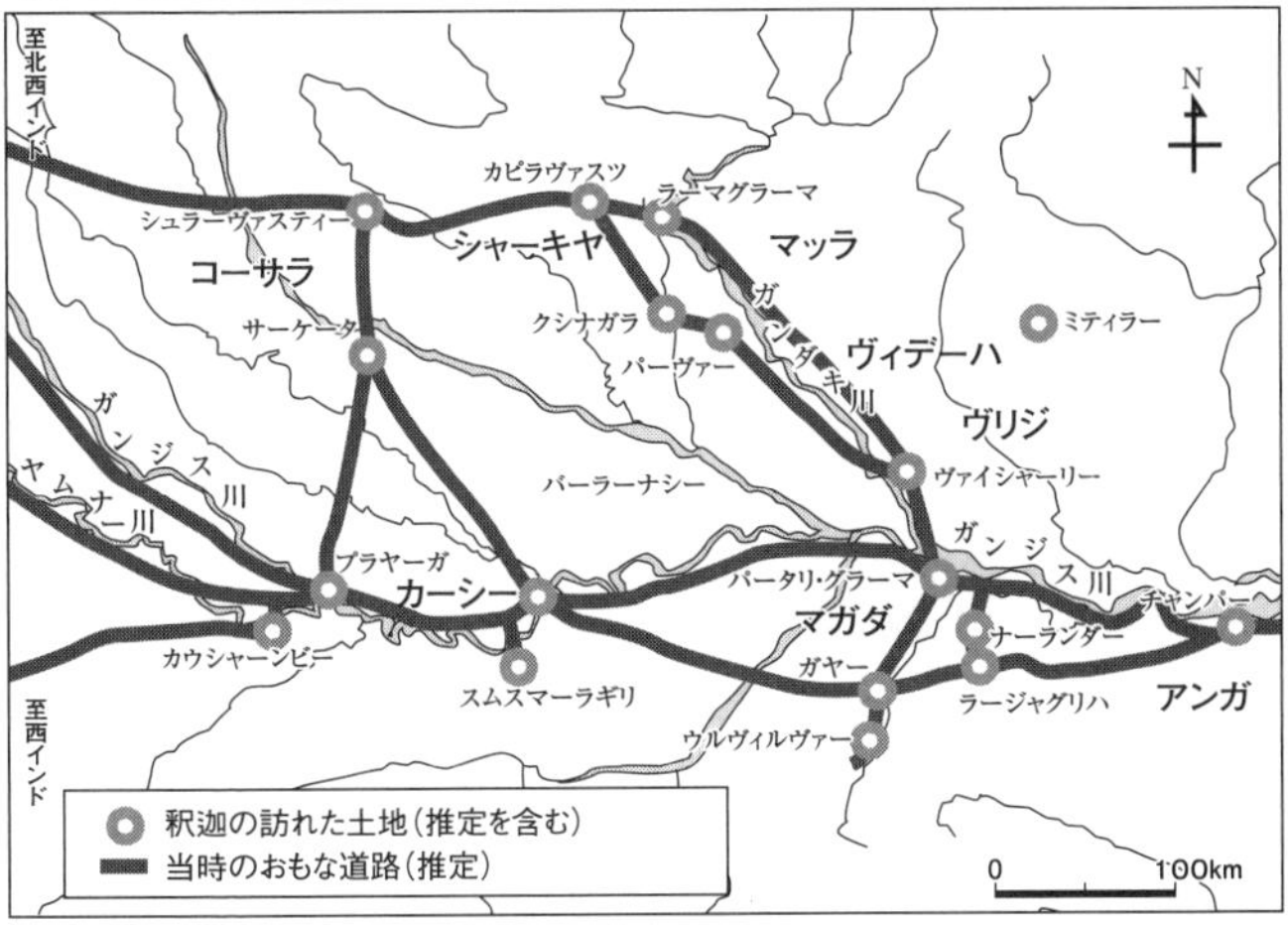

参考:『新編ブッダの世界』中村元編（学習研究社）

対岸の菩提樹《ぼだいじゅ》（悟りの樹）のもとに座って瞑想《めいそう》に入った。三十五歳の誕生日にあたる満月の夜、成道《じょうどう》（悟り）のときはおとずれ、ゴータマ・シッダールタはブッダ（「真実に目覚めた者」の意）となった。

釈迦は当初、説法を躊躇《ちゅうちょ》していたが、やがて決心し、かつて苦行をともにした五人の出家者にはじめての教えを説いた〈初転法輪《しょてんぼうりん》〉。五人は最初の仏弟子になり、ここに仏教が誕生したのである。

それ以降、釈迦は四十五年におよぶ遍歴遊《ゆ》行《ぎょう》を重ねて布教伝道をつづけ、八十歳のときにマッラ国のクシナガラで平安な入滅《にゅうめつ》（般涅《はんね》槃《はん》）をむかえた。紀元前三八三年（異説あり）のことであった。

真実を内に秘めた釈迦の教え

では、釈迦《しゃか》は何を説いたのか。

すべてのものは移ろいゆく〈諸行無常《しょぎょうむじょう》〉、何事も思いどおりにはならない〈一切皆苦《いっさいかいく》〉、すべての事象に永遠不滅に実在するものはない〈諸法無我《しょほうむが》〉——釈迦は人間がおかれた状況をこう分析し、この「三法印《さんぽういん》」の真実を悟ることによって、釈迦が到達した仏教の理想である絶対の平安の境地〈涅槃寂静《ねはんじゃくじょう》〉に導かれるとした。

また、人生は苦であるという真理〈苦諦《くたい》〉についても説いており、苦の原因〈集諦《じったい》〉を人間の心を汚す煩悩《ぼんのう》に求めた。なぜ人心に煩悩が生じるのかというと、この世に存在するものが無《む》常《じょう》であることを知らないからだという。しかし、このような無知《むち》（無明《むみょう》）を知り、煩悩を制すれば苦は滅びる〈滅諦《めったい》〉。そして苦を滅した境地を涅槃というが、その境地に到達する道、それが〈道諦《どうたい》〉である。釈迦は、官能のおもむくまま快楽にふけったり、自分を苦しめることに熱中する苦行の両極端を離れ、中道《ちゅうどう》を歩むことを教えているが、この中道の実践を具体的にしめしたのが道諦である。

これら苦諦、集諦、滅諦、道諦の〈四諦《したい》〉は悟《さと》りを得るためのプロセスで、涅槃の理想へむかって熱心に修行すべきだ、と釈迦は説いたのである。

釈迦の教え

三法印(四法印)

「一切皆苦」を入れると四法印となる

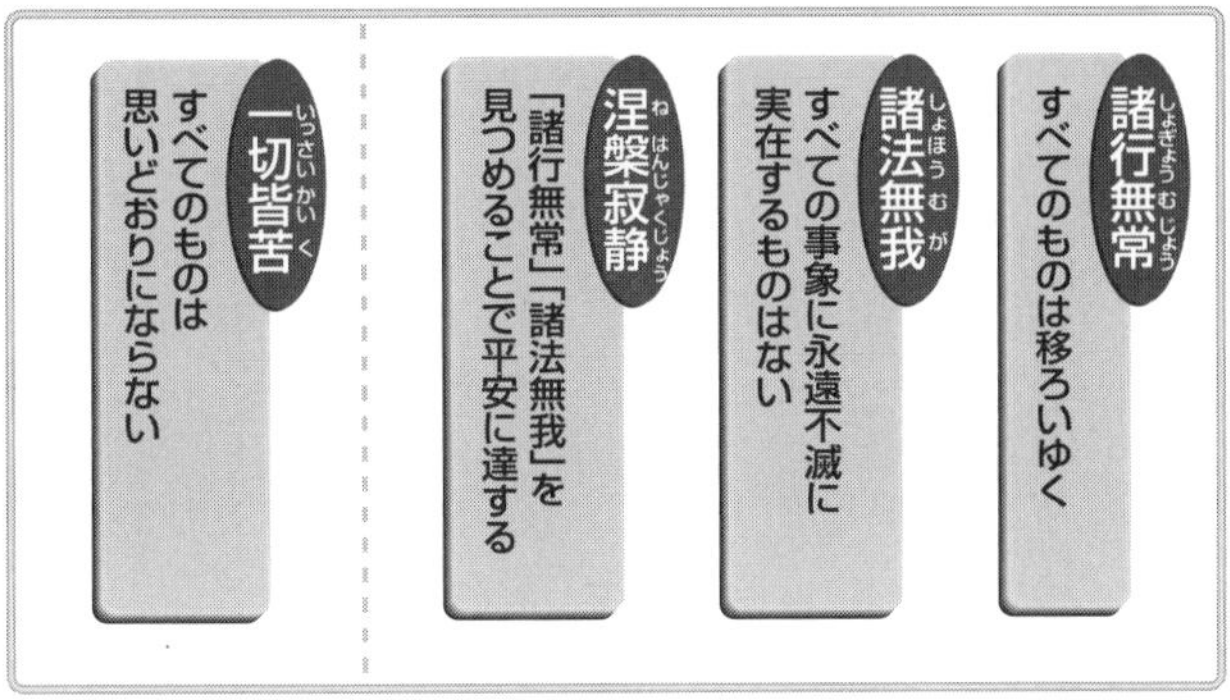

諸行無常《しょぎょうむじょう》
すべてのものは移ろいゆく
諸法無我《しょほうむが》
すべての事象に永遠不滅に実在するものはない
涅槃寂静《ねはんじゃくじょう》
「諸行無常」「諸法無我」を見つめることで平安に達する
一切皆苦《いっさいかいく》
すべてのものは思いどおりにならない

四諦

2組ずつが因果関係にある

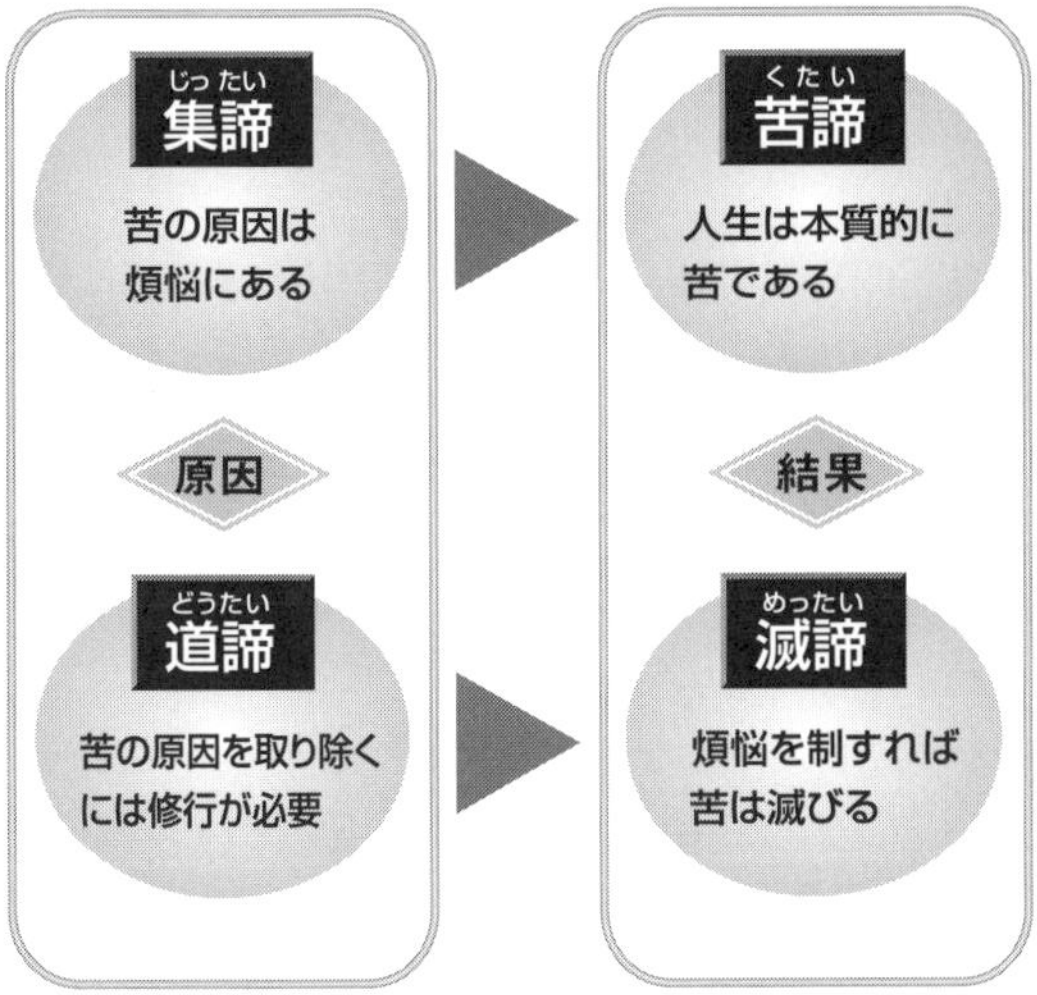

集諦《じったい》
苦の原因は煩悩にある
苦諦《くたい》
人生は本質的に苦である
原因
結果
道諦《どうたい》
苦の原因を取り除くには修行が必要
滅諦《めったい》
煩悩を制すれば苦は滅びる

仏教の伝播

インドでの盛衰と各地への伝来

アショーカ王のもと開花したインド仏教

釈迦入滅後一〇〇年ほど経つと、仏教教団は釈迦の説いたことのみを正統とする長老たちのグループ（上座部《じょうざ》）と、時の流れにそくして伝統を改変すべきだと主張するグループ（大衆部《だいしゅ》）に分裂していった〈根本分裂〉。その後、上座部と大衆部はさらに多くの「部派」へと分裂を重ねていく〈枝末分裂〉。

仏教が大きく発展し、アジア諸国による端緒《たんしょ》が開かれたのは、紀元前三世紀にインドの統一をはたしたマウリヤ朝第三代の王であるアショーカの時代だった。

あらゆる宗教に対して寛容だったアショーカ王は、八万四〇〇〇ものストゥーパ（釈迦の遺骨を納めた仏塔）を建立したり、中東やギリシアへ仏教使節を派遣するなど、仏教の発展に大きな貢献をした。

その後、仏教は二世紀にクシャーナ朝の第三代カシニカ王の帰依《きえ》を受けてさらに発展。四〜

釈迦入滅後の仏教

BC三八三	釈迦入滅
二八〇頃	第二結集　上座部と大衆部にわかれる(根本分裂)
二〇〇頃	アショーカ王のもと、インド全土に仏教が広がる
一八〇頃	部派仏教の時代　20の部派にわかれる(枝末分裂)
紀元前後	大乗仏教がおこる
	中国へ仏教が伝わる
一五〇頃	龍樹(ナーガールジュナ)の活躍
三二〇	チャンドラグプタが即位し、グプタ朝成立
三七二	高句麗に仏教が伝わる
四〇〇頃	仏教の大衆化
	法顕・鳩摩羅什(クマーラジーヴァ)の活躍
五二〇	達磨(ボーディダルマ)が中国に禅を伝える
五三八	日本へ仏教が伝わる(異説あり)
六〇四	大和朝廷が十七条憲法を制定
六二九	玄奘がインドへ求法におもむく
八四三	武帝による破仏
一二〇三	イスラム教徒によりヴィクラマシーラ僧院が破壊され、インド仏教が滅亡する

仏教の伝播経路

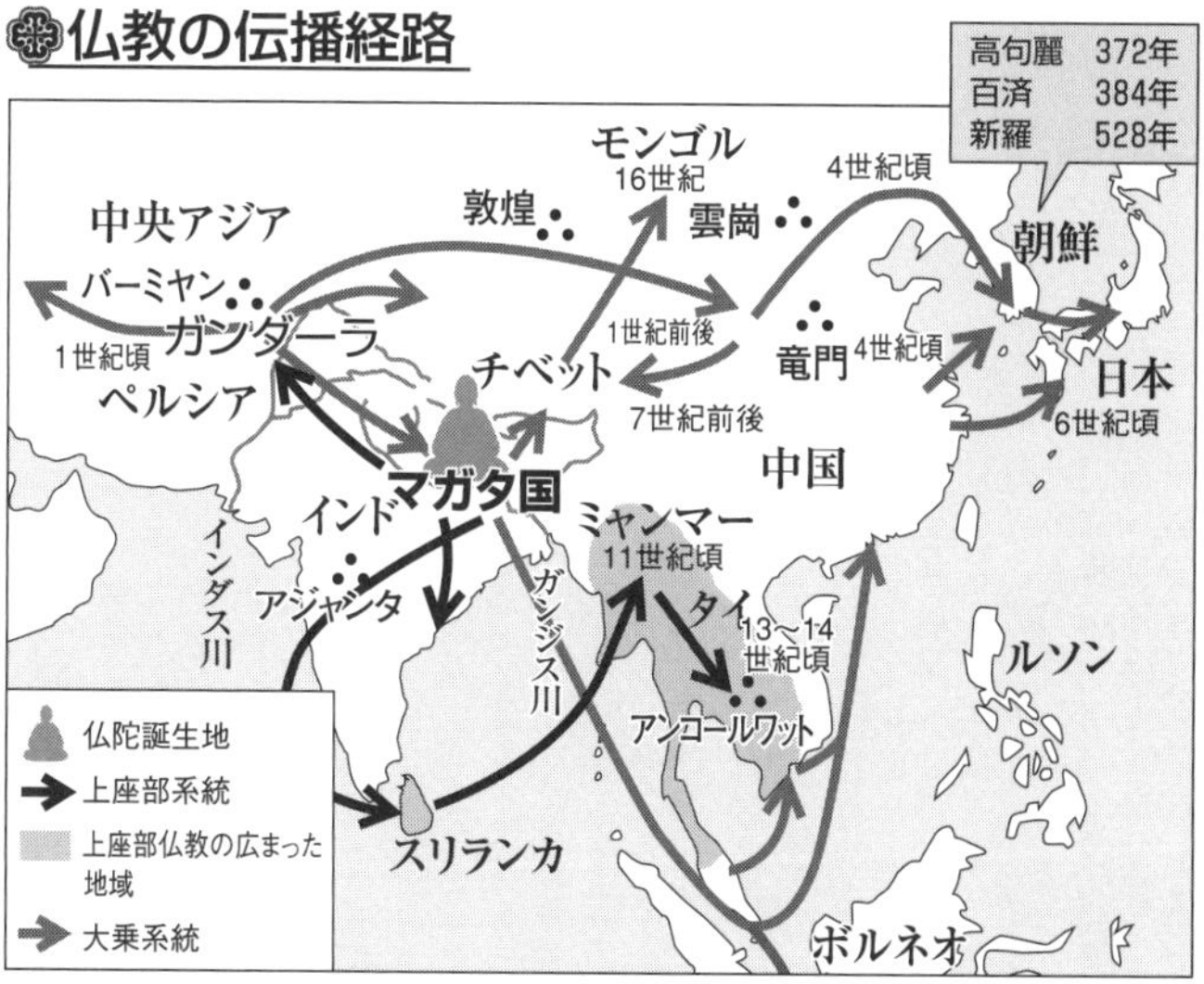

538年以前にも、渡来人らの手によって私伝という形で仏教が伝えられていたとされている。

五世紀になるとほぼインド全域に広まり、絶頂期をむかえた。八〜九世紀には仏教の流派の一つである密教《みっきょう》が大衆に歓迎され、もてはやされた。

しかし、インドの仏教はしだいにヒンドゥー教社会のなかに吸収、解体されていく。一二〇三年には、現在のビハール州のガンジス川畔にあった密教の根本道場、ヴィクラマシーラ僧院がイスラム教徒によって破壊され、千数百年におよぶインドでの歴史に幕を下ろすことになる。

隋唐時代に体系化された中国仏教

仏教が中国にはじめて伝えられたのは紀元前後とされる。ガンダーラからパミール高原を越えて西域《さいいき》に伝わった仏教が、西域の人びとによってもたらされたのだ。三九九年には東晋《とうしん》の僧・法顕《ほっけん》が西域を経てインドに入り、十三年におよぶ旅から帰朝し、インドから直接サンスクリット語経典をもたらしている。

また、インド人を父にもつ中央アジア出身の鳩摩羅什《くまらじゅう》（クマーラジーヴァ）は、『般若経《はんにゃきょう》』『法華経《ほけきょう》』『結摩経《ゆいまぎょう》』『阿弥陀経《あみだきょう》』など多くの経典の翻訳にあたった。このころから、インドにおもむく中国人僧や中国を訪れるインドや西域の僧侶があいつぎ、仏典がつぎつぎに漢訳されていった。

蘇我・物部両氏による崇仏論争

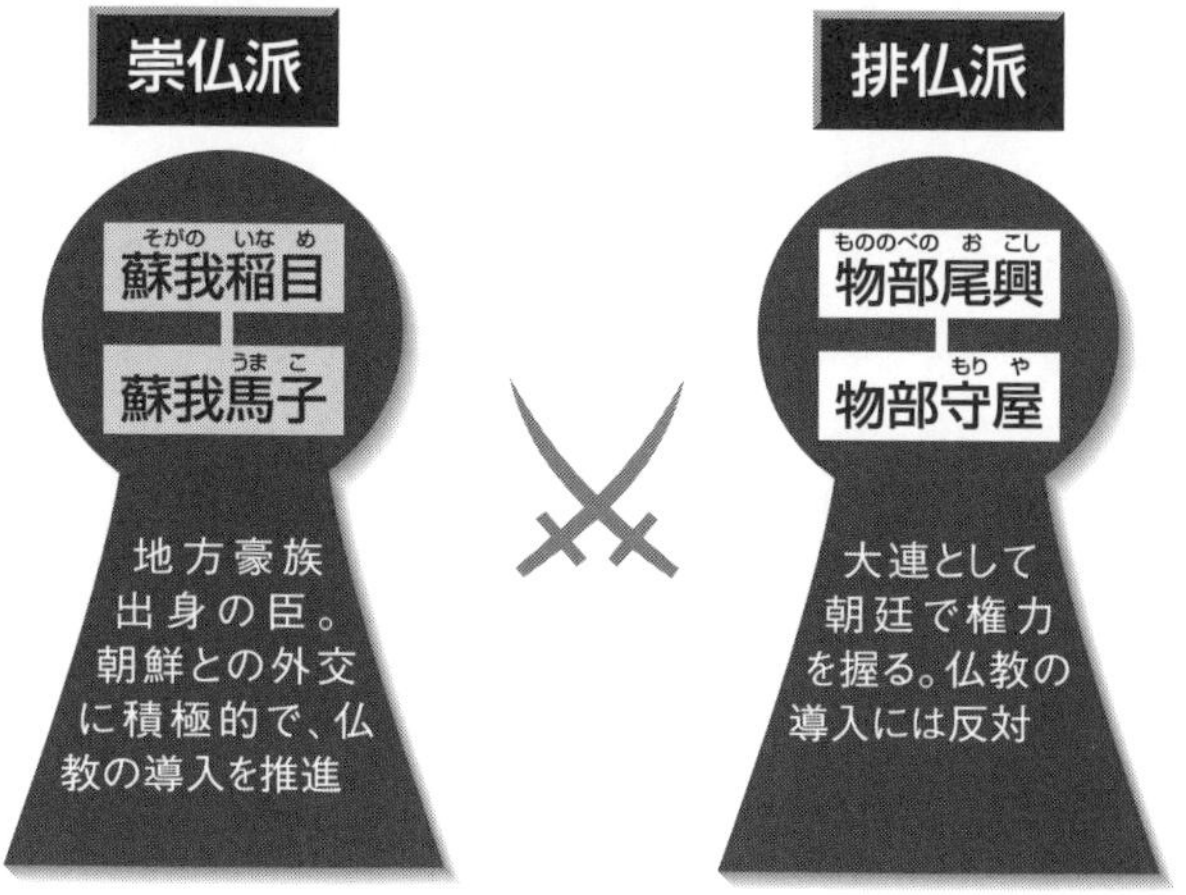
崇仏派
蘇我稲目《そがのいなめ》
蘇我馬子《うまこ》
地方豪族出身の臣。朝鮮との外交に積極的で、仏教の導入を推進
排仏派
物部尾興《もののべのおこし》
物部守屋《もりや》
大連として朝廷で権力を握る。仏教の導入には反対

五世紀半ば、中国北部では鮮卑《せんぴ》族の魏《ぎ》が国を建てて仏教を奨励。その仏教文化は国外にも伝播《でんぱ》し、朝鮮半島を経て日本へ伝来する要因になった。

同じころ、南朝では梁《りょう》の武帝《ぶてい》が仏教に帰依し、寺院を建立するなどしたため、仏教は飛躍的に発展した。インドから菩提達磨《ぼだいだるま》（ボーディダルマ）がきて禅《ぜん》の教えを伝えたのもこのころである。

そして隋唐《ずいとう》時代になると、中国仏教は最盛期をむかえる。天台大師《てんだいだいし》・智顗《ちぎ》は『法華経』を頂点に仏教を体系化し、天台宗を開いた。浄土《じょうど》教は東晋の慧遠《えおん》や北魏の曇鸞《どんらん》によって阿弥陀仏への帰依が説かれていたが、唐代に道綽《どうしゃく》や善導《ぜんどう》がでてさらに発展した。

七一六年には善無畏《ぜんむい》が入唐《にっとう》して密教を伝え、その根本経典である『大日経《だいにちきょう》』などが翻訳された。

こうして、唐代までにあらゆる仏教宗派がでそろったが、やがて発展期から継承期に移ると、土着の道教《どうきょう》や儒教《じゅきょう》と融合を重ねるようになり、中国化していった。

朝鮮から日本へ伝わった仏教

仏教は四世紀後半に高句麗《こうくり》や百済《くだら》へ、五世紀前半には新羅《しらぎ》に伝えられたとされている。三国はそれぞれ仏教を歓迎し、寺院の建立や留学僧《るがくそう》の派遣につとめた。七世紀の新羅による半島統一以降、仏教は国教とされ、十一～十二世紀には新羅にかわって半島を統一した高麗《こうらい》の仏教が最盛期をむかえる。だが、十四世紀末に李朝《りちょう》が朝鮮《ちょうせん》と号し、儒教と朱子学《しゅしがく》を国教として以来、高麗の仏教は衰退してしまった。

そして日本に仏教が伝来したのは欽明《きんめい》天皇の時代、五三八年のこととされる（異説あり）。百済の聖明王《せいめいおう》が仏像や経巻などをもたらしたことがきっかけだ。その後、日本では崇仏《すうぶつ》論争がおこったが、崇仏派が勝利し、全国に仏教が広まることになった。

第一部

日本の宗派

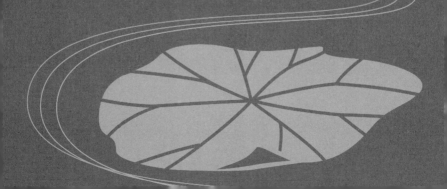

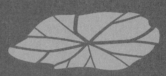

宗派の誕生と日本への伝来

教えの解釈から生じた大乗仏教と上座部仏教

大乗仏教の広がりを助長した仏塔信仰

大乗《だいじょう》とはサンスクリット語（梵語《ぼんご》）のマハーヤーナの訳で、「大きい、すぐれた乗物」という意味である。対になる小乗《しょうじょう》（小さな、劣った乗物）ということばは、大乗を自称する仏教徒が、それまでの伝統を重んじる上座部《じょうざぶ》仏教に対して一方的に投げつける蔑称《べっしょう》で、その使用は適切でない。

釈迦《しゃか》とその直弟子時代の初期仏教を継承し、厳しい戒律《かいりつ》を守って自己の精進《しょうじん》と徳目《とくもく》の実践にはげむ上座部仏教は、紀元前三世紀のマウリヤ朝第三代の王であるアショーカの時代にスリランカに伝わり、十三世紀以降、タイやミャンマーなど東南アジアにも伝播《でんぱ》。現在も篤《あつ》い信仰を集めている。

大乗仏教の成立には、在家《ざいけ》信者と出家《しゅっけ》者からなる、仏塔（ストゥーパ）信仰の集団が大きな役割をはたしたといわれている。仏塔などを建設し、土地や財物を寄進して管理運営にあたるのは在家信者たちで、出家者の戒律に制約されることなく、自由な発想で活躍することができた。

釈迦の過去世《かこぜ》を主題にする本生譚《ほんじょうたん》（ジャータカ）や、釈迦の伝記を描く仏伝など、文学活動もさかんになり、大乗仏典のモティーフとなる思想が形成されていった。本生譚から発展してゴータマ・ブッダ以前の過去七仏が説かれ、未来仏（弥勒《みろく》）が説かれるようになる。三世《さんぜ》（過去世・現世《げんせ》・来世《らいせ》）に拡大された仏は空間的にも拡大され、多方仏となる。こうして釈迦仏を超えて出現した新たな諸仏は、大乗仏教が広がるなかでさまざまな信仰を生み出した。

釈迦の十大弟子と仏教経典の編纂

釈迦の入滅《にゅうめつ》後、残された弟子たちは、釈迦の教えや教団の規律を整理し、まとめておく必要があると考えた。

十大弟子の一人で釈迦の後継者とされた頭陀行《ずだぎょう》第一の摩訶迦葉《まかかしょう》（マハーカーシャパ）を主導者として、五〇〇人の比丘《びく》（出家修行者）がマガダ国の王舎城《おうしゃじょう》（ラージャグリハ）郊外の七葉窟《しちようくつ》に集まった。

釈迦の晩年、長いあいだ侍者《じしゃ》としてつかえてきた多聞《たもん》第一の阿難《あなん》（アーナンダ）が経（教法）

を、持律第一《じりつ》といわれた優婆離《うばり》（ウパーリ）が律（戒律）を吟誦《ぎんしょう》して、参会者がそれを検討して合意し、それを教団の統一見解とした。

これを「仏典結集《ぶってんけつじゅう》」という。

仏典結集はその後も繰り返され、やがて文字に記録されるようになり、西暦紀元前後には今日残る上座部仏教の経典や、大乗経典の原形が成立していく。

こうして長い年月にわたって生み出されつづけた経典は「八万四千の法門《ほうもん》」といわれるように、膨大な数にのぼっている（実際の経典の数は約三千）。大乗仏典の多くはサンスクリット語で書かれ、中国へ伝わり漢訳され、朝鮮半島を経て日本へ伝えられた。またチベットに伝えられて、チベット語訳の経典も編纂《へんさん》された。

大乗仏典の成立年代については不明な点が多いが、三世紀に「空《くう》」思想を大成した中観派《ちゅうがん》の龍樹《りゅうじゅ》（ナーガールジュナ）以前に成立していたと考えられる『般若経典《はんにゃきょうてん》』、『法華経《ほけきょう》』『華厳経《けごんきょう》』『浄土経典《じょうど》』などの初期大乗経典、五世紀に出て唯識説《ゆいしき》を唱えた無著《むじゃく》（アサンガ）、世親《せしん》（ヴァスバンドゥ）兄弟のころまでに成立し、如来蔵《にょらいぞう》や仏性《ぶっしょう》を説く『勝鬘経《しょうまんぎょう》』『涅槃経《ねはんぎょう》』などの中期大乗経典、七世紀ごろまでに成立した密教の『大日経《だいにちきょう》』『金剛頂経《こんごうちょうきょう》』などの後期大乗経典に分類される。

釈迦の十大弟子

阿難
（アーナンダ）

釈迦のいとこで、経典の編纂会議の際に活躍した

優婆離
（ウパーリ）

もとは理髪師だったが、弟子のなかでもっとも戒律を守った

摩訶迦葉
（マハーカーシャパ）

釈迦の入滅後、教えをまとめて後継者となった

目犍連
（マウドガリヤーヤナ）

舎利弗の親友で、誰よりも神通力が強かった

舎利弗
（シャーリプトラ）

学徳にすぐれ、釈迦にかわって説法をすることもあった

須菩提
（スブーティ）

釈迦の「空」の教えに、もっとも精通していた

富楼那
（プールナ）

外国への布教を試み、多くの成果をあげた

阿那律
（アヌルッダ）

眠らずに失明してしまうが、真理を見る眼を得た

羅睺羅
（ラーフラ）

釈迦の実子で、自ら進んで厳しい戒律を実践した

迦旃延
（カーティヤーヤナ）

議論に優れ、教えをわかりやすく説くことができた

宗派の誕生と日本への仏教伝来

インドでの何世紀にもわたる仏教の展開、変遷によって生まれたさまざまな経典が、その成立の順序や経緯とは無関係に中国にもたらされた。しかし、どの経典がブッダの真意を反映し、どの経典が重要であるかを見極める必要がでてきた。そこで、説かれた形式、方法、順序、内容などによって経典を分類し体系づける「教相判釈《きょうそうはんじゃく》」が行なわれた。

隋《ずい》代にでた中国天台《てんだい》宗の開祖・智顗《ちぎ》は、釈迦の教説《きょうせつ》の順序を五時にわけ、人びとの性質や能力に応じてしだいに深い教えを説き、最後に説いた経典が『法華経』だとする「五時八教判」を主張した。また、華厳宗の大成者・法蔵《ほうぞう》は『華厳経』を中心、最高とする「五教十宗判」によって仏教全体を把握した。

こうして数多くの経典から一つの経典を選び、その経典を中心に仏の教えを説こうとするグループがいくつもでき、宗派が生まれていく。

中国の宗派はそのまま日本へと伝えられた。まず奈良時代に「南都《なんと》六宗」とよばれる三論《さんろん》宗、成実《じょうじつ》宗、法相《ほっそう》宗、倶舎《くしゃ》宗、華厳《けごん》宗、律《りつ》宗が伝えられた。これらはいわば「学派」のようなもので、僧侶は特定の宗に属することなく、各宗にまたがって教えを学ぶことができた。六宗のうち、東大寺《とうだいじ》を本山とする華厳宗、唐《とう》の玄奘《げんじょう》を始祖とする法相宗、鑑真《がんじん》によってもたらされ

経典の成立と宗派の誕生

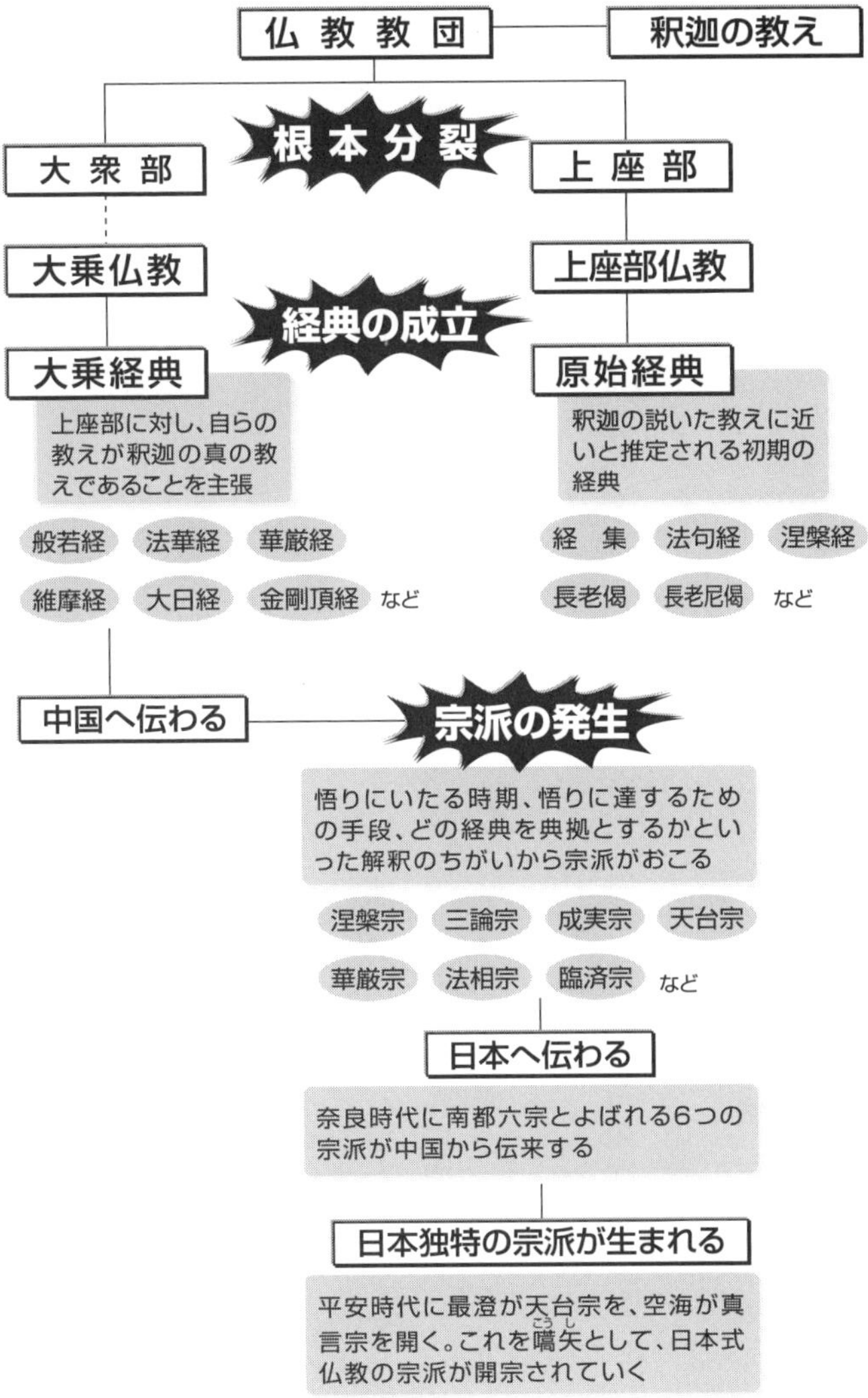
仏教教団
釈迦の教え
根本分裂
大衆部
上座部
大乗仏教
上座部仏教
経典の成立
大乗経典
上座部に対し、自らの教えが釈迦の真の教えであることを主張
般若経
法華経
華厳経
維摩経
大日経
金剛頂経
など
原始経典
釈迦の説いた教えに近いと推定される初期の経典
経集
法句経
涅槃経
長老偈
長老尼偈
など
中国へ伝わる
宗派の発生
悟りにいたる時期、悟りに達するための手段、どの経典を典拠とするかといった解釈のちがいから宗派がおこる
涅槃宗
三論宗
成実宗
天台宗
華厳宗
法相宗
臨済宗
など
日本へ伝わる
奈良時代に南都六宗とよばれる6つの宗派が中国から伝来する
日本独特の宗派が生まれる
平安時代に最澄が天台宗を、空海が真言宗を開く。これを嚆《こう》矢《し》として、日本式仏教の宗派が開宗されていく

唐招提寺《とうしょうだいじ》を本山とする律宗の三宗が現在まで存続している。

南都六宗は中国に存在した宗派の移入だったが、平安時代になると最澄《さいちょう》と空海《くうかい》という二人の日本人僧によって天台宗《てんだい》と真言宗《しんごん》が開創される。

さらに平安時代末期には良忍《りょうにん》の融通念仏宗《ゆうづうねんぶつ》が、鎌倉時代に入って法然《ほうねん》の浄土宗《じょうど》、親鸞《しんらん》の浄土真宗《しん》、一遍《いっぺん》の時宗《じ》という浄土系四宗が創始された。栄西《えいさい》の臨済宗《りんざい》と道元《どうげん》の曹洞宗《そうとう》の禅系《ぜん》二宗、日蓮《にちれん》による日蓮宗も鎌倉時代に生まれている。

室町時代以降は各宗内部の分派は見られたものの、新しい宗として開かれたものはなかった。しかし、江戸時代初期には明《みん》僧・隠元《いんげん》によって中国臨済宗系の黄檗宗《おうばく》がこれに加えられた。

その後、第二次世界大戦前までは、日本の仏教宗派の数は一般的に「十三宗五十六派」といわれてきた。

だが、戦後になって宗教法人法が公布されると（一九五一年）、既成仏教宗派のなかから多くの分派が独立し、おびただしい数の仏教系新興宗教団体が生まれる。有名伝統寺院のなかからも単立本山として独立するものが続出して、派に関しては正確な数がわからないほど増加した。

しかし事実上、宗の数は現在も十三宗であることに変わりはない。

日本仏教宗派の流れ

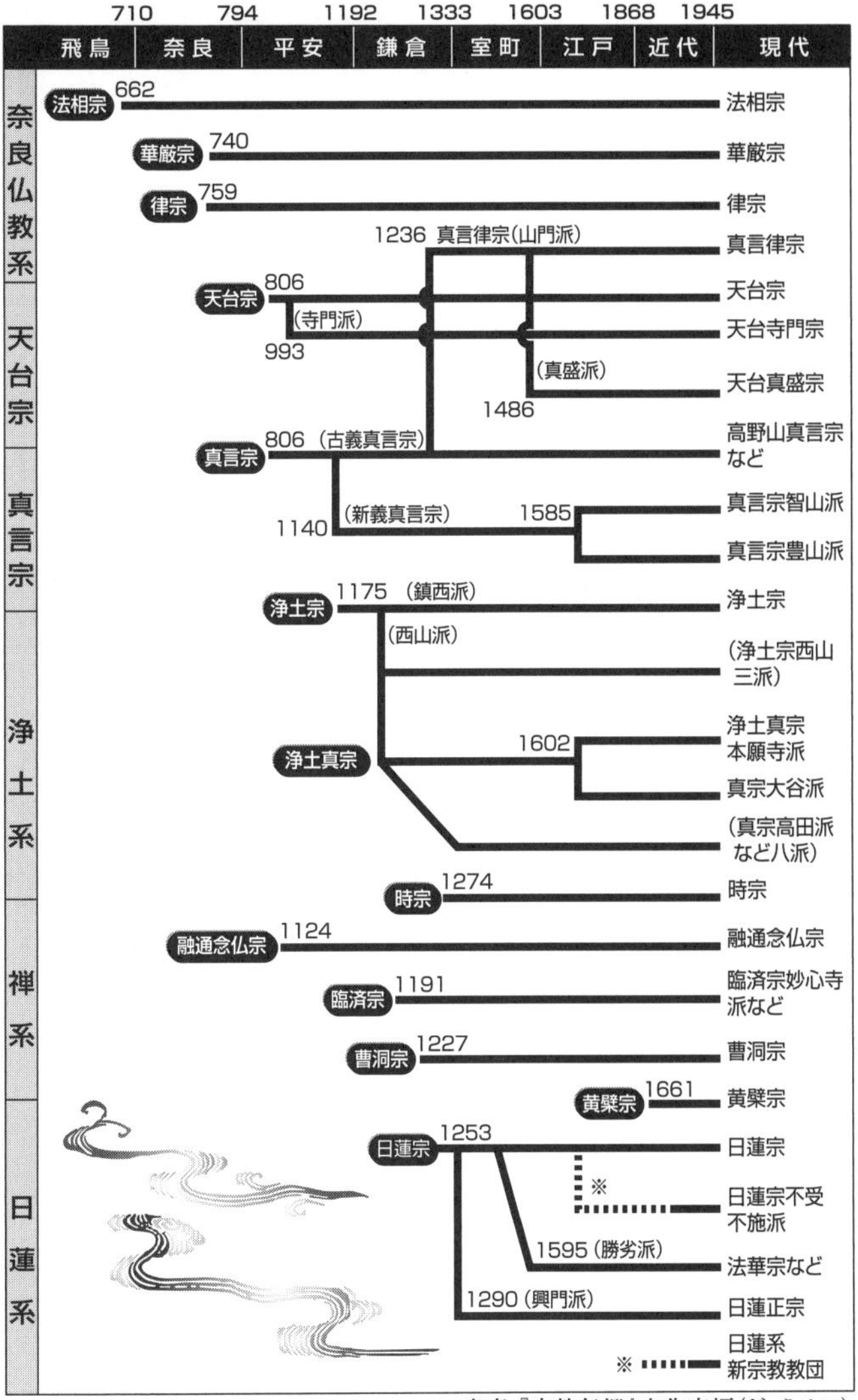

710
794
1192
1333
1603
1868
1945
飛鳥
奈良
平安
鎌倉
室町
江戸
近代
現代
奈良仏教系
天台宗
真言宗
浄土系
禅系
日蓮系
法相宗
662
法相宗
華厳宗
740
華厳宗
律宗
759
律宗
1236 真言律宗(山門派)
真言律宗
天台宗
806
天台宗
(寺門派)
993
天台寺門宗
(真盛派)
1486
天台真盛宗
真言宗
806 (古義真言宗)
高野山真言宗
など
(新義真言宗)
1140
1585
真言宗智山派
真言宗豊山派
浄土宗
1175 (鎮西派)
浄土宗
(西山派)
(浄土宗西山
三派)
浄土真宗
1602
浄土真宗
本願寺派
真宗大谷派
(真宗高田派
など八派)
時宗
1274
時宗
融通念仏宗
1124
融通念仏宗
臨済宗
1191
臨済宗妙心寺
派など
曹洞宗
1227
曹洞宗
黄檗宗
1661
黄檗宗
日蓮宗
1253
日蓮宗
※
日蓮宗不受
不施派
1595 (勝劣派)
法華宗など
1290 (興門派)
日蓮正宗
※
日蓮系
新宗教教団

参考:『宗教年鑑』文化庁編(ぎょうせい)

一章
飛鳥・奈良仏教

飛鳥・奈良時代の仏教

律令国家体制のもとで庇護された護国仏教

仏教思想にもとづく政治の実践

崇仏《すうぶつ》派の蘇我《そが》氏を支持して日本への仏教導入に大きな役割をはたしたのは、用明《ようめい》天皇の皇子である厩戸皇子《うまやどのおうじ》（聖徳太子《しょうとくたいし》）だった。太子は五九二年、用明天皇の妹・推古《すいこ》天皇が即位すると、翌年に皇太子となり、摂政《せっしょう》の位に就いた人物である。高句麗《こうくり》僧・慧慈《えじ》や百済《くだら》僧・慧聡《えそう》、観勒《かんろく》のもとで仏教を学び、推古天皇のために『法華経《ほけきょう》』や『勝鬘経《しょうまんぎょう》』について講義したり、高度な専門知識に裏打ちされた『法華義疏《ぎしょ》』『維摩経《ゆいまぎょう》義疏』『勝鬘経義疏』の三部作からなる「三《さん》経《ぎょう》義疏」を著《あらわ》したとされる。

隋《ずい》が中国を統一すると、数度にわたって遣隋使《けんずいし》を送っている。六〇七年の遣隋使には、小野《おのの》妹子《いもこ》らとともに学問僧・旻《みん》、南淵請安《みなぶちのしょうあん》らが派遣されたが、これは国政のために役立つ仏法を学びとることが目的の一つだった。太子が策定したとされる十七条憲法の第二条に「篤《あつ》く三宝《さんぽう》を敬《うやま》え。三宝とは仏《ぶつ》、法《ぽう》、僧《そう》なり」とあるように、仏教による国の統治を理想と考えていたの

伝厩戸皇子(聖徳太子)

太子は三宝帰依を説いたり、「三経義疏」を著すなど仏教の興隆に大きな貢献をはたした。仏教によって国家をおさめることが、かれの理想だった

である。

太子没後、六四五年に起きた大化《たいか》の改新《かいしん》は、壬申《じんしん》の乱を経て完成し、天武《てんむ》王朝は護国仏教を基盤とする中央集権的な律令《りつりょう》国家をつくりあげた。この護国仏教を継承し、繁栄の頂点をもたらしたのは自らを「三宝の奴《やっこ》」(仏教の召使い)と宣誓した聖武《しょうむ》天皇だった。聖武天皇は諸国に国分寺《こくぶんじ》、国分尼寺《こくぶにじ》を建立し、それらを統括する東大寺《とうだいじ》を完成させた。七五四年に唐《とう》僧・鑑真《がんじん》が平城京《へいじょうきょう》を訪れると、聖武天皇は大仏殿前に設けられた戒壇《かいだん》で仏教の戒を受けた。

学問仏教として成立した南都六宗

この時期の仏教は、律令国家体制における国家の庇護《ひご》と統制のもと、徐々に人びとに受容され発展していった。奈良（南都《なんと》）の諸寺院を中心に六つの宗派が展開したことから、「南都六宗」とよびならわされている。

南都六宗は中国の宗派がそのまま日本に伝えられたものだが、「宗」とはいえども独立した寺院組織や教団ではない。むしろ、学派あるいは今日の大学における学部や学科のようなものだった。たとえば、僧侶は一つの特定の宗派に属していたわけではなく、各宗にまたがって学ぶことができたのである。これが「学問仏教」とよばれるゆえんだ。

六宗を具体的にあげると、三論宗、成実宗、法相宗、倶舎宗、華厳宗、律宗である。薬師寺《やくしじ》と興福寺《こうふくじ》を本山とする法相宗、東大寺で学ばれた華厳宗、唐招提寺に伝えられた律宗の三宗は現在まで存続している。

これら三宗の詳細については後述するが、倶舎宗は西北インドに出た唯識派の世親《せしん》（ヴァスバンドゥ）が著し、唐の玄奘《げんじょう》が訳した「阿毘達磨倶舎論《あびだつまくしゃろん》」にもとづいた宗派だ。同じ唯識派の流れをうけた法相宗の属宗とされ、のちにいたるまで基礎学として広く学ばれた。空《くう》思想を展開した南インドの龍樹の『中論』と『十二門論』、それに龍樹の弟子・提婆《だいば》の『百論』をよりどころにする三論宗は、隋の吉蔵《きちぞう》によって大成された。成実宗も空を説き、三論宗の基礎学として学ばれた。

南都六宗

法相宗	倶舎宗	律宗	三論宗	成実宗	華厳宗
薬師寺 興福寺	興福寺 東大寺	唐招提寺	東大寺南院	大安寺 元興寺	東大寺

国分寺の分布

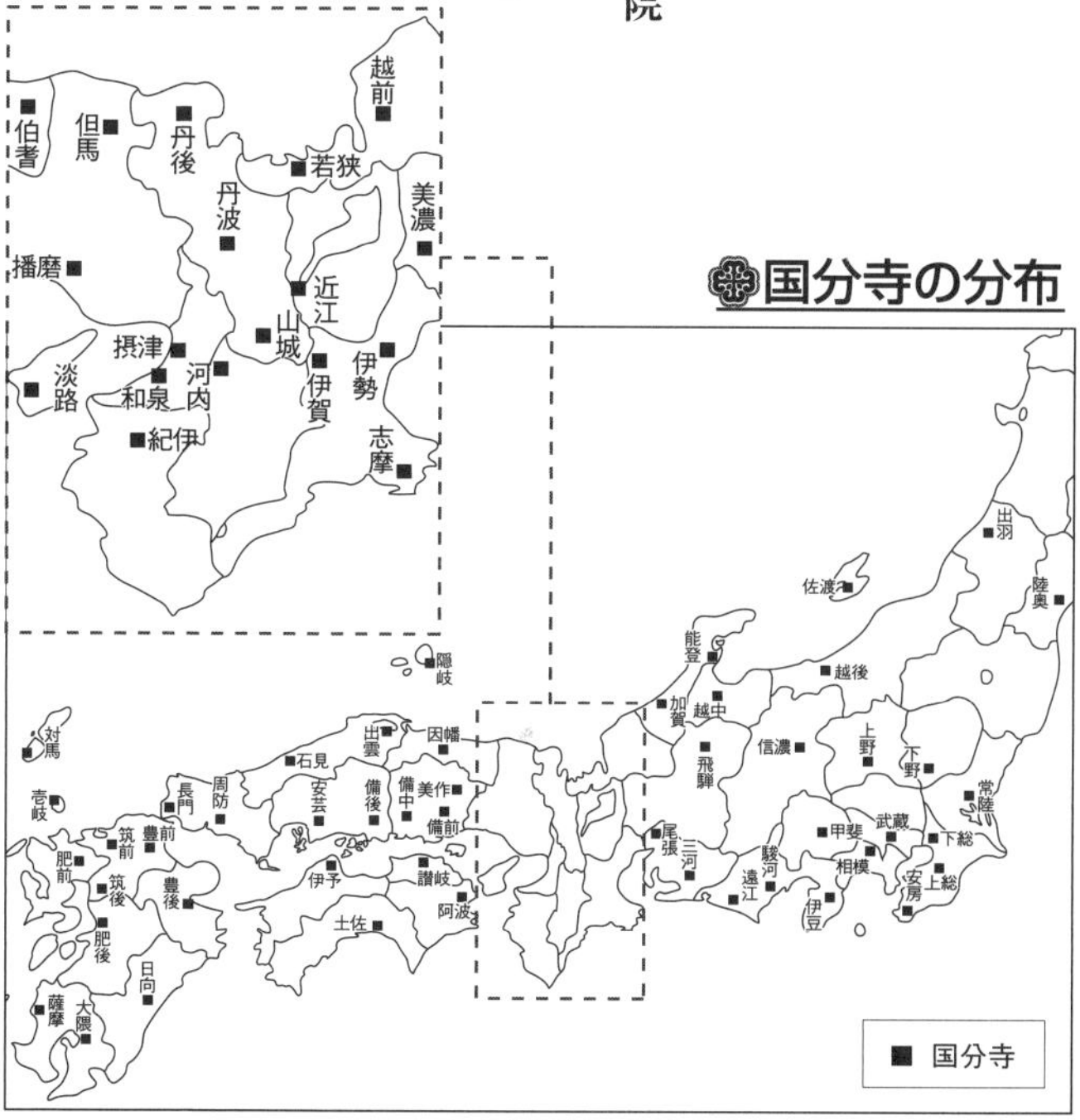

参考:『宗教史地図　仏教』　古坂紘一(朱鷺書房)

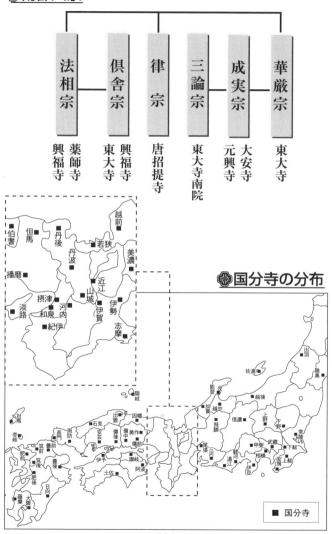

法相宗

玄奘がインドからもたらした唯識仏教

万難を排してインドへ渡った玄奘

唐代初期の僧・玄奘《げんじょう》（六〇二〜六六四）は国禁を破って国境を越え、西域《さいいき》、パミール高原を経てインドに渡った。十六年におよぶ滞在中、ほぼインド全域をまわり、膨大な量の経典を手に入れた。

しかし、玄奘のインドでの最大の収穫は、当時もっともさかんな学問寺だったナーランダ寺院で、唯識《ゆいしき》派の長老・戒賢《かいけん》（シーラバドラ）の教えを受けたことだった。玄奘は唐にいたころから唯識仏教を学んでいたが、どうしても納得のいかないところがあった。そこで真実の教えを求めて、はるばるインドまでやって来たという経緯があったのだ。

唯識とは無著（アサンガ）、世親（ヴァスバンドゥ）の兄弟によって大成された教学である。この教えを唱導《しょうどう》する学派は唯識派とか喩伽《ゆが》行《ぎょう》派とよばれ、龍樹の中観《ちゅうがん》派とならんで、インド大乗仏教の哲学思想の二大潮流を形成した。

開祖・玄奘三蔵

宗派データ

本尊：特定せず
根本経典：『解深密教』
　　　　　『成唯識論』
大本山：興福寺、薬師寺
信者数：56万4322
寺院数：56

玄奘三蔵の求法ルート

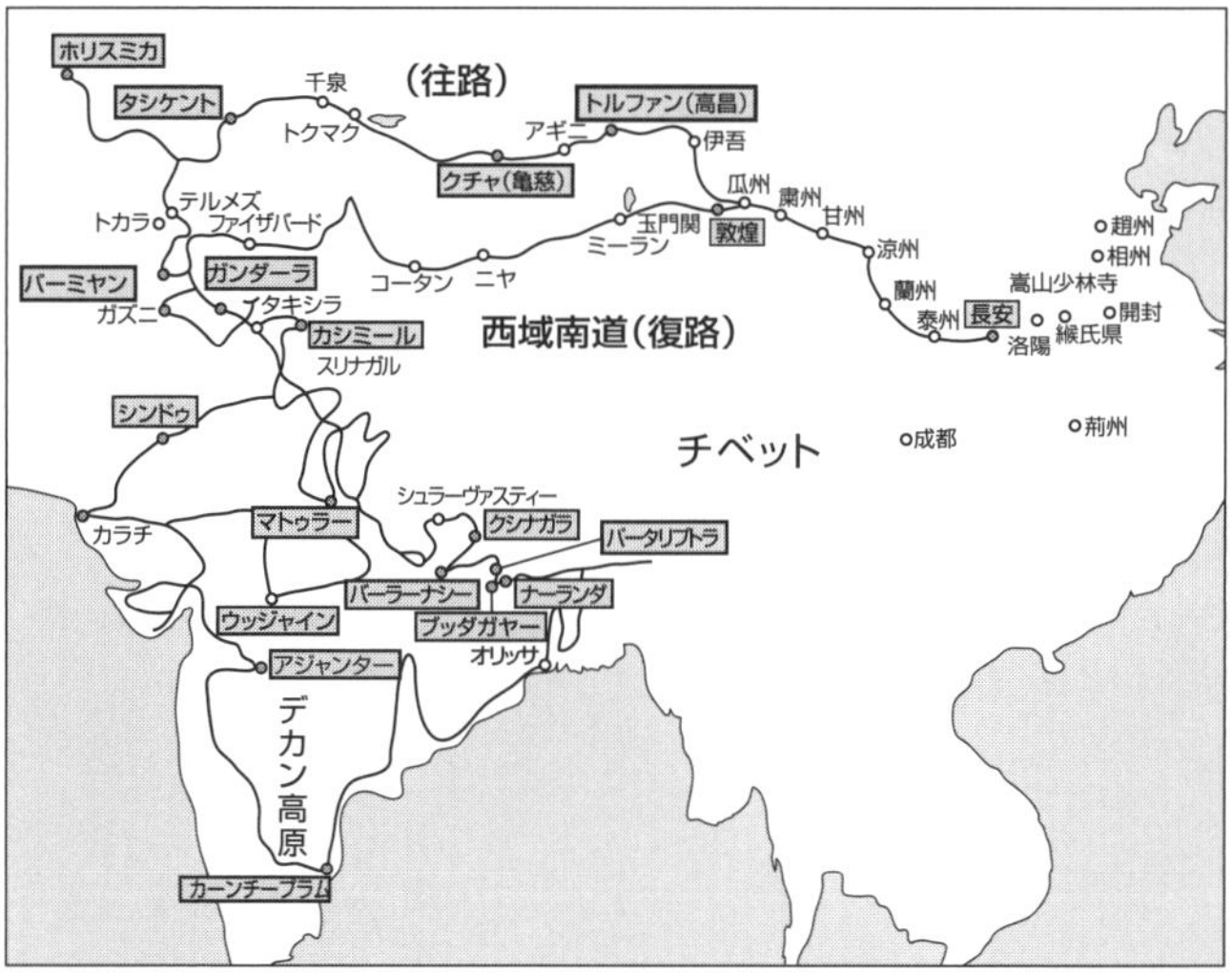

玄奘が翻訳した経論《きょうろん》は多岐にわたるが、唯識関係の主要なものは、それらにすべてふくまれている。なかでも後世にまで大きな影響を与えたのは、世親の著した『唯識三十頌《じゅ》』の註釈書である『成《じょう》唯識論』だった。

玄奘は、はじめインドの十人の学僧が著した『唯識三十頌』の註釈書をすべてそのまま訳していこうと考えていた。しかし、その分量は膨大で、立場や解釈の異なる十人の説が入り乱れており、容易に理解できない。そこで弟子の基《き》の意見に耳を傾けてすべてを訳すのをやめ、一冊にまとめ上げることにした。

こうして玄奘はナーランダ寺院で直接教えを受けた戒賢の師・護法《ごほう》の註釈を中心にすえ、他の論師たちの説を批判的に紹介する玄奘訳『成唯識論』を完成させる。

玄奘のもとで翻訳作業に参加した基は『成唯識論』をはじめ、玄奘の翻訳した経論の註釈を多数著した。その註釈が基盤になって法相宗が成立し、やがて日本にも伝わっていくことになる。

すべては心のはたらきが生み出す

「唯識三年、倶舎八年」という言葉がある。倶舎学を八年学んだのちに、唯識学を三年学ばなければ仏教を理解することができない、という意味で、法相宗の教学である唯識の難解さをしめしている。仏教を学ぶ者は、どの宗派を研究するにしても仏教の基礎教学として唯識の学問を習得しなければならないとされている。それだけ、唯識は重要な教えなのである。

では、その教えがどんなものかというと、すべての事象はただ〈唯〉心が変化したもの〈識〉にすぎない、と説く。

つまり、人の心を重視する、仏教の基本的態度をとりわけ強調している。あらゆるものは「認識される」ことによって、はじめてわれわれにとって存在するものになる。世の中のあらゆるものは、心のはたらきが生み出すと説くのである。

この教えについては、「一水《いっすい》四見《しけん》」というたとえがある。

人にとっての水は、天（神）にとっては歩くことのできる瑠璃《るり》の大地となる。天は身が軽く、水の上を自由に歩けるので、水はガラス張りの

法相宗の系譜

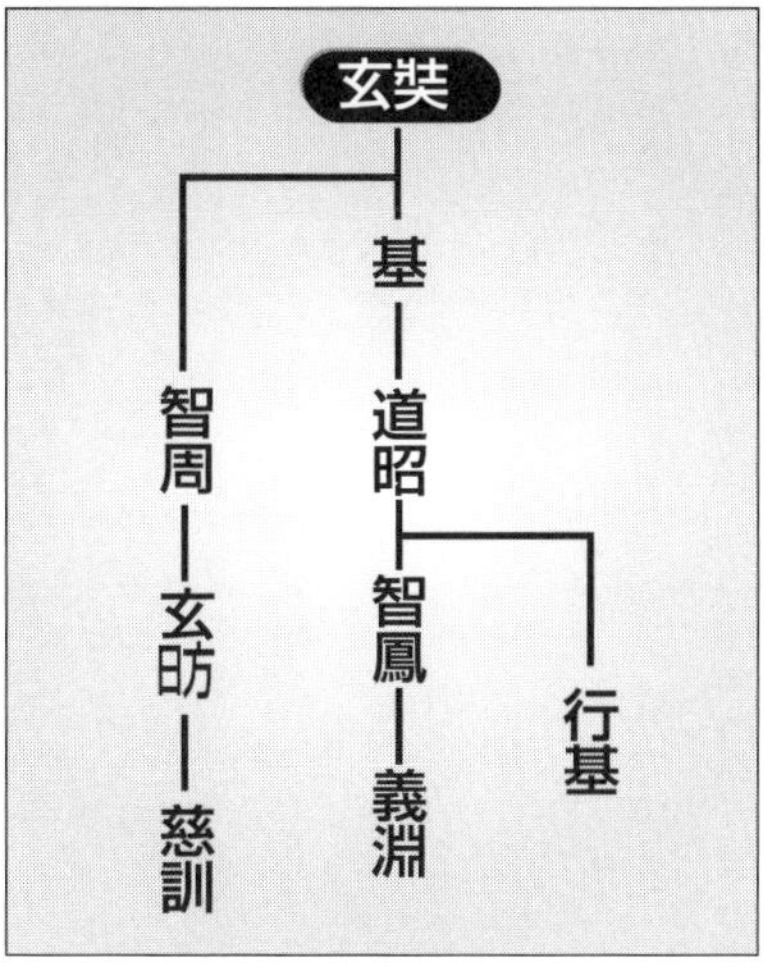

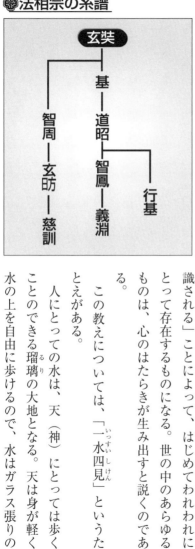

大地のように解せるのだ。また魚にとっては、水はおのれの棲《す》みかとなり、餓鬼《がき》にとっては、水は炎の燃え上がる膿《うみ》や血の流れになる。

このように、一般に同じと認識されるものであっても、主体が変わることによって世界がまったくちがったものとして認識されるということはよくある。われわれの認識する世界は外界そのものではなく、認識する心にそくした「外界」なのであり、心のはたらきによって生み出された世界なのである。

唯識説をもちいて心の深層を見つめる

さらに唯識の教えでは、八種類の識（表象）が説かれる。八つのうち六識は眼識《げんしき》、耳識《にしき》、鼻《び》識《しき》、舌識《ぜっしき》、身識《しんしき》、意識《いしき》という表層意識である。これらは初期仏教の時代から説かれてきたもので、それぞれ色（色彩、形態、運動）、声（音声）、香（におい）、味、触（皮膚感覚の対象）、法（ものごとの観念）の六境（六つの対象）を識別する。

残りの二つは、阿頼耶識《あらやしき》、末那識《まなしき》という深層意識である。

阿頼耶識は万有を認識する根本的な識、あらゆるものをたくわえている心、過去のあらゆる経験にもとづく現在の自己をさす。心理学でいう潜在意識よりもさらに根源的な生命活動であ

「一水四見」とは

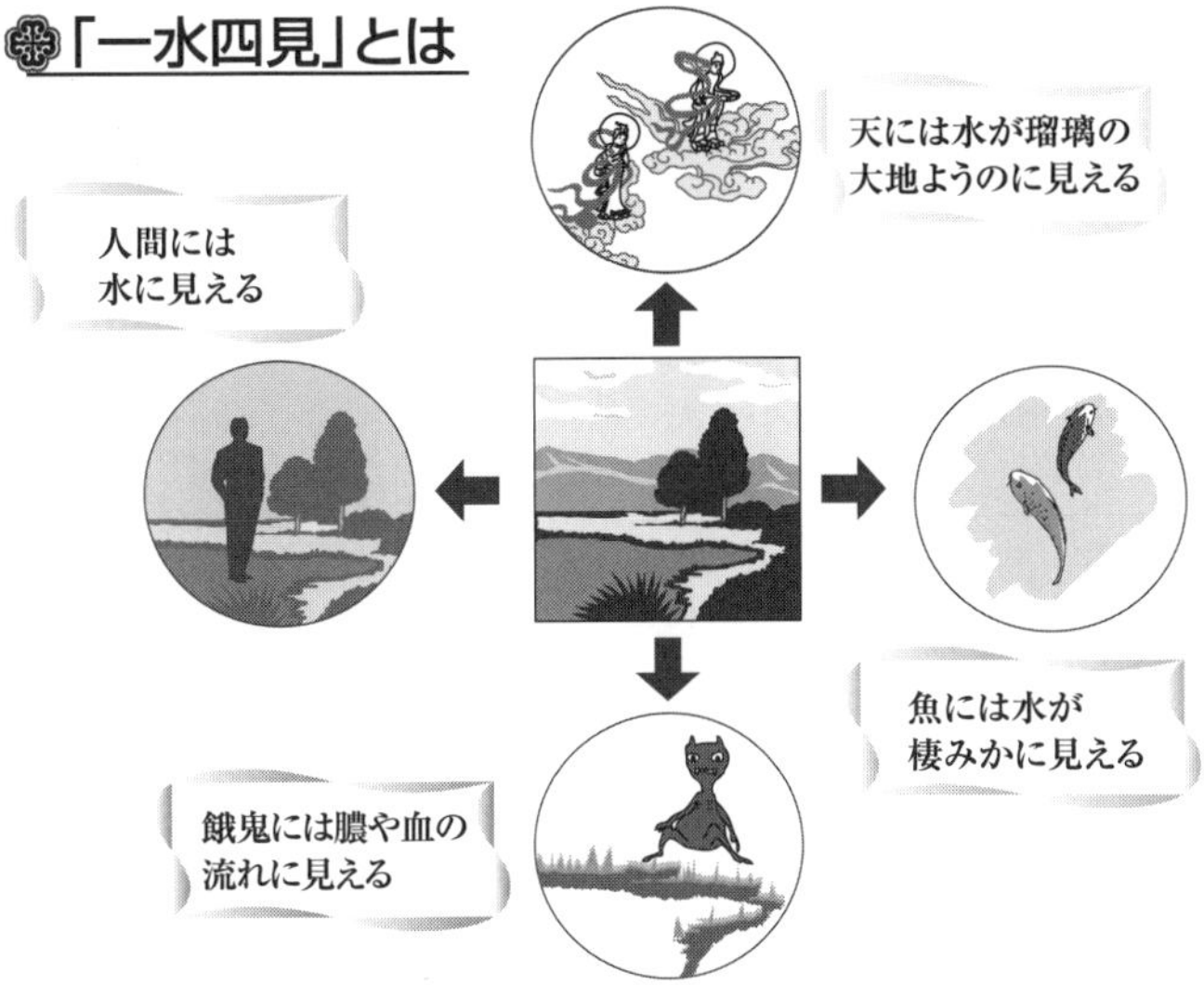
天には水が瑠璃の
大地ようのに見える
人間には
水に見える
魚には水が
棲みかに見える
餓鬼には膿や血の
流れに見える

る。阿頼耶はサンスクリット語のアーラヤの音訳で、「蔵、住居、容器」の意。ちなみに世界の高峰が居並ぶ「ヒマーラヤ」は雪（ヒマ）の住居（アーラヤ）を、世界の最多雨地域アッサム丘陵のある現代インドの州の名、「メーガーラヤ」は雲（メーガ）の住居（アーラヤ）を意味している。

　無限の過去から現在のこの瞬間までの、われわれのあらゆる行為〈カルマ・業《ごう》〉はその余韻《よいん》が心底に印象づけられ、阿頼耶識に蓄えられる。したがって、阿頼耶識は「すべての経験や情報をたくわえる心」ということができる。阿頼耶識におさめられた行為の余韻、あとに残る一種の力は、次の瞬間にその蔵から業を生じさせる能力をもつ「種子」をもち、その後のカルマの潜在力になる。種子より生じた業は、新たな種子を阿頼耶識におさめることになる。

三業《さんごう》とよばれる三つの行為、すなわち身《しん》、口《く》、意《い》〈なすこと、語ること、思うこと〉は細大もらさず阿頼耶識に貯蔵されていく。そのため、悪を断ち、善を修める仏教的生活は、他人をごまかせても自分をごまかすことはできない。

一方、末那識は煩悩《ぼんのう》をともなった自己を維持する個体への執着意識をさす。末那識は阿頼耶識にもとづいて活動するが、阿頼耶識を自我〈アートマン〉と誤認するので、発生したときから自我を中心とする煩悩をともなっている。

つまり、人間の表層意識は阿頼耶識と末那識によって規定されているといえよう。

唯識派が喩伽行派とよばれることからもわかるように、ヨーガの実践をとおして、識のあり方を汚れた状態から清浄な状態へ変革して清らかな智慧を得ることも教理としている。

奈良仏教の中心となった法相宗

法相宗は根本経典『解深密経《げじんみっきょう》』巻二の「一切法相品《いっさいほっそうほん》」にちなんだ名称で、その教学から唯識宗、また中国での宗祖・慈恩《じおん》大師こと基《き》（玄奘の弟子）の名をとって慈恩宗ともよばれている。

法相宗は唐代に一大勢力として栄え、日本の留学僧《るがくそう》によって日本に伝えられた。第一伝は六

表層意識と深層意識

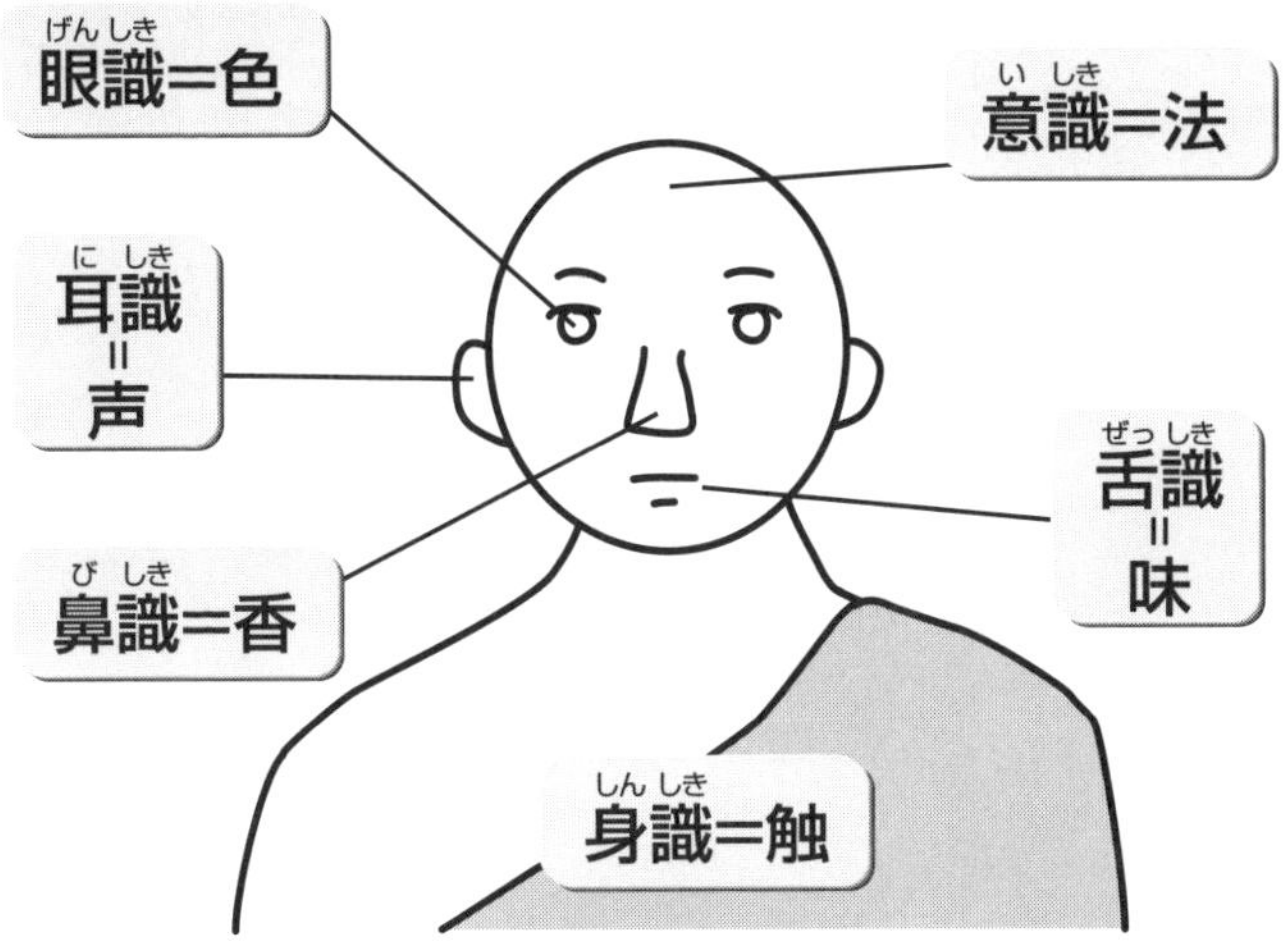

六識により万物は認識されるとするのが従来の説

法相宗では、さらに深層にある二識が六識を生み出すと説く

阿頼耶識《あらやしき》 ＝ 蔵のなかに人の過去から現在までのあらゆる業が蓄えられている

末那識《まなしき》 ＝ 阿頼耶識をアートマンと誤認し、個我に執着する

五三年に遣唐使《けんとうし》船で入唐し、長安《ちょうあん》で玄奘のもとに学んだ道昭《どうしょう》だった。道昭は玄奘訳の唯識文献を日本に持ち帰り、日本における法相宗の宗祖となった。

日本では元興寺《がんごうじ》と興福寺《こうふくじ》を中心に伝えられたが、当時の興福寺は藤原《ふじわら》氏の氏寺《うじでら》として栄えており、法相教学の興隆に貢献した。

さらに、唯識の教えは法隆寺《ほうりゅうじ》や薬師寺《やくしじ》などでも研鑽《けんさん》され、道昭のもとから行基《ぎょうき》、義淵《ぎえん》など多くの学匠や名僧が輩出された。のちに政治の実権をにぎり天皇の位までうかがった道鏡《どうきょう》も法相宗の僧であった。

平安時代初期には、会津《あいづ》を中心に活動した徳一《とくいつ》が登場し、最澄と論争を繰り広げるなど、法相宗の健在ぶりを見せつけた。鎌倉時代になると、多くの新仏教が勃興《ぼっこう》するなかにあって、貞慶《じょうけい》や良遍《りょうへん》が中興の祖となった。

その後、法相宗は明治維新の廃仏毀釈《はいぶつきしゃく》で衰退することとなったが、現在は興福寺、薬師寺の二本山制のもとで法統をつなげている。

一章
飛鳥・奈良仏教

華厳宗

『華厳経』をよりどころにする宗派

金鷲菩薩とよばれる華厳宗の始祖

華厳《けごん》宗は、隋唐《ずいとう》代の僧・杜順《とじゅん》と智儼《ちごん》によって開かれ、法蔵《ほうぞう》によって大成された宗派である。

日本には法蔵から華厳の教えを直接受けた新羅《しらぎ》の僧・審祥《しんじょう》がもたらした。法相宗の義淵の弟子として修行していた良弁《ろうべん》（六八九〜七七三）は、審祥が来日して大安寺《だいあんじ》にいることを知ると、『華厳経』六十巻の講義を受けた。これが日本の華厳宗のはじまりとされている。

しかし、宗祖となった金鷲菩薩《きんしゅうぼさつ》こと良弁の生涯は、虚実織りまぜて歌舞伎の題材にされるほど、幼少時から謎と不思議の伝説につつまれている。

まず良弁の生誕の地は、相模《さがみ》のほか近江《おうみ》、若狭《わかさ》、甲賀《こうが》など諸説あり、確定はしていない。弥《み》勒《ろく》菩薩の化身《けしん》ともいわれている。

二歳のときには鷲《わし》にさらわれた。鷲に運ばれて現在の東大寺二月堂《にがつどう》下にある杉（良弁杉）の枝に落とされた良弁は、当時興福寺にいた義淵に育てられ、弟子として四十年あまり勉学にはげんだ。

そして、あるとき金鐘寺《きんしょうじ》の山房《さんぼう》（現在の東大寺三月堂《さんがつどう》）で修行していると、安置してあった執金剛神《しゅうこんごうしん》が光をはなち、その光が宮中にまで達した。聖武《しょうむ》天皇は不思議に思い、人をつかわしたところ、房のなかに良弁がいることがわかった。これが縁となり、良弁は天皇に深く信任されるようになったと伝えられている。

また、聖武天皇による東大寺の造営は、良弁の奏上《そうじょう》によるものとされている。七四一年、聖武天皇は国分寺制度の詔《みことのり》を発するが、これは東大寺を総国分寺とすることを意味していた。

さらに、聖武天皇は『華厳経』の教主である毘盧舎那仏《びるしゃなぶつ》の建立を発願《ほつがん》したが、初代の東大寺別当《べっとう》に任ぜられたのは良弁だった。そのため、良弁は総本山・東大寺開山の師として仰がれるようになった。

このように、良弁の活躍ぶりは華々しいものだった。幼児のとき行方知れずになったまま、わが子を見つけることができなかった両親は、のちに良弁のうわさを聞いて東大寺におもむいた。すると良弁の脇の下にあるしるしや、鷲にさらわれた記憶が両親の話と一致し、親子であることが判明する。そして、涙の再会がはたされたという。

開祖・良弁

本尊：毘盧舎那仏
根本経典：『華厳経』
大本山：東大寺
信者数：3万9134
寺院数：62

宗派データ

東大寺建立に尽力した「四聖」

開山　良弁《ろうべん》僧正
『華厳経』の講読をはじめる

発願　聖武《しょうむ》天皇
『毘盧舎那仏《びるしゃなぶつ》造立の詔《みことのり》』を出す

勧進　行基《ぎょうき》菩薩
弟子とともに寄進にはげむ

開眼　菩提僊那《ぼだいせんな》（インド僧）
開眼の導師となる

『華厳経』が教える壮大な世界

華厳宗の教えは、最高の経典として位置づけられている『大方広仏《だいほうこうぶつ》華厳経（華厳経）』にもとづく。では、その教えとはどんなものなのか。

さまざまな経典を形式や時期、意味の深浅などによって分類、判定し、体系的に位置づけることを教相判釈《きょうそうはんじゃく》（教判《きょうはん》）という。

中国ではさまざまな教相判釈が説かれたが、その代表的なものの一つに、隋代にでた天台宗の開祖・智顗《ちぎ》（五三八〜五九七）の「五時八教判」がある。

智顗の教判を受け継いで新たな仏教の解釈をこころみたのが、華厳宗第三祖の法蔵《ほうぞう》だった。法蔵の主著の一つ『五教章《ごきょうしょう》』は、華厳教学の全体像を体系にまとめた綱要書である。『五教章』には『華厳経』を中心、最高とする新たな教相判釈や、華厳の「五教十宗判」から見た仏教全体の解釈、華厳宗独自の世界観がまとめられている。

五教十宗判の五教判とは小乗《しょうじょう》教、大乗始《だいじょうし》教、終《しゅう》教、頓《とん》教、円《えん》教で、十宗判ではそのなかの小乗教の教えを六つにわけ、他の大乗教の教えとともに説明している。華厳の教えは五教判では円教とされ、十宗判では最高の位となる円明具徳《えんみょうぐとく》宗とされる。

円教とは、衆生《しゅじょう》が煩悩《ぼんのう》の世界から解放される教えである声聞乗《しょうもんじょう》（仏の声の伝承を聞いて修

東大寺・大仏殿

東大寺は華厳宗の大本山。奥に見えるのが、大仏が安置されている大仏殿

行する者のための教え）、縁覚《えんがく》乗（独りで悟りを開き、他の者に教えを説かない者の教え）、菩薩《ぼさつ》乗（すべての生きとし生けるものを救うことによって仏になろうとする教え）という三乗がすべて成仏《じょうぶつ》できることを説く完全な教えである。

一方の円明具徳宗とは、究極、真実の円教の立場を説く教えでもある。

『華厳経』は、そもそもブッダ（釈迦《しゃか》）の成道《じょうどう》二十七日に説かれた説法で、「すべての仏の教えはことごとく華厳より出で華厳に帰《き》する」と述べられている。

「大方広仏《だいほうこうぶつ》」とは時間と空間を包含した宇宙全体にはたらく仏のことで、「一微塵《みじん》のなかに全世界が反映し、一瞬のなかに永遠の時間がふくまれる」という「無尽縁起《むじんえんぎ》」と、「あらゆるものは縁によって起こり、宇宙の万物はたがいに妨《さまた》げることなく関係しあって無限に生成発展していく」という「事々無碍《じじむげ》」を根本思想としている。

すべてを個々別々の異なるものと認識する、われわれの常識的な立場ではわからないが、あらゆる現象の真相はたがいに無限に重なりあって、生命が活動する一つの世界を形成していると華厳の哲学は説くのである。

本尊として光明をはなつ「毘盧舎那仏」

華厳宗の本尊《ほんぞん》は毘盧舎那仏（または毘盧遮那仏、盧舎那仏）である。これはサンスクリット語のヴァイローチャナの音訳で、「(太陽のように)あまねく光り輝き照る」という意味をもつ。

毘盧舎那仏は、『華厳経』において釈迦仏にかわって説法し、無数の仏の国土（浄土）の各々に一体ずつ住む無数の諸仏と不即不離《ふそくふり》とされる。これを軸として、壮大で綿密な宗教哲学的な世界観を形成するところに『華厳経』の特徴がある。

その中心となる思想は、自己と自己を取り巻く世界の全体を仏の超越な力によるあらわれと見なし、仏とわれわれ衆生とが一体であることをしめす哲学である。他のすべての人びと、

五教十宗判

華厳経を第一の経典とする

五教	十宗	十代表的経典
小乗教…自らの悟りのみを求める者のために説いた教え	我法倶有宗	『阿含経』『倶舎論』など
	法有我無宗	
	法無去来宗	
	現通仮実宗	
	俗妄真実宗	
	諸法但名宗	
大乗始教…一切法空（われも法も空）を説く	一切皆空宗	『解深密教』『般若経』など
終教…万物が成仏することを説く	真徳不空宗	『勝鬘経』『起信論』など
頓教…即時に悟りの境地にいたることを説く	相想倶絶宗	『維摩経』『起信論』など
円教…円満で完全な教えを説く	円明具徳宗	『華厳経』

あらゆる事物や事象も、仏たちさえも、一つとなった生命活動のあらわれにほかならない。「一即一切《いっそくいっさい》、一切即一《いっさいそくいち》」、すなわち一つの世界が無数の世界であるとともに、また無数の世界が一つの世界であって、すべてはたがいをさえぎらない「空《くう》」となる。

たとえば鏡でできている無数の球はたがいに他のすべての球を映している。一つの球から見ると、他の球の映すはたらきは、すべてその球のなかに反映されている。このようにすべては無限にはたらきあっている世界こそが毘盧舎那仏そのものなのである。

毘盧舎那仏の造形表現は、中国では雲崗《うんこう》の盧舎那仏石像、敦煌《とんこう》・莫高窟《ばっこうくつ》の南北の大仏などに見られる。一方、わが国では唐招提寺金堂《とうしょうだいじこんどう》の盧舎那仏乾漆《かんしつ》像、東大寺所蔵の華厳五十五所絵などに見られるが、もっとも有名なのは、いわゆる「東大寺の大仏」である。

東大寺では、百済の技術を最高度に受け入れ、八回にわけて鋳込《い》まれた青銅・鍍金《ときん》の、世界に類例のない巨大な盧舎那仏が造営された。

真言宗化した華厳宗

日本における華厳宗の開祖・良弁のもとには実忠《じっちゅう》、良興《りょうこう》など多くの弟子たちが集まった。教学的進展は見られなかったが、実忠の推挙によって第三代東大寺別当《べっとう》に弘法大師《こうぼうだいし》・空海《くうかい》が任

無尽縁起の思想

あらゆるものは何かを縁にして存在し、独立して存在するものなど何もないとする縁起の考え方は仏教の根本的な思想で、そのような関係性が無限に重なり合っていると説くのが無尽縁起の教え。法蔵は向かい合った鏡のなかに仏像を置き、それをろうそくで灯して具現化してみせたという

命されてからは、教理以外の行事や仏事作法がしだいに真言宗《しんごんしゅう》化し、平安期になるとその教学は真言や天台《てんだい》の教学に吸収され、急速に衰えてしまった。

それでも鎌倉時代には明恵《みょうえ》（一一七三〜一二三二）が実践的な華厳宗を復興した。明恵の立場は真言と華厳との融合をはかるもので、厳密（華厳密教）とも称される。明恵は鎌倉時代を代表する僧の一人で、戒律を厳守する持律《じりつ》の僧としても知られ、法然《ほうねん》の浄土《じょうど》宗が菩提心《ぼだいしん》を否定するのをするどく批判した『摧邪輪《さいじゃりん》』などを著した。

江戸時代以降、ふたたび宗勢がふるわなくなるが、華厳宗は日本仏教の本源として現在も重きをなしている。

律宗

鑑真が伝えた戒律にもとづく宗派

悲願の来日をはたした鑑真

奈良時代に入り仏教がさかんになるにつれて、僧尼令《そうにれい》に違反する僧尼や、定められた官許《かんきょ》を受けることなく出家する私度僧《しどそう》が増えていった。そこで中国の授戒《じゅかい》制度や戒律の研究が必要となり、七三三年に遣唐使船《けんとうしせん》で入唐した栄叡《ようえい》や普照《ふしょう》らの求法《ぐほう》僧たちが伝戒師《でんかいし》（仏門に入る人に戒律を授ける僧）の招請《しょうせい》にあたった。

インドの菩提僊那《ぼだいせんな》（七〇四～七六〇）や唐の道璿《どうせん》は、この要請に応じた学僧だった。しかし、受戒《じゅかい》には少なくとも十人の僧が必要なため、栄叡らはさらに諸州をめぐり、揚州大明寺《ようしゅうだいみょうじ》の鑑《がん》真《じん》（六八八～七六三）に来朝を懇願する。

鑑真一行の日本渡航は六回にわたって企《くわだ》てられた。しかし一、三、四回目は鑑真の出国に反対する弟子たちの妨害によって、二回目と五回目は難破《なんぱ》によってことごとく失敗し、七五〇年には栄叡が病死、鑑真も視力を失うという悲運に遭遇する。

宗派データ

開祖・鑑真

本尊：毘盧舎那仏
根本経典：『四分律』『梵網経』『法華経』
総本山：唐招提寺
信者数：2万3800
寺院数：28

鑑真の苦難の渡航

第1回（742年）	仲間の密告により失敗
第2回（743年）	波浪のため難破し、失敗
第3回（744年）	越州の僧の密告で失敗
第4回（744年）	弟子の密告により逮捕され失敗
第5回（748年）	台風に遭い、漂流 海南島に漂着するも失明する
第6回（753年）	日本の遣唐使船に乗り、密航 翌年、平城京に入朝する

それでもなお、仏法を伝えようという信念は貫かれ、鑑真はひそかに出国。折からの暴風波《は》浪《ろう》を乗り越え、七五三年、僧十名、尼僧三名をふくむ二十四名をともなって薩摩《さつま》国（鹿児島）秋妻屋浦《あきめやのうら》に入港、翌年平城京《へいじょうきょう》に入った。

苦難に満ちた六回目の航海で来朝した鑑真に対する信望と帰依《きえ》は、異常なほどの高まりを見せた。当時の高官や高僧らはこぞってその労をねぎらった。

鑑真は東大寺大仏殿前に臨設の戒壇《かいだん》を築き、聖武《しょうむ》上皇をはじめ四百人に授戒し、学僧八十人あまりに具足《ぐそく》戒を授けた。その後、大仏殿の西に常設の戒壇院がつくられ、西の京に唐招《とうしょう》提寺《だいじ》が建立された。以後、唐招提寺は戒律の根本道場になっていく。

やがて筑前《ちくぜん》国大宰府《だざいふ》（福岡）の観世音寺《かんぜおんじ》と下野《しもつけ》国（栃木）の薬師寺にも戒壇院が築かれ、正式な僧になろうとする者は、これら三戒壇のいずれかで受戒しなければならないとされた。授戒は鑑真が日本へもたらした律《りつ》宗にゆだねられることになった。

何よりも戒律を重んじる

仏典は釈迦の説いた教え〈経蔵《きょうぞう》〉、戒律に関するもの〈律蔵《りつぞう》〉、釈迦の教えを解釈しその意味を明らかにするもの〈論蔵《ろんぞう》〉の三蔵にわけられる。他の宗派が経蔵や論蔵にもとづいて立て

律宗の教え

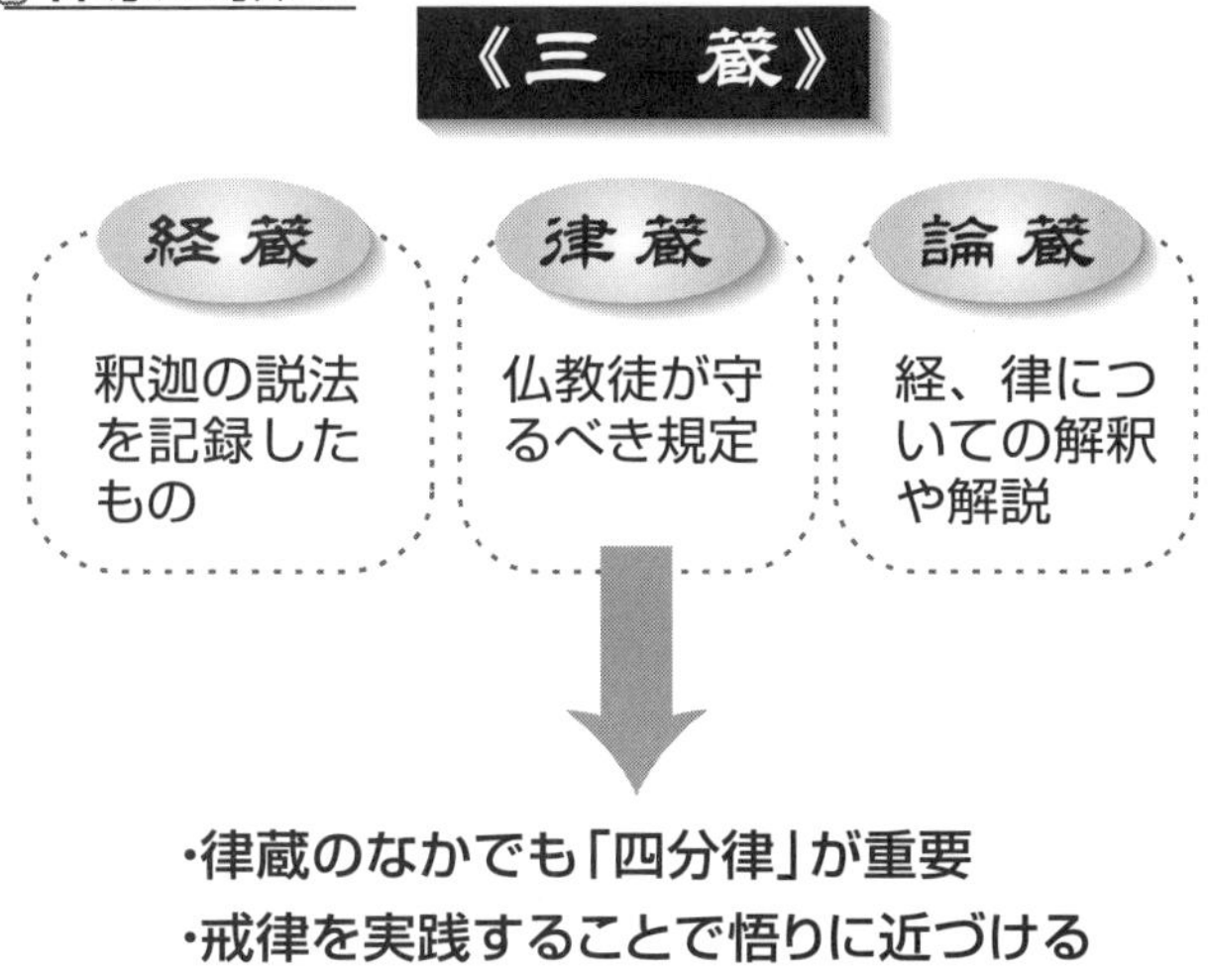
《三　蔵》
経蔵
釈迦の説法を記録したもの
律蔵
仏教徒が守るべき規定
論蔵
経、律についての解釈や解説
・律蔵のなかでも「四分律」が重要
・戒律を実践することで悟りに近づける

られるのに対して、律宗は律蔵（四分律）を典拠にしている。教えの柱は仏教修行者のおさめるべき三学、つまり戒《かい》（戒律）、定《じょう》（禅定）、慧《え》（智慧）のうち「戒」の実践だ。

戒は定、慧にいたるまでの前段階であり、究極の目的である涅槃《ねはん》への過程にすぎないと一般には考えられているが、律宗ではあらゆる修行を戒と見なし、定と慧との比重は同じであると考える。

そもそも仏教では釈迦在世《ざいせ》の時代から在家信《ざいけしん》者《じゃ》がしてはならない五つの戒め〈五戒〉を定めていた。五戒とは、

一、不殺生《ふせっしょう》戒（生きものを傷つけたり殺してはいけない）

二、不偸盗《ふちゅうとう》戒（盗んではいけない）

三、不邪淫戒《ふじゃいん》（みだらな性生活をしてはいけない）
四、不妄語戒《ふもうご》（嘘をついてはいけない）
五、不飲酒戒《ふおんじゅ》（酒を飲んではいけない）
という五つである。

また月に六日を六斎日《ろくさいび》と定め、当日はとくに身体や心を清めて精進《しょうじん》しなければならないとした。

具体的には〈八斎戒《はっさいかい》〉を守ることが求められる。つまり、五戒の不邪淫戒を夫婦間の性交渉にもあてはめて不淫戒とし、さらに、
六、化粧したり装身具を身につけたりせず、歌舞音曲《かぶおんぎょく》を見聞きしない
七、高く広い美しく飾られたベッドに寝ない
八、正午すぎに食事をとらない
という三項を加えたものが八斎戒だ。

一方、出家した二十歳未満の沙弥《しゃみ》には十戒が、男性出家者（比丘《びく》）には二百五十、女性出家者（比丘尼《びくに》）には三百四十八の細目にわたる具足戒が設けられた。

大乗仏教における菩薩行の要は、自身の行ないの非を防いですべての悪を断ち〈止悪《しあく》〉、あ

唐招提寺金堂

律宗の総本山・唐招提寺の金堂。鑑真の弟子・如宝の尽力により完成したといわれている

らゆる善行をこころがけ〈作善《さぜん》〉、すべての人びとの幸せのために積極的にはたらく〈回向《えこう》衆生〉ことにある。

これらを戒律の側から見ると、摂律儀戒《しょうりつぎかい》、摂善法戒《しょうぜんぼうかい》、摂衆生戒《しょうしゅじょうかい》の「三聚浄戒《さんじゅじょうかい》」（身心を清らかにする教えを集めた三つの戒律）となる。律宗では、この三聚浄戒を受持することを成仏への真因としている。

なお、三聚のうち摂善法と摂衆生の二戒は大乗仏教特有の菩薩戒ではあるが、摂律儀戒は出家在家を問わず、すべての仏弟子が受けるべき戒である。そのため、菩薩もまた五八十具（五戒、八斎戒、十戒、具足戒）を保持しなければならないとされ、戒を受持することの重要性が説かれている。

鎌倉時代の僧・叡尊、忍性の活躍

律宗は平安時代になって、天台宗や真言宗がおこるとしだいに衰えた。平安時代末期には仏教界の世俗化が進み、僧の地位は立身出世の手段になりはて、寺院間の争いも多発した。律宗の復興は、このような状況への反省をふまえてなされた。

まず真言宗の僧・実範《じっぱん》が荒廃していた唐招提寺を再興し、戒壇院の授戒規則をつくった。覚盛《かくじょう》は受戒に必要な十人の僧の立会いなしに、仏前で自分で誓えば戒律を受けることができる「自誓受戒《じせいじゅかい》」の制度を確立した。これは伝統的な立場の人びとからは批判されたが、戒律の復興につながったため、覚盛は唐招提寺中興の祖とされている。

真言密教《みっきょう》を学んだ叡尊《えいそん》は、戒律の重要性を知って西大寺《さいだいじ》へ入り自誓受戒し、真言律宗の祖となった。その弟子・忍性《にんしょう》は東国への布教に尽力。慈善事業を行なったり、疫病が蔓延《まんえん》した際には医療活動を指示するなど、多くの人びとから崇《あが》められる存在となった。それ以来、真言律宗は西大寺を総本山として、現在にまでいたっている。

こうして鎌倉時代までに復興をはたした律宗は、唐招提寺、東大寺戒壇院、西大寺、泉涌《せんにゅう》寺《じ》を中心に諸派へとわかれていく。明治時代に唐招提寺以外の寺院は真言宗の所轄になったが、一九〇〇年に律宗として独立した。

律宗が定める五八十具

◆在家信者が守るべき戒◆

五戒

① 生き物を殺傷してはいけない
② 盗みをしてはいけない
③ 色欲におぼれてはいけない
④ 嘘をついてはいけない
⑤ 酒を飲んではいけない

八斎戒

① 生き物を殺傷してはいけない
② 盗みをしてはいけない
③ 色欲におぼれてはいけない（夫婦間を含む）
④ 嘘をついてはいけない
⑤ 酒を飲んではいけない
⑥ 身を飾ったり、歌や芝居を見たりやったりしてはいけない
⑦ 心地よいベッドで寝てはいけない
⑧ 正午を過ぎて食事してはいけない

◆出家信者が守るべき戒◆

十戒（沙弥・沙弥尼になるための戒）

① 生き物を殺傷してはいけない
② 盗みをしてはいけない
③ 色欲におぼれてはいけない
④ 嘘をついてはいけない
⑤ 酒を飲んではいけない
⑥ 身を飾ってはいけない
⑦ 歌や芝居を見たり、やったりしてはいけない
⑧ 心地よいベッドで寝てはいけない
⑨ 正午を過ぎて食事してはいけない
⑩ 財産をたくわえてはいけない

具足戒（僧侶になるための戒）

男子（比丘）……250戒
女子（比丘尼）……348戒

律宗の系譜

----覚盛《かくじょう》―貞慶《じょうけい》----実範《じっぱん》----豊安《ぶあん》―如宝《にょほう》―義静《ぎじょう》―法載《ほうさい》―鑑真《がんじん》

平安時代の仏教

二大宗祖の登場と山岳修行

平安遷都によって変化する仏教界

七九四年の桓武《かんむ》天皇による平安遷都《へいあんせんと》は、奈良時代の律令政治の行きづまりを一新し、天皇中心の強力な集権体制を確立することに目的があった。それは同時に天平《てんぴょう》年間（七二九〜七四九）以来退廃に陥った奈良仏教の沈滞を打ち破り、新たな仏教の出現をうながす契機にもなった。

平安仏教成立までの流れを時系列で追っていくと、まず奈良時代末期に称徳《しょうとく》天皇の寵愛《ちょうあい》を受けて政界で権勢をふるい、天皇位までうかがった法相宗の道鏡《どうきょう》が追放された。それを受けて天智《てんじ》系の光仁《こうにん》天皇が即位すると、道鏡一派が都の官大寺《かんだいじ》にはびこっていたころに山林や民間に逃れて仏道修行にはげんでいた僧たちがむかえられた。

つづく桓武天皇の時代には堕落した僧尼の乱行《らんぎょう》を取り締まる一連の僧尼統制策がとられ、形式的なものになっていた得度《とくど》制度（僧尼となるためのしきたり）の改革が行なわれた。こうして僧尼育成の原則は経典を暗誦《あんしょう》することよりも教義の理解に重きがおかれ、寺院内での仏

平城京から平安京へ

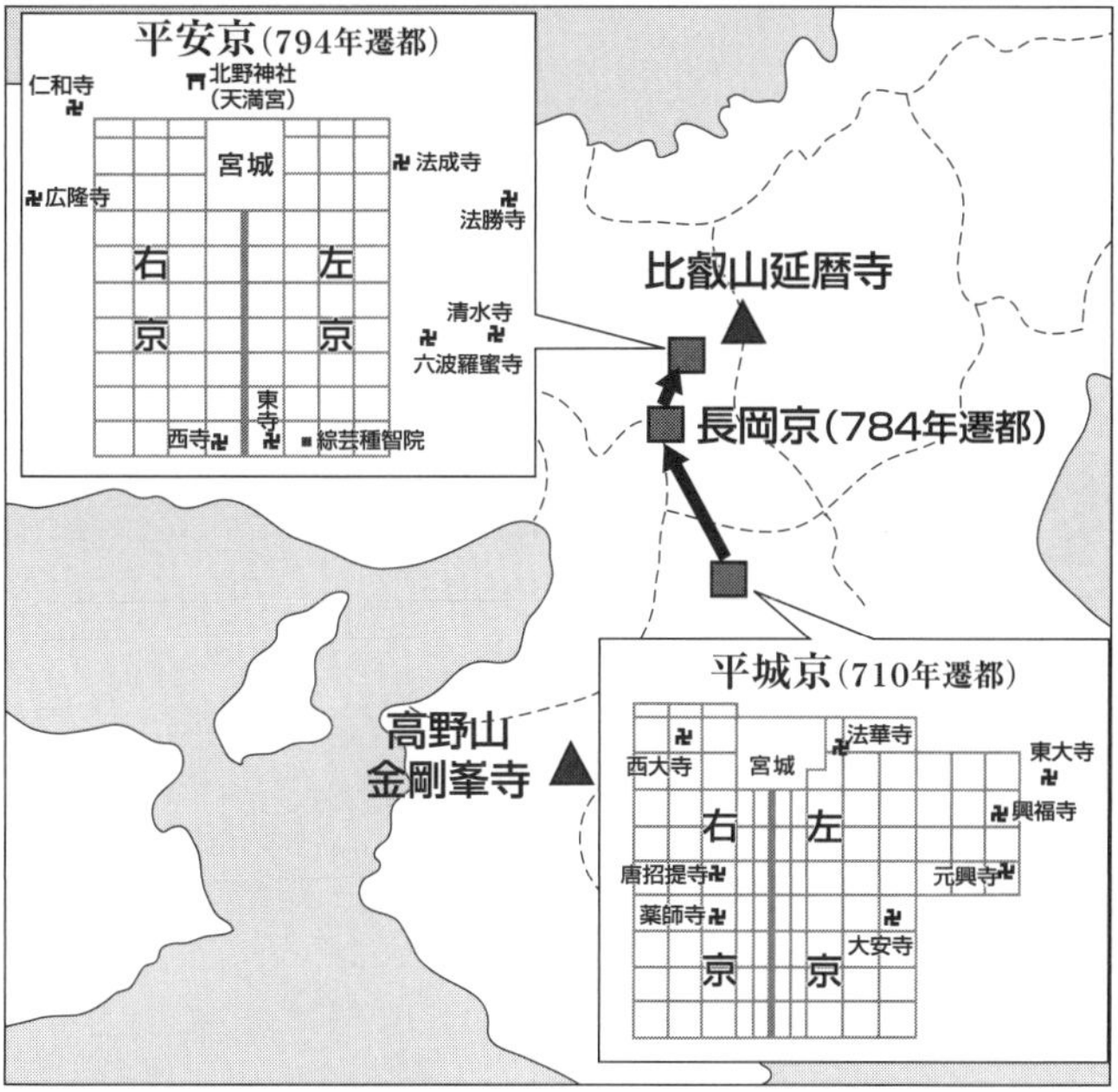
平安京（794年遷都）
仁和寺
北野神社（天満宮）
宮城
法成寺
広隆寺
法勝寺
右京
左京
清水寺
六波羅蜜寺
東寺
西寺
綜芸種智院
比叡山延暦寺
長岡京（784年遷都）
高野山金剛峯寺
平城京（710年遷都）
法華寺
西大寺
宮城
東大寺
興福寺
右京
左京
唐招提寺
元興寺
薬師寺
大安寺

平安時代の仏教

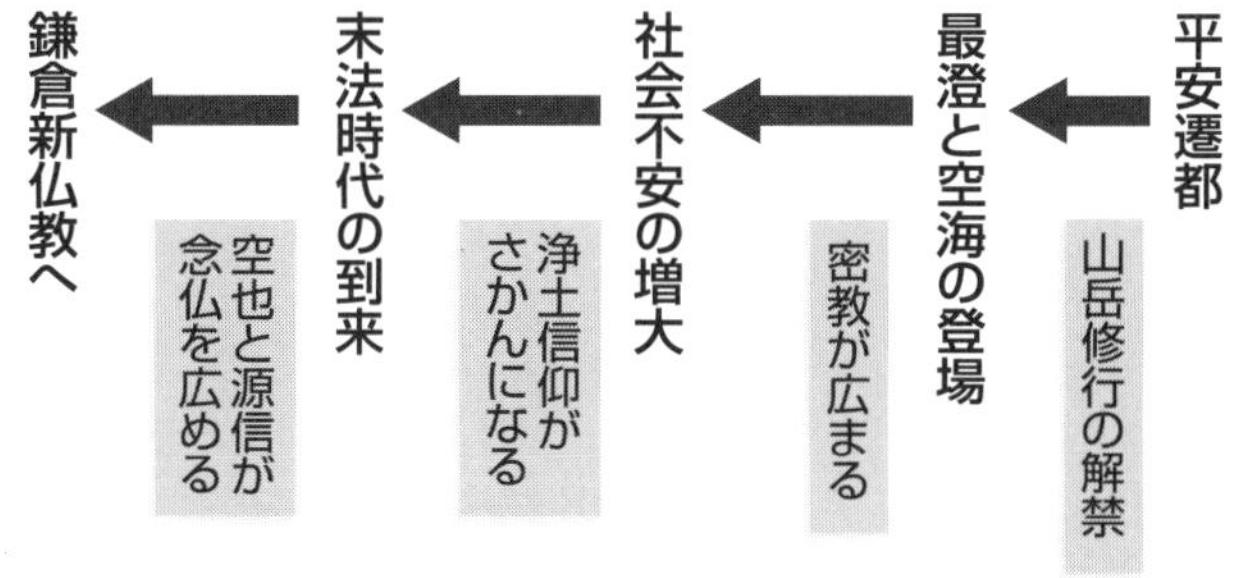
平安遷都
山岳修行の解禁
最澄と空海の登場
密教が広まる
社会不安の増大
浄土信仰がさかんになる
末法時代の到来
空也と源信が念仏を広める
鎌倉新仏教へ

教理解を実践と結びつける気運が高まっていく。

また、山岳修行が解禁されたため、多くの遊行《ゆぎょう》僧が山に入って修行するようになり、日本古来の山岳信仰との習合《しゅうごう》が進んだ。

神のおわす霊山として人びとが崇《あが》める山中に、僧侶が仏や菩薩《ぼさつ》を祀《まつ》って礼拝読経《らいはいどきょう》すれば、同時に神を礼拝することになる——。奈良時代に胚胎《はいたい》した神仏習合思想は、平安時代になって「本地垂迹説《ほんじすいじゃく》」として理論化されはじめた。すなわち日本の神は、おおもと〈本地〉である仏・菩薩が仮に姿をあらわした〈垂迹〉ものと解されたのだ。

神仏は本来一つとする観念は、本地垂迹説の普及とともに支配的になっていった。

本地垂迹説とは

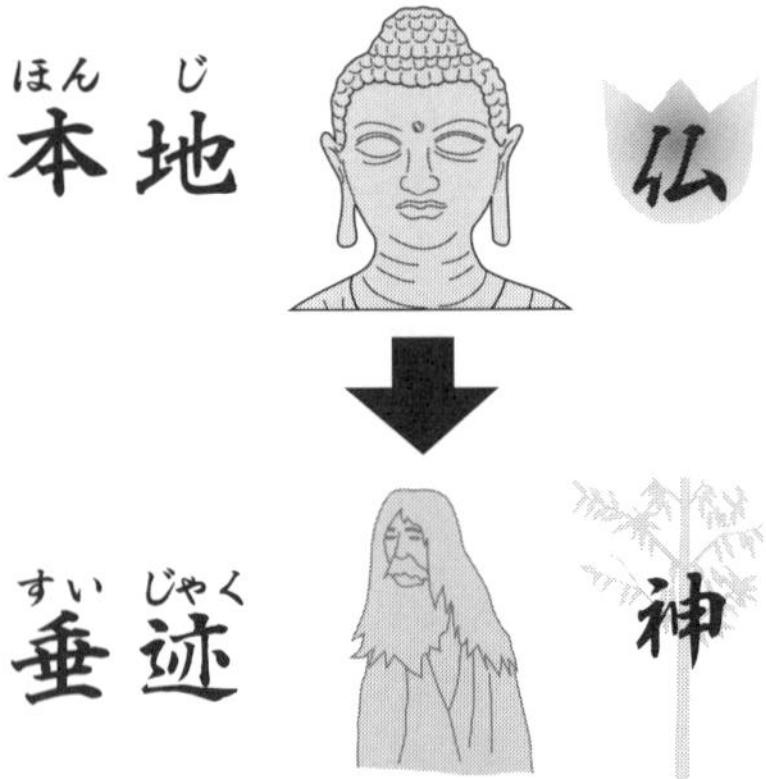

日本古来の神々は、仏（本地）が、仮に姿をあらわした（垂迹）ものであると解釈し、神道と仏教を結びつけようとする考え

日本仏教のいしずえを築いた最澄と空海

こうした時代背景のもとに、天台宗の開祖・伝教大師《でんきょうだいし》こと最澄《さいちょう》（七六七〜八二二）と真言宗の開祖・弘法《こうぼう》大師こと空海《くうかい》（七七四〜八三五）

が登場する。どちらも平安仏教を代表する偉大な宗教家である。

天台・真言の両宗は、護国仏教として国家に従属していた奈良（南都）仏教と異なり、宗派としての確固たる主体性をもっていた。

最澄、空海という二人の共通点として、どちらも都の大寺ではなく山中にこもって厳しい修行生活をおくっていたことがあげられる。

奈良仏教が中国から伝わった教えをそのまま踏襲《とうしゅう》しているのに対して、二人は仏教を本格的に学んで自ら統合、体系化し、日本土着の神信仰の習俗をくみとりながら、日本的な仏教を形成していった。

その基礎には若き日の山岳修行があったのだ。

最澄の理想主義的な実践論は法然《ほうねん》の浄土《じょうど》宗、親鸞《しんらん》の浄土真《しん》宗、道元《どうげん》の曹洞《そうとう》宗、日蓮《にちれん》の日蓮宗といった鎌倉時代に開かれた新たな仏教宗派を生み出す源泉になった。

一方、空海の密教哲学は日本文化が一つの民族的個性をもった文化として成立したことをしめすもので、その後の日本思想の母胎《ぼたい》にもなった。

天台宗

鎌倉仏教の母体となった四種相承の総合仏教

仏教界に新たな息吹を吹き込んだ改革者

七八五年、十九歳のときに東大寺戒壇院で具足戒を受けた最澄は、比叡山《ひえいざん》に入って山岳修行に専念する。十数年の思索と修行のなかで、鑑真のもたらした典籍《てんせき》のなかにふくまれていた天《てん》台《だい》大師・智顗《ちぎ》の著作に接して、天台法華《ほっけ》の教学に傾倒していった。そして三十六歳のとき、高《たか》雄山寺《おさんじ》（のちの神護寺《じんごじ》）で開かれた講会で天台の教えを説いたのが機縁《きえん》になって、入唐還学《にっとうげんがく》生《しょう》（宗教事情の視察を兼ねた短期の留学生）に選ばれる。

出発は八〇四年の遣唐使《けんとうし》派遣のときだった。ともに旅立った七歳年下の空海が当時無名の僧だったのに対して、最澄はすでに桓武天皇の期待をになう著名な高僧だった。

唐へは四隻《せき》で出帆《しゅっぱん》したが、二隻は途中で行方不明になり、訳語僧・義真《ぎしん》（のちの初代天台座主《ざす》）をともなった最澄らの船は明州《みんしゅう》に、空海らの船は福州《ふくしゅう》にそれぞれ着いた。最澄は天台山にのぼり、台州（現在の臨安《りんあん》）で高僧から天台の付法《ふほう》や大乗戒《だいじょうかい》を受けた。また天台教学関

開祖・最澄

宗派データ

本尊：釈迦牟尼仏
根本経典：『法華経』
総本山：延暦寺
信者数：153万3398
寺院数：3313

最澄と空海の足跡

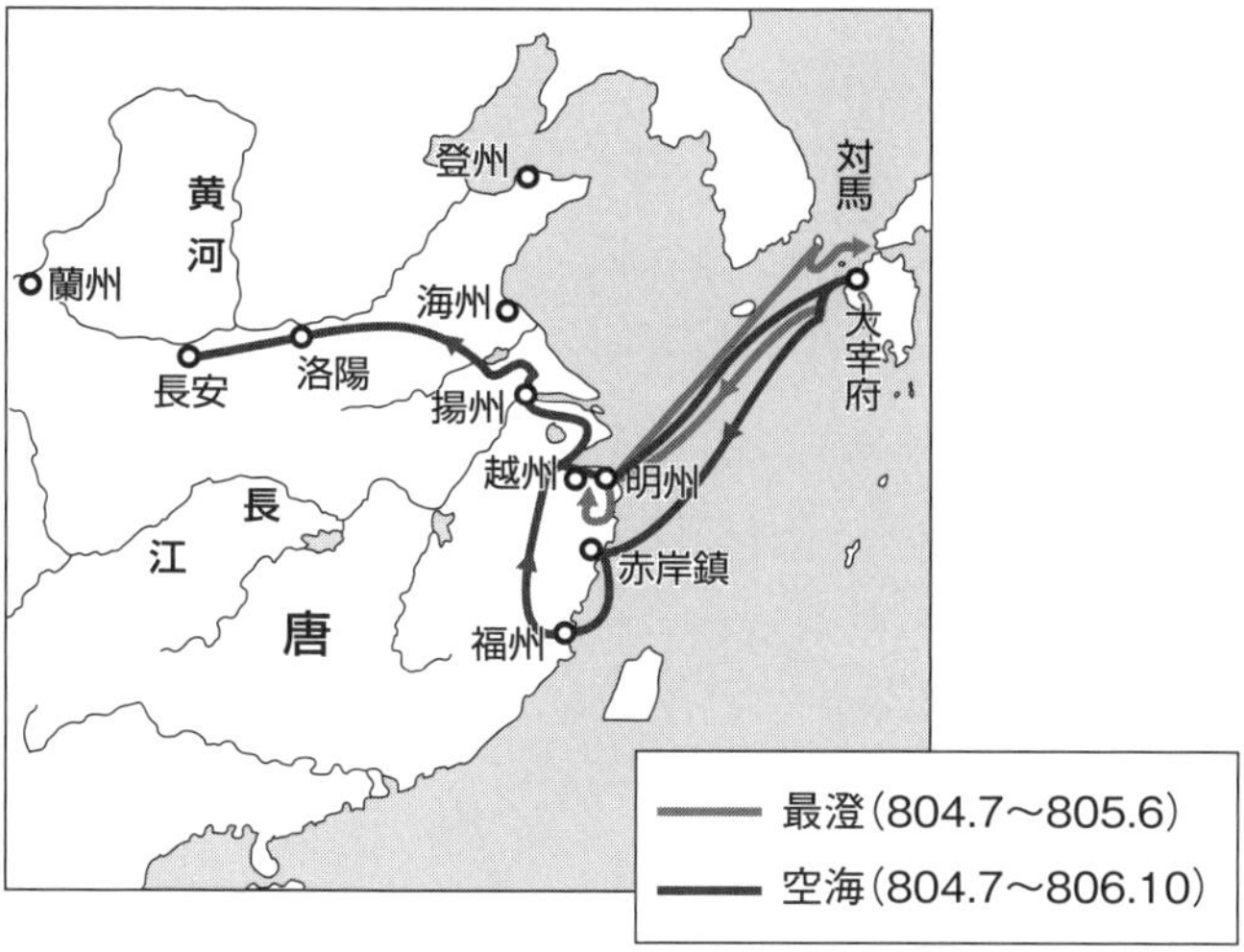

804年、最澄は遣唐第二船に乗って、第一船に乗った空海とともに唐へ渡る。帰朝後、最澄は空海から密教を受法する。しかし、経典借用のいざこざや最澄の弟子・泰範《たいはん》の去就問題などにより、二人は離反してしまう

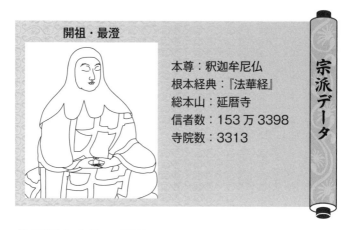

係の多くの書物を得、禅《ぜん》の教えも受けた。翌年には越州《えっしゅう》におもむき、約一か月間密教を学んで明州に戻った。こうして最澄は、在唐わずか九か月のあいだに、さまざまな法門を伝授されたのである。

帰国後、日本仏教界における最澄の存在は以前にもまして大きなものになった。当時は桓武天皇が病気だったこともあって、朝廷は密教を重んじていたが、天台教学の普及にも力が入れられた。八〇六年には年分度者《ねんぶんどしゃ》（朝廷により年間で決められた出家者《しゅっけしゃ》のこと）二名が認められ、最澄による日本の天台宗が開宗された。

やがて最澄は、真に大乗仏教を定着させるため、東大寺戒壇院《とうだいじかいだんいん》で受戒した小乗《しょうじょう》仏教の具足戒を小乗戒として棄捨《きしゃ》、大乗戒による独立戒壇の設置を決意した。

円、戒、禅、密の融合仏教

最澄の開いた日本の天台宗は円《えん》、戒《かい》、禅《ぜん》、密《みつ》が統合された「四種相承《ししゅそうじょう》」の教えとされている。

一番目の「円」は円教をさす。円満完全な教えという意味で、『法華経《ほけきょう》』のみが完全な教えを説くとする、天台本来の教えである。

そもそも天台宗の見る真実の姿は、「円融三諦《えんゆうさんたい》」ということばであらわされる。つまり、あ

天台宗の成り立ち

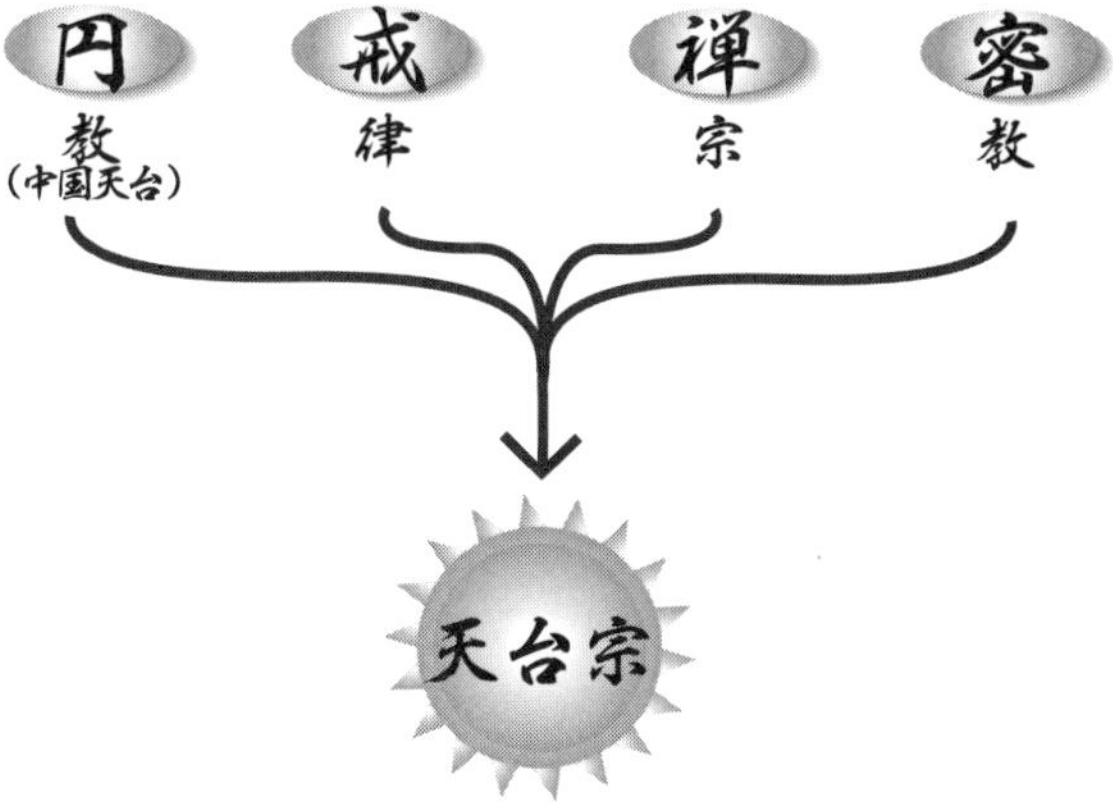

四つの教えが合体
（四種相承）

らゆるものごとの本質は空《くう》である〈空諦《くうたい》〉、空であることさえも仮《かり》に説かれたにすぎない〈仮《け》諦《たい》〉、空でありながら、同時に仮であることを中の存在という〈中諦《ちゅうたい》〉。この三諦がたがいに完全に融合（円融）し、一つになるところに真実の姿がある、と説くのである。

二番目の「戒」は戒律で、独自の大乗戒をさす。最澄は天台山で菩薩《ぼさつ》戒を受け、帰国後は南都の諸大寺と論争を戦わせ、大乗独自の戒律に従うべきだと主張した。

三番目の「禅」は坐禅《ざぜん》の行法である。最澄は出家得度《とくど》の師・行表《ぎょうひょう》から入唐以前に禅の教えを受け、唐の天台山でも牛頭《ごず》宗という別の一派の禅を学んでいる。

四番目の「密」は密教である。空海の極めた本格的な密教とくらべると、最澄のもたらした密教は不充分なものだったが、円仁《えんにん》以降の弟子たちによって天台密教が大成された。

法相宗の僧・徳一との論争

空海が体得してきた本格的な密教の豊かさを知った最澄は、辞《じ》を低くして空海に教えを請《こ》い、金剛《こんごう》・胎蔵《たいぞう》両界の灌頂《かんじょう》（密教を継承するための儀式）を受ける。しかし、『理趣釈経《りしゅしゃっきょう》』の借用の申し出を空海が拒絶したことや、弟子の泰範《たいはん》が空海のもとで密教を学んだのち、最澄のもとに戻らなかったことなどから、宗教観のちがいが露呈。その結果、二人の関係は急速に悪化し、断絶にいたる。

また最澄の晩年には、旧仏教最大の論客である法相宗の徳一《とくいつ》とのあいだで、「三一権実論争《さんいつごんじつ》」とよばれる教理上の論争がおこった。論争は天台教学全般におよんだが、その中心は『法華経』の解釈をめぐる問題だった。

大乗仏教（大乗は、大きく優れた乗物の意）は、出家修行者だけが悟《さと》りに達すると説く従来の部派仏教を「小乗」（小さく劣った乗物）とさげすみ、大乗の修行者である菩薩に対して、小乗の修行者を「声聞《しょうもん》」「縁覚《えんがく》」（個人的な解脱《げだつ》のみを求める者）とよんだ。

三一権実論争

三乗（菩薩、声聞、縁覚）のうち、成仏できるのはあらかじめ決められた菩薩のみ。声聞と縁覚は救われない

三乗は仏が仮に説いた教え（方便・権）にすぎない。『法華経』では、だれもが成仏できるという一乗を説いている

『法華経』では、大乗の立場に立ちながら両者を止揚《しよう》する立場を提起しようとしている。三乗（声聞乗、縁覚乗、菩薩乗）は、仏が衆生《しゅじょう》の能力にあわせて仮に説いた教え〈方便《ほうべん》〉であり、最終的にはどれもが仏の教えとして一つ〈一乗〉であると説く。

一方、法相宗は、だれにでも悟りを開き仏となる素質〈仏性《ぶっしょう》〉があるという立場〈悉有《しつう》仏性〉を批判し、三乗のいずれを修行するかなど、人には能力の違いが先天的にあると説く。つまり、一乗こそ方便であり、三乗が真実ということになる。

最澄の立場は、すべての人には平等に仏の救いの力はおよんでいるという宗教的理想主義、平等主義であるのに対して、徳一の立場は、能力のちがいによって仏に近づく可能性にちがいがあるという厳しい現実を直視するものである。

この論争は後世までつづくこととなるが、当時は最澄の主張した一乗の教えが日本仏教の主流であった。飛鳥《あすか》時代の聖徳太子《しょうとくたいし》、平安時代の真言宗、天台宗、そして鎌倉時代におこった諸宗も一乗思想に立っている。

弟子たちによる天台密教の確立

先に述べたように、最澄の開いた天台宗の弱点である密教を補強し、天台密教を確立したのは弟子たちだった。また大乗戒壇の建立は、最澄の死後七日目に勅許《ちょっきょ》がおり、のちの初代天台座主・修禅《しゅぜん》大師こと義真《ぎしん》を伝戒師《でんかいし》として、菩薩戒の受戒会が行なわれた。

最澄に師事し第三代の天台座主になる円仁《えんにん》（七九三〜八六四）は、八三八年に最後の遣唐使船で唐に渡った。天台山にのぼることは許可されなかったが、五台山を巡礼して浄土教を学び、長安《ちょうあん》ではおもに密教関係の教えを受けた。帰国後は密教をはじめ天台教学の理論を確立し、日本の浄土教のいしずえを築いた。

この円仁を継承し、自らも入唐して天台宗を新たな方向へ展開させたのは、第五代座主の円《えん》珍《ちん》（八一四〜八九一）だった。すでに遣唐使の派遣がなくなっていたため、民間の中国商船で

密教化を深める天台宗

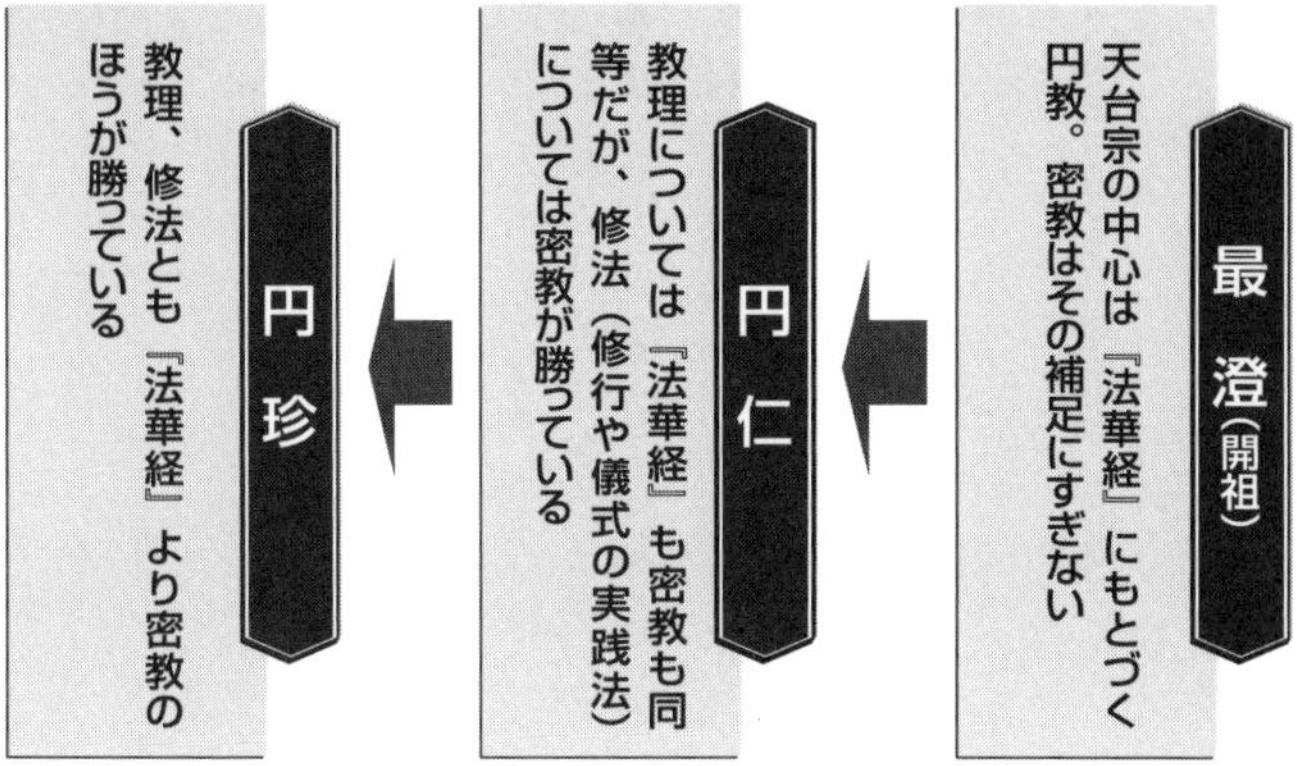
最澄（開祖）
天台宗の中心は『法華経』にもとづく円教。密教はその補足にすぎない
円仁
教理については『法華経』も密教も同等だが、修法（修行や儀式の実践法）については密教が勝っている
円珍
教理、修法とも『法華経』より密教のほうが勝っている

天台宗の系譜

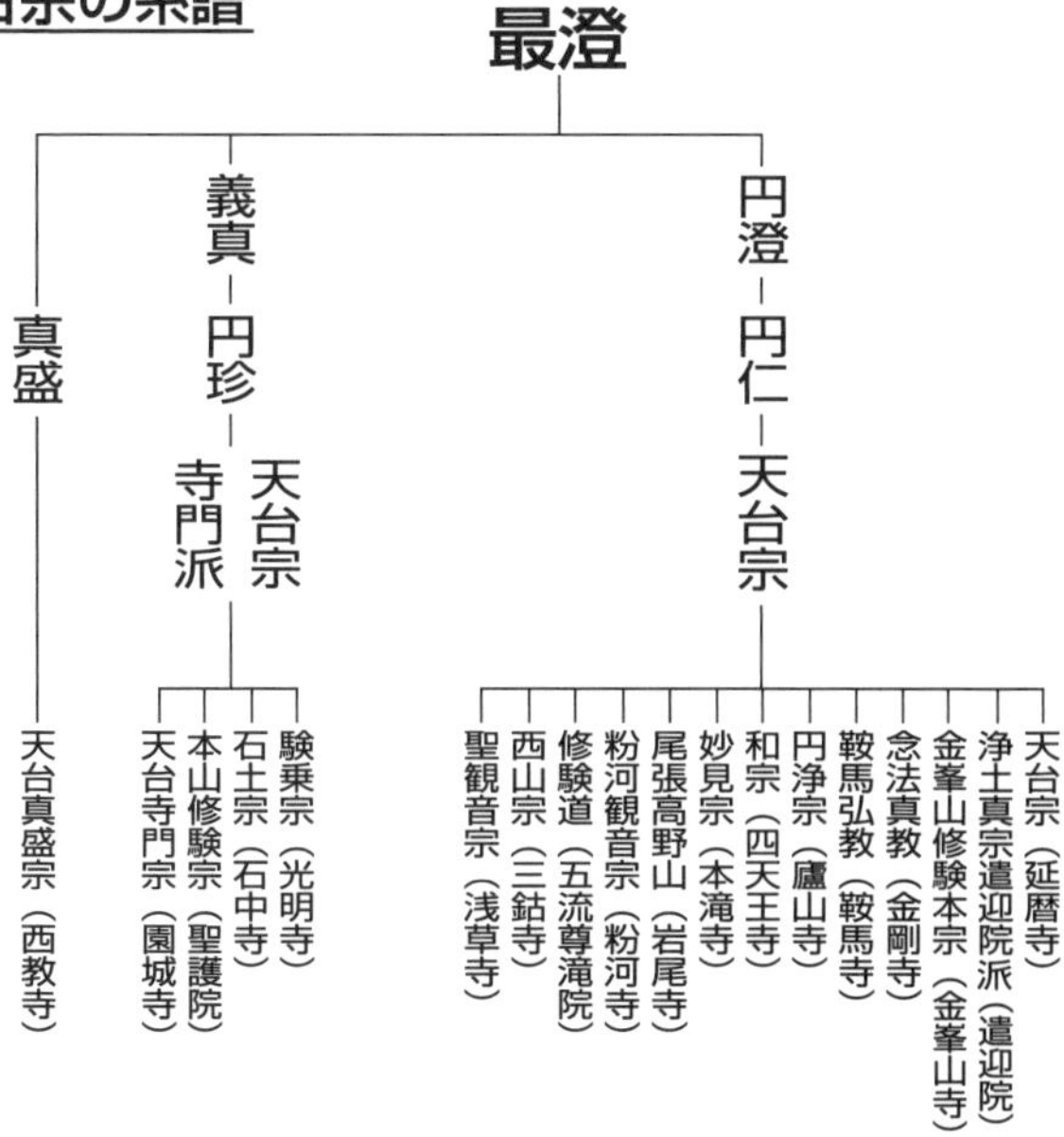
最澄
円澄
円仁
天台宗
義真
円珍
天台宗寺門派
真盛
天台宗（延暦寺）
浄土真宗遣迎院派（遣迎院）
金峯山修験本宗（金峯山寺）
念法真教（金剛寺）
鞍馬弘教（鞍馬寺）
円浄宗（廬山寺）
和宗（四天王寺）
妙見宗（本滝寺）
尾張高野山（岩尾寺）
粉河観音宗（粉河寺）
修験道（五流尊滝院）
西山宗（三鈷寺）
聖観音宗（浅草寺）
験乗宗（光明寺）
石土宗（石中寺）
本山修験宗（聖護院）
天台寺門宗（園城寺）
天台真盛宗（西教寺）

唐に渡った円珍は、円仁がのぼることのできなかった天台山を訪れ、在唐五年で多くの法門を学んで帰国した。

もう一人の円仁の弟子・安然《あんねん》（八四一〜没年不明）は彼らの後を受けて、天台宗における密教の位置を明らかにし、天台宗は真言宗のなかにふくまれると説いた。

このように、時を経るごとに天台宗は密教色を濃くしていった。政治的にも藤原《ふじわら》氏との結びつきが深まることで勢力が一段と拡大し、真言宗とともに平安期の仏教を密教中心のものに染めあげていった。

しかし、最澄の直弟子たちと義真門下の僧たちが対立し、やがて天台宗は円仁系の山門《さんもん》派と円珍系の寺門《じもん》派にわかれてしまう。対立はその後も激しさを増し、さらなる分裂をかさねて細分化していく。だが、日本仏教における天台宗の位置づけに変わりはなかった。鎌倉新仏教の祖師たちも、ほとんどが比叡山で学んでいる。天台宗は何度も分派したり、織田信長《おだのぶなが》による比叡山焼き討ちなどの法難《ほうなん》を受けながら、現在にいたるまで日本仏教の一大勢力の地位を担っているのだ。

二章
平安仏教

真言宗

すべての思想を包み込む密教の教え

恵果から密教の大法を授かった空海

真言《しんごん》宗の開祖・空海《くうかい》は、弘法大師《こうぼうだいし》としていまもよく知られている。しかし意外にも、その生涯は多くの伝説と謎につつまれている。

空海は讃岐《さぬき》国（香川）の豪族・佐伯《さえき》氏の子として七七四年六月十五日に生まれたが、その誕生日は中国密教を大成した不空《ふくう》の入滅《にゅうめつ》の日だった。そこから空海が不空の生まれ変わりではないかといわれている。七歳のときに三度も崖から身を投げたにもかかわらず、そのたびに天《てん》女《にょ》があらわれて空海の身体をやさしく受けとめたという伝説もある。

さらに空海は阿波《あわ》の大滝岳《たいりょうのたけ》や土佐《とさ》の室戸《むろと》岬などで修行し、二十四歳のときに儒教《じゅきょう》、道教《どうきょう》、仏教を代表する三人の対話篇『三教指帰《さんごうしいき》』を著して仏教の優れた思想的特徴を明確にしめしたとされている。しかし、その後、三十一歳で入唐するまでの七年間については記録がなく、出家得度の時期もはっきりしていない。このように、空海は謎の多い人物なのだ。

その空海は八〇四年、最澄らとともに遣唐使団の一員になることに成功した。最澄はすでに高僧として名を馳《は》せていたが、空海は無名の僧であった。なぜ空海が留学僧《るがくそう》に選ばれたのかはわかっていない。

当時、唐ではインド僧・不空の弟子である恵果《けいか》が『大日経《だいにちきょう》』系統の密教と『金剛頂経《こんごうちょうきょう》』系統の密教を統一的に解釈し、真言密教の思想体系の基礎を築いていた。

その恵果と空海が出会ったのは、入唐から数ヶ月経った八〇五年五月のことである。長安《ちょうあん》の西明寺《さいみょうじ》でインド僧からサンスクリット語やインド哲学を学んだ空海は、青龍寺《せいりゅうじ》に恵果をたずね教えを請うた。すると空海は、三か月のあいだに密教の大法をすべて授けられた。恵果六十歳、空海は三十二歳だった。

そして同年十二月に恵果が入滅、空海は当初二十年としていた留学予定を切り上げて、在唐二年あまりで日本に帰る。

帰国後しばらくは入京も許されなかったが、嵯峨《さが》天皇が即位すると空海は重用されるようになり、京都の東寺《とうじ》を密教の根本道場として、高野山《こうやさん》の金剛峯寺《こんごうぶじ》を瞑想《めいそう》修行の場として密教を確立する。それ以降、密教の教えは世の中に広く受け入れられていった。

真言宗が隆盛を見た要因としては、最澄とは対照的に、奈良仏教に対して協調的な態度をと

宗派データ

開祖・空海

本尊：大日如来
根本経典：『大日経』
　　　　　『金剛頂経』
本山：門流による
信者数：383万1300
寺院数：3564

ったことがあげられる。空海は奈良仏教の教義を真言密教のなかに包み込んで、密教を広めていったのだ。

なお、空海は教えの伝導はもちろん、土木工事の技術や指導力の才能にも長《た》けていた。香川県仲多度《なかたど》郡にある満濃池《まんのういけ》が決壊したときには築地別当《つきじべっとう》としてその修復にあたり、わずか三か月あまりで周囲約八キロの池を再築したという。

無限の宇宙と心を結ぶ密教

そもそも「密教」とは、秘密仏教の略称である。それまでの仏教である「顕教《けんぎょう》」に対することばでもあり、秘密深奥の教え、仏の説いた真実の教えを意味する。

本尊は宇宙の根源である大日如来《だいにちにょらい》。根本経典の『大日経』は悟《さと》りの境地を智慧《ちえ》と慈悲《じひ》の展開する世界としてしめす胎蔵曼荼羅《たいぞうまんだら》を説き、『金剛頂経』は密教特有の悟りの境地をしめす金剛界曼荼羅《こんごうかい》を説く。曼荼羅とは悟りの本質という意味で、それを視覚イメージで存在の本質を受けとめる仏教修行の一つ。彫刻や絵画でも表現される。真言密教の教えは、この二つの曼荼羅によって統一的、体系的にイメージとしてとらえることができる。

胎蔵曼荼羅は、仏の救いのはたらきである大悲《だいひ》が胎内に宿っており、それが具体的に人びとの救いとしてあらわれることを意味する。

核となる「中台八葉院《ちゅうだいはちょういん》」を中心に十二の院にわかれているのが特徴的で、中台八葉院では、人の心臓の象徴的表現である八枚の花弁をもつ蓮《はす》の花の中央に、本尊《ほんぞん》の大日如来が位置する。そして、それを取り囲むように四如来《にょらい》・四菩薩《ぼさつ》が座っている。大日如来の慈悲が、円陣をつくるこれらの八尊をとおして、放射線状に現実の世界に伝わっていくようすを抽象的に示しているのである。

金剛界曼荼羅は、全体が九つの「ます」で区切られているため「九会《くえ》曼荼羅」ともよばれる。胎蔵曼荼羅と同様に、中央の一会には大日如来が座っている〈成身会《じょうじんえ》〉。金剛界曼荼羅がしめすのは、われわれ人間が修行によって進歩していくありさまである。右下に位置する九会〈降三世三昧耶会《ごうざんぜさんまやえ》〉から、修行を積み重ねることで、螺旋《らせん》状に会をのぼり〈向上門〉、成身会に達すると、悟りを開いて仏になる。さらに今度は、衆生《しゅじょう》（生きとし生きるもの）を救済するた

胎蔵曼荼羅

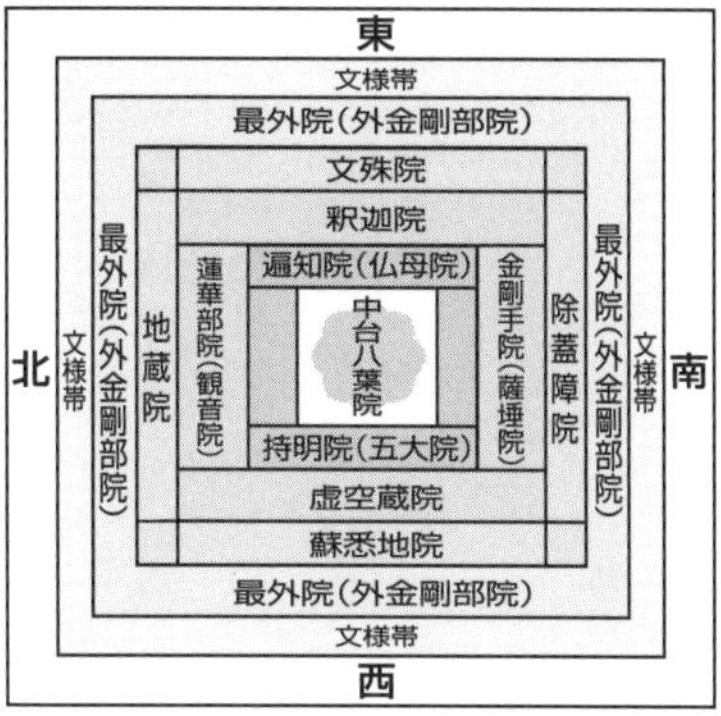

『大日経』の教えをあらわしたもので、衆生に宿る仏の世界を表現している。中台八葉院を中心として12の院にわかれており、円陣を組むように座っている仏たちを通して大日如来の慈悲が衆生に放射され、衆生の心が大日如来と一体になるさまが描かれている

金剛界曼荼羅

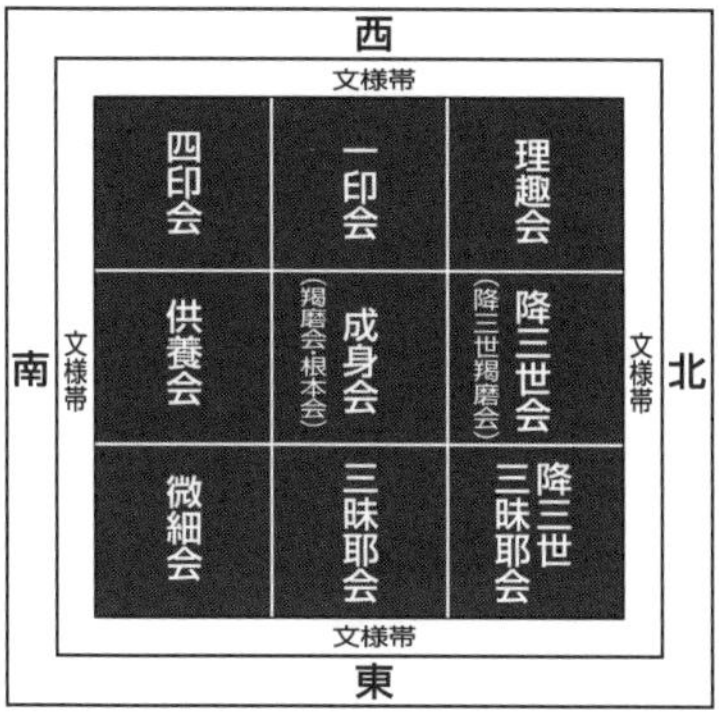

『金剛頂経』にもとづいたもので、人が悟りにいたるまでを表現している。別名「九会（くえ）曼荼羅」ともよばれるように、全体が九つの会に区切られ、各会を段階的に進んでいく過程が描かれている

めに会をおりていき、ふたたび現世に戻るのである〈向下門〉。

このような曼荼羅のイメージを自分自身の身体にそなえることが修行となるのである。

この身このままにして仏になれる

真言密教の修行の目的は「即身成仏《そくしんじょうぶつ》」、つまり文字どおりこの肉身のままですでに仏の境地にあることに気づくことにある。空海は『即身成仏義』を著し、密教理論の体系である六大《ろくだい》、四曼《しまん》、三密《さんみつ》の原理をしめした。

「六大」とは地、水、火、風、空の五大すなわち物質として顕現《けんげん》した仏の救いの誓いに、「識大《しきだい》」、すなわち精神的原理を加えたもの。物質と精神をあわせた世界の総体をさしているといえる。仏も衆生もすべて六大によって成立するのである。

空海の理論では世界の総体がそのまま根源的要素のさまざまな結びつきとして認められ、それが大日如来の活動であるとされる。

顕教《けんぎょう》では仏のあり方を非人格的な真理として考えるが、密教では仏がそのまま大日如来として人格的な活動をなすとされる。

したがって、世界の一部であるわれわれは仏そのものであり、修行によってそれを自覚して

密教の宇宙観

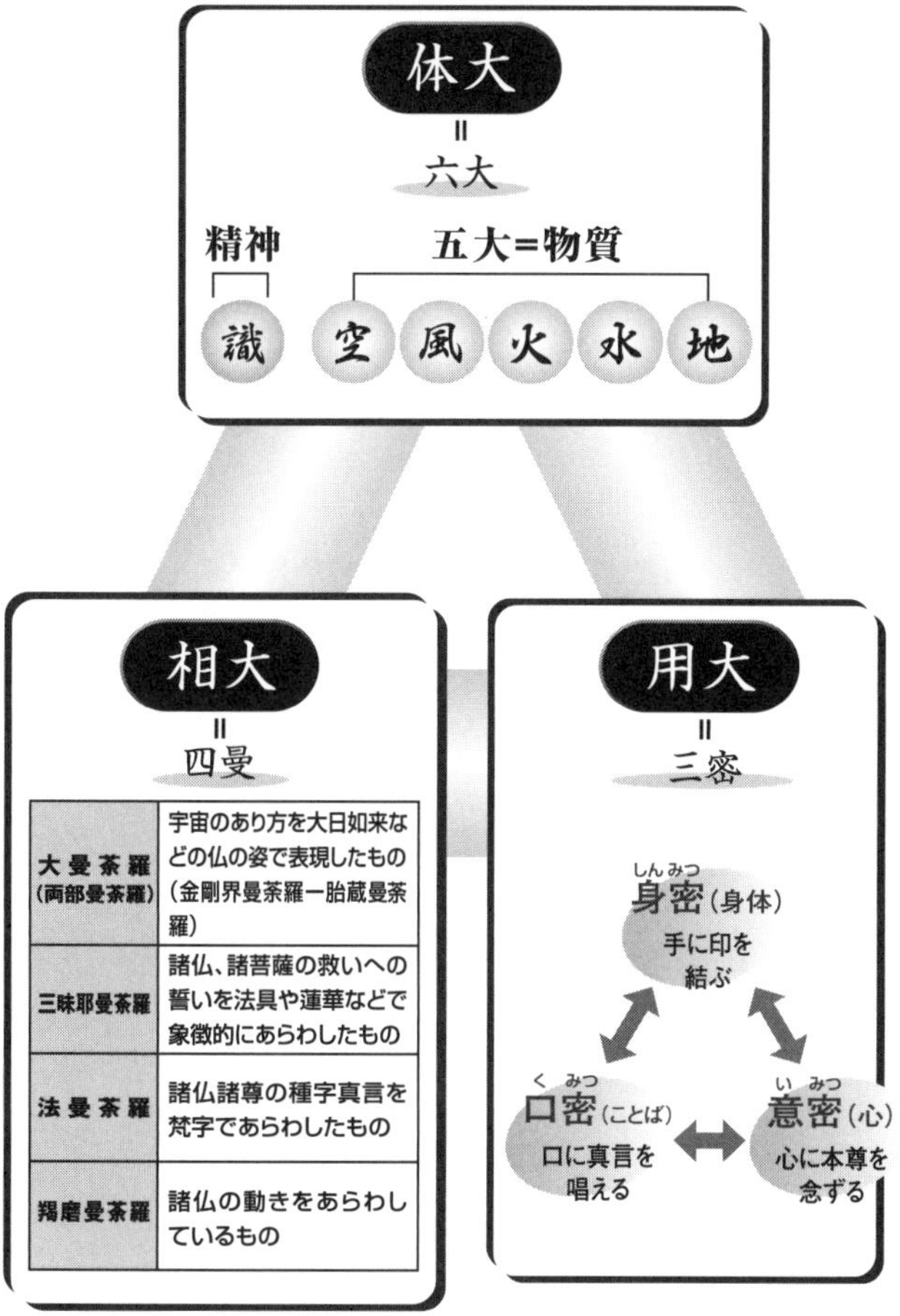

空海は体、相、用の結びつきのなかに真の宇宙の姿を見い出した

いくのである。

「四曼」とは、仏菩薩を描いた「大曼荼羅」、諸仏のもつ誓願《せいがん》を象徴する法具で宇宙の姿を描いた「三昧耶曼荼羅」、諸仏を象徴する梵字《ぼんじ》を描いた「法曼荼羅」、諸仏の行為を描いた「羯磨《かつま》曼荼羅」の四種の曼荼羅を意味し、金剛界曼荼羅の一会から四会までにあたる。これらの曼荼羅は、大日如来を中心にさまざまな角度からの図像によって世界の本質をあらわしており、六大からなるわれわれの世界へ接近するための通路なのである。

そして、こうした原理・現象をふまえ、実践すべきものが三密加持《さんみつかじ》である。「三密」とは、印契《いんげい》を結ぶ〈身《しん》〉、真言を唱える〈口《く》〉、瞑想する〈意《い》〉の三つのはたらきのことで、加持とは、仏の大悲《だいひ》と衆生の信心のはたらきが合致することをいう。

こうして自己の精神と肉体が仏と合一し、即身成仏が完成するのである。

多くの法流にわかれた真言宗

空海の教えはその直弟子たち（十大弟子）に引き継がれ、多くの高僧を輩出した。しかし、教義の新しい展開は見られなかった。やがて真言密教の法流は広沢《ひろさわ》流と小野《おの》流に分派し、さらにそれぞれが六流にわかれていく。

真言宗の系譜

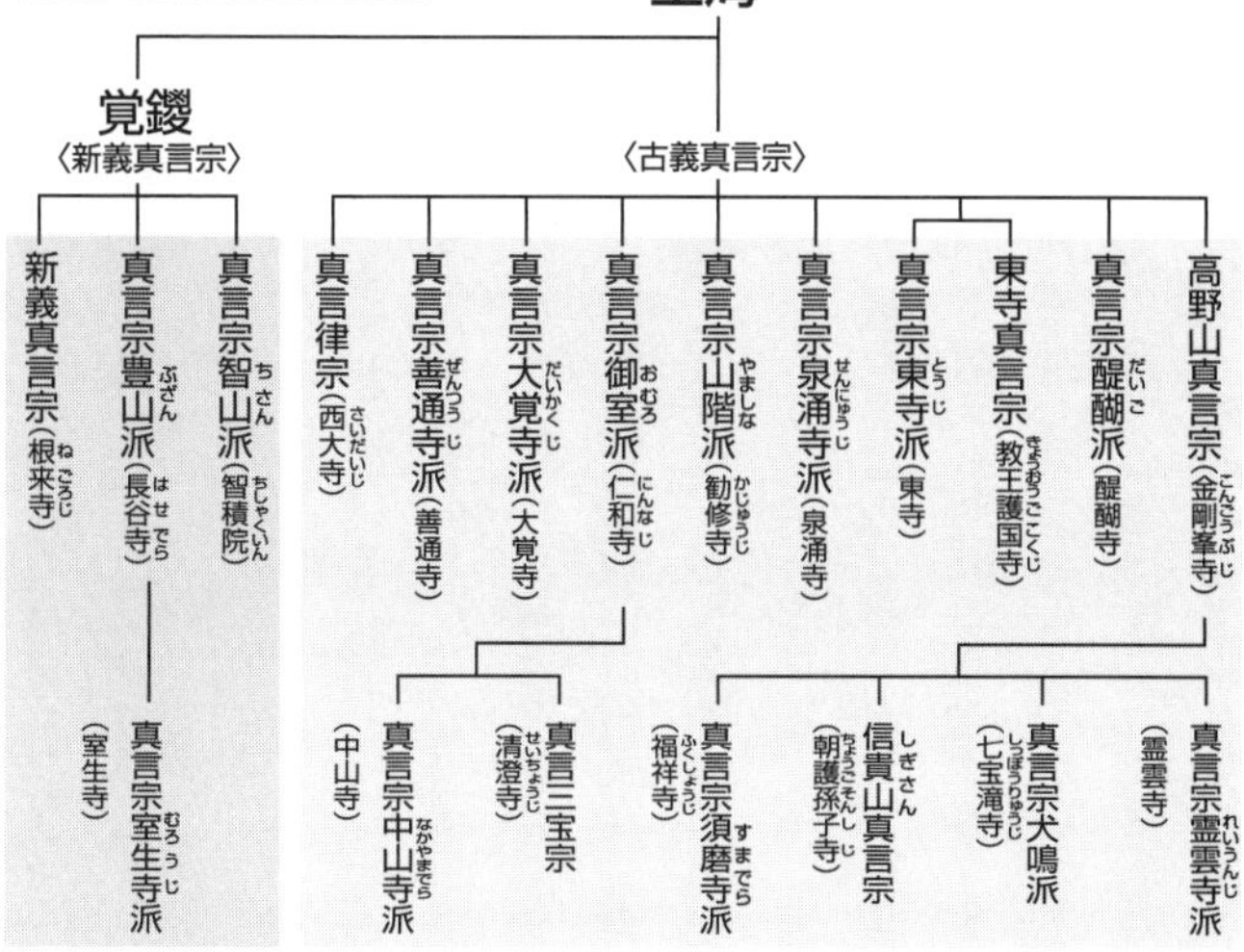

広沢流では、平安時代末期に伝法院《でんぽういん》をおこした覚鑁《かくばん》が高野山に大伝法院を建立し数々の改革を行なったため、真言宗中興の祖といわれている。

しかし、覚鑁の改革は衆徒たちとのあいだで軋轢《あつれき》をうみ、高野山衆徒が覚鑁を襲撃するという事件に発展する。覚鑁は高野山をおり、根来《ねごろ》寺《じ》に活動の場を移した。

根来寺に移った覚鑁の流れは新義《しんぎ》真言宗とよばれ、それ以前からの真言宗の流れは古義《こぎ》真言宗とよばれるようになる。

根来寺は南北朝時代より多数の僧兵を養い隆盛を極め、豊臣秀吉《とよとみひでよし》に攻められて焼亡した。しかし、のちに徳川《とくがわ》家の保護を受けて再興されている。

平安末期から鎌倉初期の仏教

末法の時代に求められた民衆仏教

日本仏教の革新と新たな展開

八九四年に遣唐使《けんとうし》が廃止され、その十三年後に唐は滅亡する。その後も中世をつうじて中国文化は部分的に受け入れられたが、律令《りつりょう》国家形成期のような中国文化への傾倒は見られなくなり、中国とは異質な日本独自の国風《こくふう》文化が形成されていった。

そのような時代背景のもと、仏教もしだいに中国仏教の影響から離れ、鎌倉時代に入ると日本独特の新しい宗派が成立していく。

政治権力が貴族から武士に移ったことにより、貴族に受け入れられた天台《てんだい》宗や真言《しんごん》宗にかわって武士階級に受け入れられる仏教が登場したのである。また、民衆への理解を広めるような布教もさかんになった。

平安時代末期、武士の進出によって貴族の支配権は衰え、仏教界は混乱堕落し、僧兵は横暴を極めた。そのうえ毎年のように天変地異がおこり、大凶作や飢饉《ききん》が頻発、疫病が流行して病

鎌倉新仏教と寺院

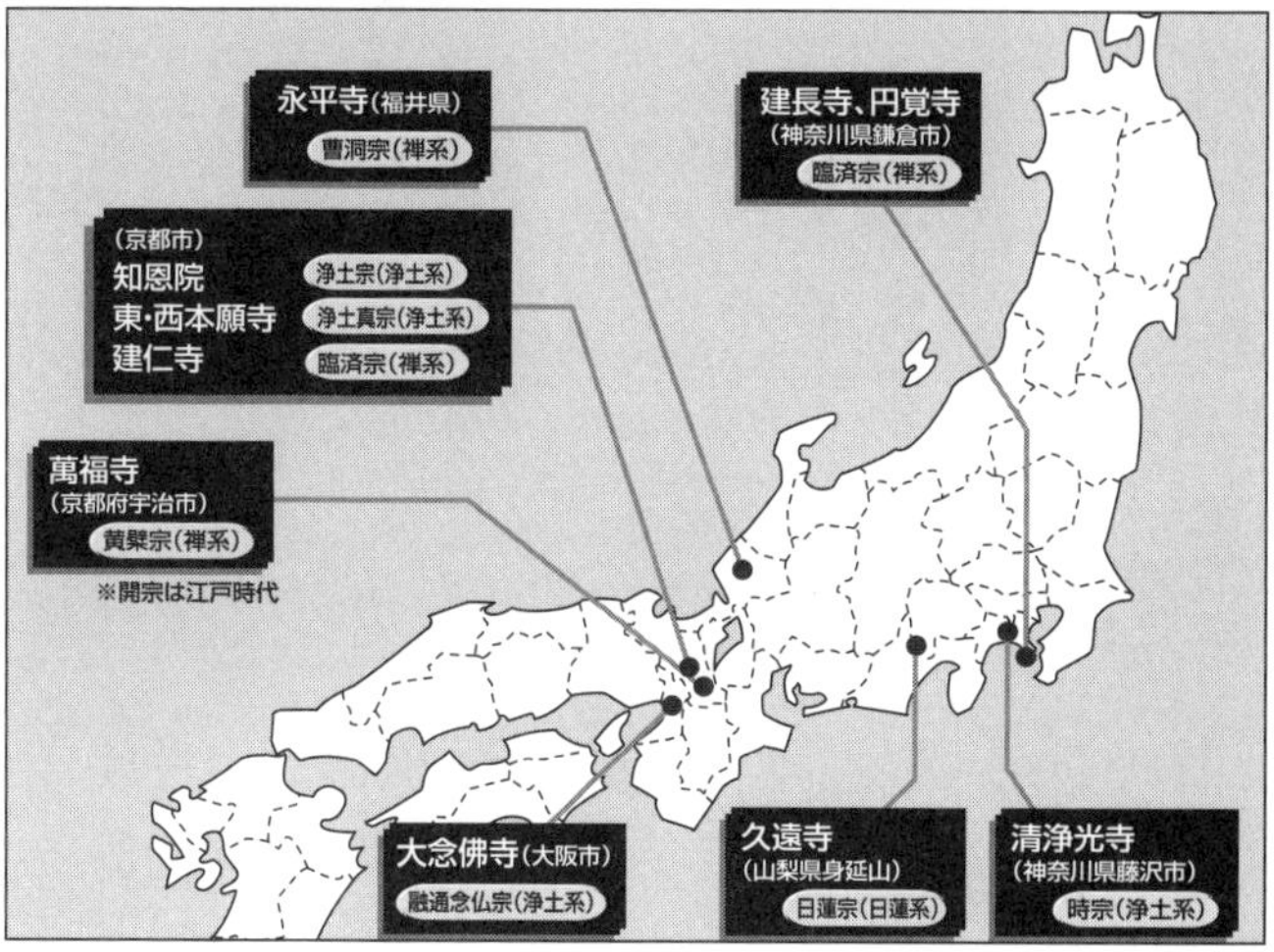

死者や餓死者が続出した。こうした社会情勢が、貴族から庶民にまで無常感《むじょうかん》や厭世感《えんせいかん》をもたらし、末法《まっぽう》思想が流行した。

末法思想は六世紀ごろ西北インドで成立し、中国や日本へ伝えられた歴史観で、正法《しょうぼう》（真の仏法が存在する時代）、像法《ぞうほう》（信仰が形式的になり、悟《さと》りが得られない時代）、末法（仏教がすたれきった時代）の三つに区分される〈三時説〉。日本で広く流布《るふ》した正法、像法の時代が千年ずつつづくという説によると、一〇五二年が末法の第一年にあたり、鎌倉新仏教の成立の大きなきっかけとなった。

一行専修を基本とする教え

円《えん》、密《みつ》、禅《ぜん》、戒《かい》を融合させた最澄《さいちょう》の天台宗と、すべての仏教を包括する空海《くうかい》の真言宗。この両宗に代表される平安仏教は、従来の諸々の仏教の教義を集大成した仏教だった。それに対して鎌倉時代の仏教は、総合的な平安仏教に内包されていた教えのなかから一つの宗や行《ぎょう》を選びとり、それが唯一の仏教の立場であると主張する傾向がある。

たとえば浄土《じょうど》教は阿弥陀仏《あみだぶつ》を信仰対象とする教えである。飛鳥時代には日本に経典が伝わり、信仰されていたが、天台宗の円仁《えんにん》が比叡山《ひえいざん》の浄土教の流れをつくった。それが全国を遊《ゆ》行《ぎょう》した空也《くうや》（九〇三～九七二）、『往生要集《おうじょうようしゅう》』を著した源信《げんしん》（九四二～一〇一七）、融通念仏《ゆうづうねんぶつ》宗を開いた良忍《りょうにん》につながり、法然《ほうねん》、親鸞《しんらん》、一遍《いっぺん》らの念仏思想の素地となった。

一方、禅《ぜん》宗は法相《ほっそう》宗を伝えた道昭《どうしょう》によって日本にもたらされ、最澄も北宗《ほくそう》禅を請来《しょうらい》した。その後、禅を大成したのは栄西《えいさい》と道元《どうげん》である。

道元は末法思想や易行道《いぎょうどう》を否定し、日常生活のあらゆる行為を坐禅《ざぜん》の修行とする日本的な禅の教えを展開した。

『法華経《ほけきょう》』の世界を自身で体現しようとした日蓮《にちれん》は、人間は生まれながらにして悟っているという「本覚思想《ほんがくしそう》」に立ち、「南無妙法蓮華経《なむみょうほうれんげきょう》」の題目《だいもく》を唱《とな》えることが『法華経』と結びつく唯一の道であり、厳しい現実社会に仏の世界を見出すことに信仰の核心があると説いた。

開祖の生きた時代

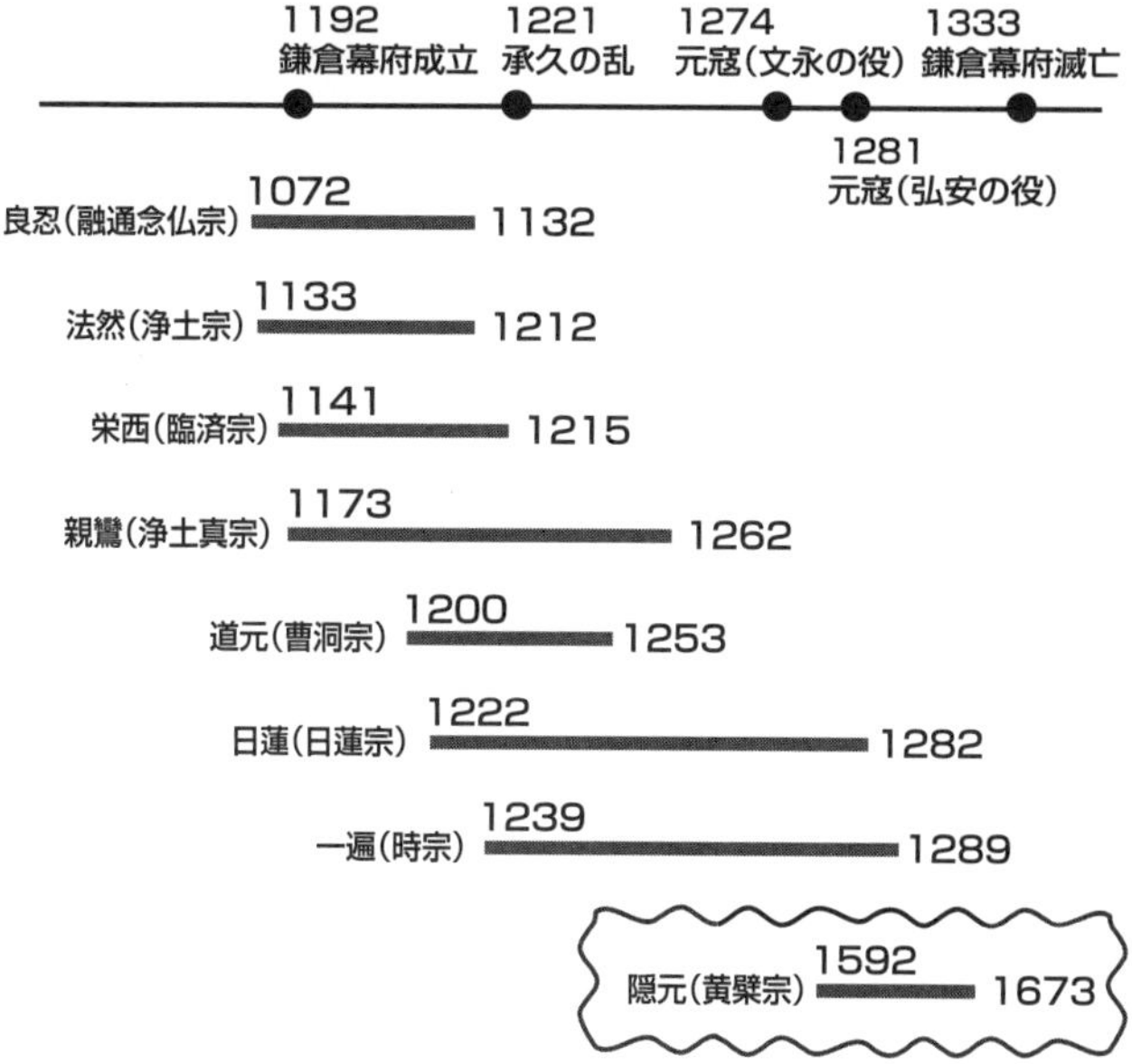

末法思想とは

正法
教え、修行、悟りのすべてがある時代。釈迦入滅後、1000年（または500年）とされる

像法
教えと修行はあるが、悟りのない時代。正法後、500年（または1000年）とされる

末法
修行も悟りもなくなり、教えのみが残る時代。1052年が日本における末法のはじまりとされる。

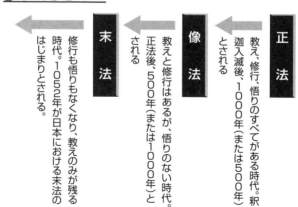

融通念仏宗

念仏を合唱して功徳を共有し合う

仏の供養に自分の指を燃やした苦行僧

平安時代末期に尾張《おわり》の富田荘《とみたのしょう》の領主の子として生まれた良忍《りょうにん》（一〇七二〜一一三二）は、十二歳のときに比叡山にのぼって出家し、天台《てんだい》教学をおさめ、東塔常行堂《じょうぎょうどう》の堂僧（不断念仏《ふだんねんぶつ》を行なう念仏合唱僧）をつとめた。

そこで常行三昧《じょうぎょうざんまい》（阿弥陀仏《あみだぶつ》の名を称《とな》えながら歩き、心に阿弥陀仏を思う修行）の日々をすごしていたが、当時の比叡山は堕落ぶりがはなはだしく、良忍は辟易《へきえき》してしまい、山をおりることにした。

その後は大原《おおはら》に移って来迎院《らいごういん》と浄蓮華院《じょうれんげいん》を創建し、苦行練行《くぎょうれんぎょう》に打ち込む。その修行とは、毎日六万回の念仏を称え、『法華経』を書写するというもので、ときには手足の指を切って燃やし、仏と経に供養《くよう》したこともあったと伝えられる。

そうした厳しい修行の毎日を送っていた良忍の前に、ある日、阿弥陀仏があらわれたという。

開祖・良忍

宗派データ

本尊：十一尊天得如来
根本経典：『華厳経』
『法華経』
総本山：大念仏寺
信者数：10万600
寺院数：356

称名念仏の普及

沙弥教信が播磨《はりま》国（兵庫）で畑を耕しながら行なう

↓

空也が尾張国（愛知）で庶民に向けて阿弥陀仏の救いを説く

↓

源信が『往生要集』を著し念仏往生の道をしめす

↓

良忍、法然へとつながっていく

阿弥陀仏は口称《こうしょう》融通念仏を直授し、良忍は新たな宗派を開宗するにいたった。ここに融通念仏宗が誕生したのである。

この良忍は融通念仏宗の開祖である一方、天台声明《てんだいしょうみょう》（仏教音楽）の中興の祖でもある。念仏に節をつけて歌う「声明念仏」の天才的演奏者だったのだ。

良忍は、円仁が中国声明の中心地だった唐の魚山《ぎょざん》（現在の山東省済寧《さんとうしょうさいねい》）から請来した声明を習得し、これを大成。のちに良忍が籠居《ろうきょ》した洛北《らくほく》大原の地を中国の声明の聖地になぞらえ、「魚山」と称した。

浄土宗の声明は、この魚山流を継承している。

一人の念仏は万人の念仏と融通する

良忍が阿弥陀仏から直授したのは、

「一人一切人、一切人一人、一行一切行、一切行一行」

という偈《げ》（韻文律《いんぶんりつ》の経文《きょうもん》）だった。

一つとして単独に存在できるものはない。すべてはたがいに因《いん》となり縁《えん》となり、関連しあって存在しているという意味である。

これを受けた良忍は、一つをとれば全体が包含され、全体のなかに一つが含まれるという『華厳経《けごんきょう》』の教えを念仏によって実践する。

一人の称える念仏の功徳《くどく》と万人の称える念仏の功徳が融通《ゆうづう》（共有）することにより、往生が約束される。念仏だけでなく、一つの善行が他の多くの善行と融通する――。そのように説いたのである。そして良忍は、この教えを実践しながら全国を遊行した。

融通念仏の行は合唱の念仏。みなでいっしょに称えれば念仏の功徳が融通しあうと説き、人びとにこれに参加するよう勧めてまわったのである。

融通三祖

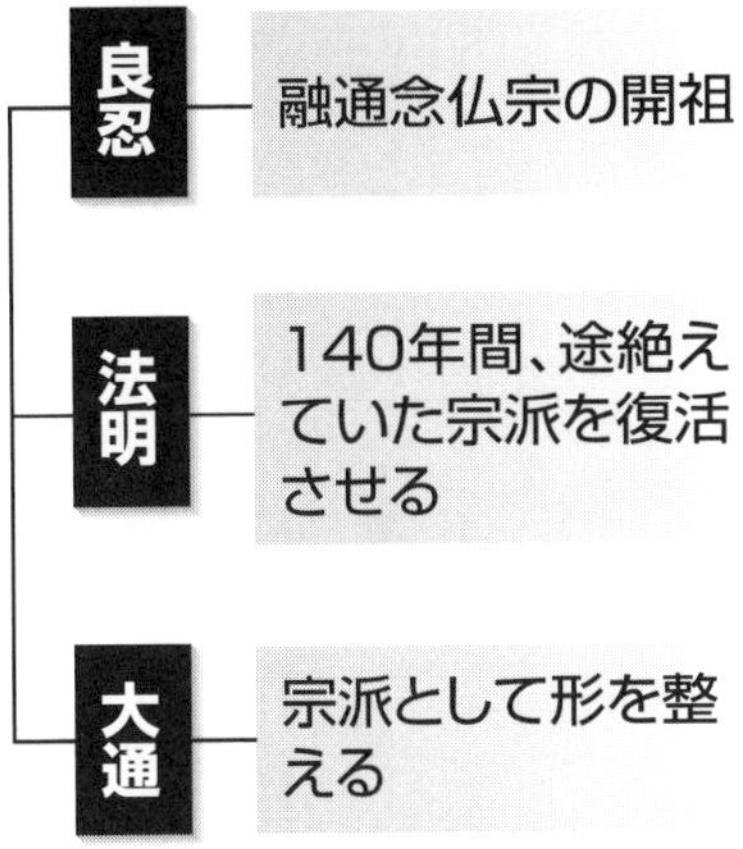
良忍
融通念仏宗の開祖
法明
140年間、途絶えていた宗派を復活させる
大通
宗派として形を整える

音楽のような調べに、多くの人びとが巻き込まれ、宗教的エクスタシーに誘われたという。

良忍の入滅後、宗勢はさほどふるわず、一四〇年におよぶ伝統がとだえたが、鎌倉時代末期に法《ほう》明《みょう》が中興し、江戸時代になって大通《だいつう》が再興した。

融通念仏宗では良忍、法明、大通の三人を融通三祖として崇めている。

浄土宗

阿弥陀仏の本願にすがる念仏信仰

末法の世にあらわれた改革者

日本では平安時代末期から鎌倉時代初期にかけて、末法《まっぽう》の時代を象徴する出来事が次々とおこった。

前九年・後三年の役《えき》や保元《ほげん》・平治《へいじ》の乱など、武士による戦乱が時代の移り変わりを予感させ、平重衡《たいらのしげひら》による東大寺《とうだいじ》や興福寺《こうふくじ》の焼き討ちは人びとに大きな衝撃を与えた。

これに加えて、全国的な飢饉《ききん》の発生が追い討ちをかける。数多くの餓死者や疫病がまん延する悲惨な光景は、現実社会への絶望感や厭世感、無常感を引き起こすのに十分すぎるものであった。

法然《ほうねん》（一一三三〜一二一二）が浄土《じょうど》思想を広めたのは、そのような時代である。美作《みまさか》国（岡山県）の官吏の家に生まれた法然は九歳のときに夜討ちで父を失い、十三歳で比叡山にのぼった。二年後に受戒すると、僧名を源空《げんくう》と称し、天台教学をはじめあらゆる仏教教理を学んだ。

開祖・法然

本尊：阿弥陀仏
根本経典：「浄土三部経」
総本山：知恩院
信者数：602万1900
寺院数：6856

宗派データ

末法時代の出来後

西暦	出来事
1156	保元の乱おこる
1158	平治の乱おこる
1180	源平の争乱はじまる
1180	東大寺、興福寺焼失
1181	養和の大飢饉おこる
1192	鎌倉幕府成立

源義仲の挙兵にはじまる源平の争いが全国各地で勃発し、1185年の壇ノ浦の戦いまで混乱がつづく

平重衡によって焼き討ちされる。南都北嶺の僧兵による強訴も頻繁におこる

全国的な大飢饉がおこり、死者が多数でる。鴨長明は、京都だけで4万人以上が死んだと『方丈記』に記している

十八歳のときには浄土教のさかんな黒谷別所《くろだにべっしょ》に移り、法然房《ぼう》と号した。ここで融通念仏宗の開祖である良忍の弟子・叡空《えいくう》に師事して戒律や念仏を学び、源信の著した『往生要集』についての講義を受けた。

それから、奈良に遊学して法相宗、華厳宗、三論宗《さんろん》などの諸宗を兼学したものの、宗教的確信にはいたらず、ふたたび黒谷に戻り、二十年近い期間、修学にはげんだ。そして厳しい修行のなかで、唐の善導《ぜんどう》が著した『観無量寿経疏《かんむりょうじゅきょうしょ》』の一文に触れたとき、法然はついに阿弥陀仏の救いをはっきりと悟ったのである。一一七五年、法然四十三歳のときだった。浄土宗教団では、この年をもって浄土宗開宗の年としている。

念仏の広まりと旧仏教からの排斥

その後の法然は、もっぱら念仏行を実践すること〈専修念仏《せんじゅ》〉によって極楽浄土に往生し救われる、とする善導の教えをもとに浄土宗の教義を確立していく。

まず比叡山をおり、京都東山の華頂山《かちょうさん》麓（現在知恩院《ちおんいん》のある地）に「吉水《きっすい》の草庵」を結んで念仏の教えを説きはじめた。当初、法然は積極的な布教を行なわず、無名の存在だったが、「南無阿弥陀仏」を称《とな》えればだれでも往生し救われる、という簡素な教えはしだいに広く受け入れ

浄土宗の系譜

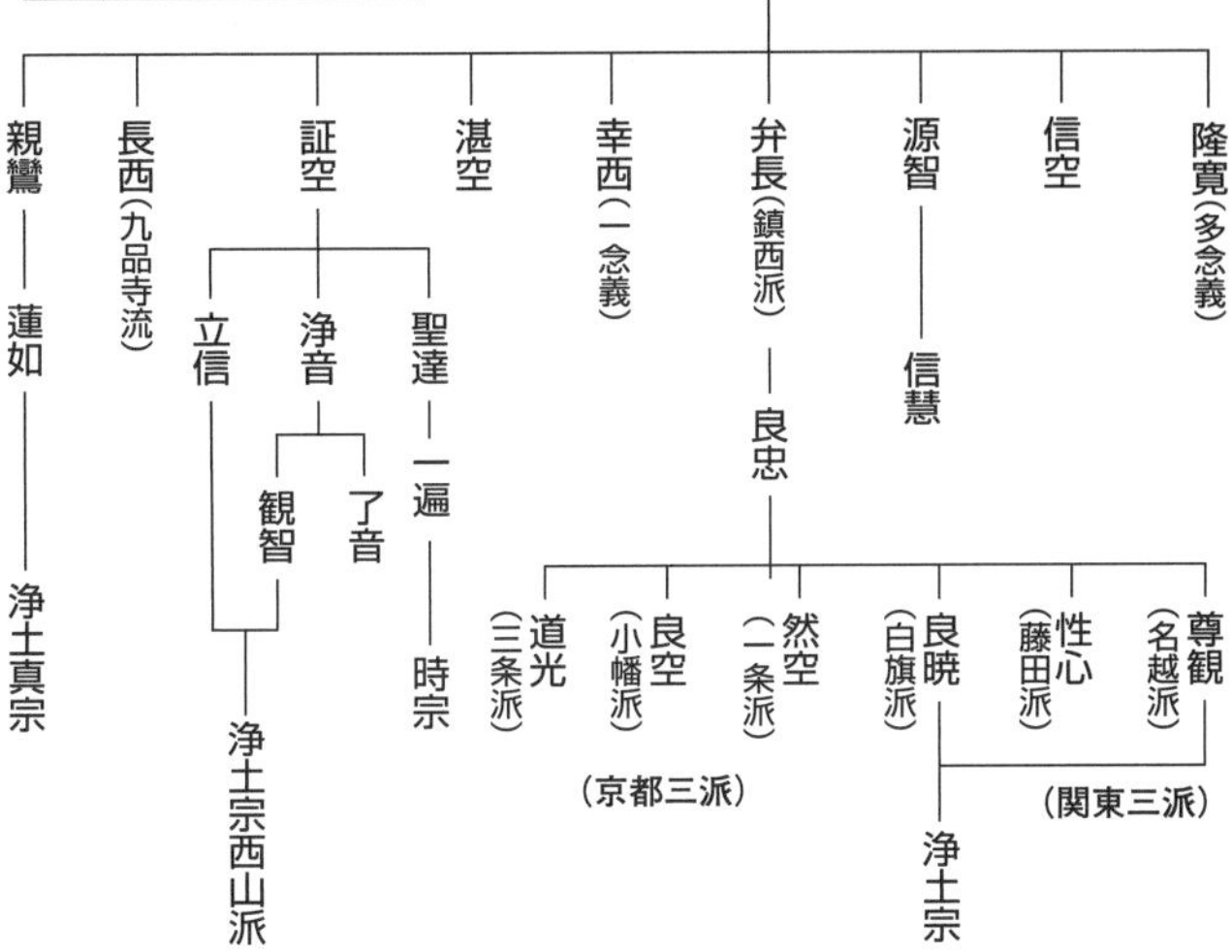

られていった。

やがて南都の寺院や比叡山からも注目されるようになり、のちに天台座主《ざす》となる顕真《けんしん》が法然を京都洛北の大原・勝林院《しょうりんいん》に招き、念仏の教義問答を行なうことになった。会合には高僧、学僧三〇〇人あまりが集まったが、法然は浄土宗について理路整然と談じ、参加した人びとを信服させたと伝えられている〈大原問答〉。

この大原問答によって法然の名は一躍高まり、庶民だけでなく、九条兼実《くじょうかねざね》をはじめとする貴族のあいだにも帰依《きえ》する者が増えた。さらに法然の教えは京都周辺にとどまらず、東海地方や北陸の方面にも流布していった。

しかし一方では、旧仏教教団の反発も起こっていた。一二〇四年、比叡山延暦寺の衆徒が蜂起し、法然の布教をやめさせるよう天台座主に訴え出たのである。

この訴えは虚偽ではなく、実際に天台宗、真言宗などの教えをけなして、念仏さえ称えれば悪事も許される、などと説きまわる者が一部にいたため、法然は七か条にわたる自粛の戒めを起草して天台座主に提出した。これでひとまず比叡山側は鎮まったが、翌年には奈良の興福寺が専修念仏の禁止を朝廷に訴えた。

さらに一二〇七年、法然の二人の弟子が後鳥羽《ごとば》院の女房と密通したという嫌疑で死罪になり、当時七十五歳という高齢だった法然も還俗《げんぞく》のうえ四国への流罪《るざい》という重罪に処せられた〈承《じょう》元《げん》の法難《ほうなん》〉。

法然は四年後に帰京を許されたが、その翌年に八十年の生涯を閉じた。

仏の本願によって救われる他力易行

このように布教の過程で幾多の法難に見舞われた法然だが、かれの浄土思想とはどんなものだったのか。

末法時代の人心荒廃を目の当たりにした法然は、南都《なんと》六宗や天台、真言宗の説く深遠な哲理や難解な教学に救済力があるのか、という疑いをもった。その疑念が三十年にわたって研鑽《けんさん》し

法然の教え

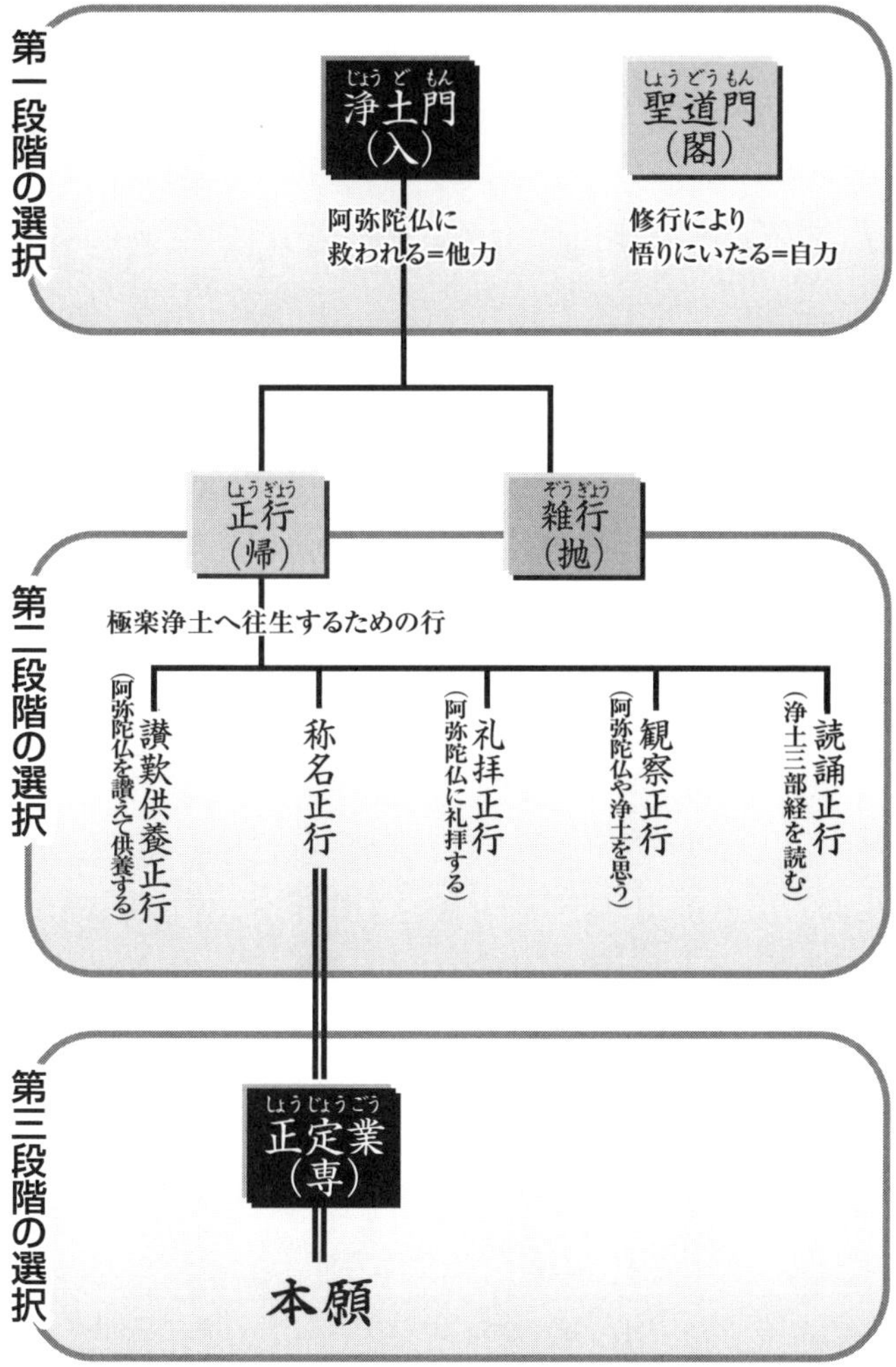
第一段階の選択
浄土門《じょうどもん》
（入）
阿弥陀仏に
救われる=他力
聖道門《しょうどうもん》
（閣）
修行により
悟りにいたる=自力
第二段階の選択
正行《しょうぎょう》
（帰）
雑行《ぞうぎょう》
（抛）
極楽浄土へ往生するための行
讃歎供養正行
（阿弥陀仏を讃えて供養する）
称名正行
礼拝正行
（阿弥陀仏に礼拝する）
観察正行
（阿弥陀仏や浄土を思う）
読誦正行
（浄土三部経を読む）
第三段階の選択
正定業《しょうじょうごう》
（専）
本願

てきた旧仏教の教えを捨てさり、ただ「念仏」のみを専修し、阿弥陀仏の本願《ほんがん》（衆生を救おうとする誓い）によって救われる他力易行《たりきいぎょう》の道を選びとる要因となった。

つまり、難解な教理を学んだり、厳しい修行をするよりも、さまざまなはからいを捨て、すべてのものを等しく救いとろうとする阿弥陀如来の救いを信じ、ただひたすらに「南無阿弥陀仏」を称えよ、という浄土の教えのほうが時代に則していると考えたのである。

法然は、その主著『選択本願念仏集《せんちゃくほんがんねんぶつしゅう》』のなかで、釈迦《しゃか》の教えを三段階に選び抜く必要があることを述べている。

まず、現実の人間世界において難しい修行をし、迷いを断じて悟りを得ようとする「聖道門《しょうどうもん》」と、阿弥陀仏の本願に誓われた念仏を称えることによって極楽浄土に往生し、輪廻《りんね》生死から抜けでることを目的とする「浄土門」の二つに道をわける。そのうえで、浄土門を選択する。

次に、浄土門の行法を「正行《しょうぎょう》」と、正行以外の「雑行《ぞうぎょう》」にわけ、正行を選択する。正行とは、「浄土三部経」を読誦《どくじゅ》すること、阿弥陀仏と極楽浄土を観察すること、阿弥陀仏を礼拝《らいはい》すること、称名すること、賛嘆供養《さんたんくよう》することの五つである。

そして、この五つの正行のなかから「称名」を選びとり、「正定業《しょうじょうごう》」として専《もっぱ》らに実践していく。正定業とは阿弥陀仏の名号を称えること〈称名念仏〉である。

増上寺

浄土宗七大本山の一つ。江戸時代には浄土宗の統制機関として機能していた

これにより、極楽浄土に往生できるというのである。

多くの名僧を生み、大集団に発展

法然門下の弟子たちからは、さまざまな立場を主張する者がでて、いくつもの流派が形成されていった。

幸西《こうさい》は、阿弥陀仏の本願を信じ、ひとたび念仏を称えれば浄土に往生できるとする「一念《いちねん》義《ぎ》」を主張した。一方、「多念義《たねんぎ》」を主張する隆寛《りゅうかん》は、東山の長楽寺《ちょうらくじ》を中心に教えを広め、一念・多念の論争が巻き起こった。

法然の没後、京都西山の三鈷寺《さんこじ》で念仏の教えを広めた証空《しょうくう》の流れは京都西山を拠点としたので西山流とよばれ、現在の浄土宗西山派につながっている。

十九歳のときに晩年の法然の門に入った長西《ちょうさい》は、念仏でも、法然が捨てた諸行でも浄土に往生できるという立場をとり、洛北の九品寺《くほんじ》で自らの思想を説いたので、その流れは九品寺流とよばれる。

浄土宗の二祖となった弁長《べんちょう》は筑前《ちくぜん》（福岡）の出身で、比叡山で天台教学を学んだのち、三十六歳で法然の門下に入った。六年間法然のもとで口称念仏の教えを学び、法然没後の浄土宗への非難や迫害に耐え、筑前、筑後《ちくご》、肥前《ひぜん》など九州を中心に念仏を広めた。そのため、弁長の流れは鎮西《ちんぜい》派とよばれる。

三祖・良忠《りょうちゅう》は石見《いわみ》（島根）の出身で、弁長に入門して多くの弟子を育てた。良忠の門下からは優れた人材が輩出し、関東三派、京都三派とよばれる六つの流派が誕生する。

江戸時代になると、徳川《とくがわ》氏の外護《げご》のもとで浄土宗は隆盛を極めた。徳川家康《いえやす》は江戸幕府を開くとともに増上寺《ぞうじょうじ》を現在地（東京都港区）に移して徳川家の菩提寺《ぼだいじ》とし、知恩院なども整備された。

三章
鎌倉仏教

浄土真宗

法然を深く受け止めた親鸞の教え

法然に師事した肉食妻帯の僧

藤原《ふじわら》氏の支族、日野有範《ひのありのり》の子として生まれた親鸞《しんらん》（一一七三〜一二六二）は、九歳のときに出家し、比叡山にのぼった。当時の比叡山は貴族の子弟が上層部を占め、世俗の権力と結合して莫大な荘園や僧兵をかかえる大寺院になっていた。親鸞はそこで堂僧を二十年あまりつとめたが、悟りを得ることができず、二十九歳のときに比叡山をおりて六角堂《ろっかくどう》（京都）で百日間の参籠《さんろう》（ある期間こもって祈願すること）を行なった。

六角堂は聖徳太子《しょうとくたいし》の創建とされ、本尊の救世観音《ぐぜかんのん》は太子の本地《ほんじ》（本来の姿）と信じられている。参籠九十五日目の暁方《あかつきがた》、その六角堂の観世音《かんぜおん》菩薩が親鸞の夢のなかにあらわれた。そして、

「行者が前世《ぜんせ》の報《むく》いで女犯《にょぼん》するなら、わたしが美女の身になって犯されよう。一生生涯を美しくまっとうさせ、臨終のときは極楽に導こう」

という偈《げ》（詩文）を授かったという。

そこで親鸞はその朝、法然のもとにおもむき、「たとえ法然にだまされて地獄に落ちても後悔しない」という決意で専修念仏《せんじゅねんぶつ》に帰依することにした。

当時、法然は六十九歳で、浄土宗を開いて二十六年が経っていた。親鸞は法然から念仏の教えを受け、教団の発展に貢献したが、「承元の法難」で法然が土佐に流罪となったとき、親鸞も同じく還俗させられて越後《えちご》（新潟）に流されてしまう。

越後での親鸞は豪族の娘・恵信尼《えしんに》と結婚し、六人の子女をもうけた。そして自ら「愚禿《ぐとく》」と名のり、「非僧非俗《ひそうひぞく》」の立場を主張する。当時、僧が公然と結婚するなどということはありえなかったが、かれは戒律を守れない肉食妻帯の愚か者こそが阿弥陀仏の救いの対象になるということを身をもってしめしたのである。

関東での布教と波乱の晩年

五年間にわたる流人生活が終わってからも、親鸞一家は都へ帰らず、常陸国《ひたち》（茨城）に活動の拠点を移す。常陸へむかう途中の上野国《こうずけ》（群馬）佐貫《さぬき》では、飢饉の災いを防ぐために「浄土三部経」の千部読誦を行なった。しかし、それが自力による救済になることを悟ると読誦を中止し、他力本願の思想を深めていく。そして常陸国稲田《いなだ》に居を定め、布教をはじめることに

宗派データ

開祖・親鸞

本尊：阿弥陀仏
根本経典：「浄土三部経」
本山：門流による
信者数：
（本願寺派）775万3864、
（真宗大谷派）727万6697
寺院数：（本願寺派）1万78、
（真宗大谷派）8424

したのだ。

親鸞の教えは、武士、商人よりも農民たちのあいだに広まり、二十年ほどで信徒は一万人にもなったといわれる。

また、親鸞の教えをまとめた『教行信証《きょうぎょうしんしょう》』の執筆もこのころからはじまっている。六十歳をすぎて京に帰った親鸞は、目立った伝道はせず、著述に専念した。

ところが関東では、「悪人救済が阿弥陀仏の本願だから」とあえて悪事をはたらいたり、阿弥陀仏だけを信じればいいと諸仏諸菩薩をないがしろにするなど、親鸞の教えからずれていく者がでてきた。

こうした誤解をとくために、親鸞は長男の善鸞《ぜんらん》を使者として関東に派遣する。しかし善鸞は、親鸞との父子関係を利用して東国《とうごく》教団の首領になろうともくろみ、他の門弟たちと対立、ついには鎌倉幕府への訴訟にまで発展する。当時八十四歳の親鸞は善鸞を義絶《ぎぜつ》し、親子の縁を断たなければならなくなる。さらに、この事件と前後して妻の恵信尼が越後に帰郷してしまうなど、晩年は多くの悲劇に見舞われた。

心の暗闇を見つめる親鸞の教え

親鸞の教えを弟子がまとめた『歎異抄《たんにしょう》』には、「善人なおもて往生をとぐ、いわんや悪人をや」とある。「悪人でも」ではなく、「悪人こそ」が往生をとげることができる、としているのだ。後世、「悪人正機説《あくにんしょうきせつ》」とよばれることになるこの思想は、法然から受け継がれたものであり、浄土真宗の教えの核となっている。

真実の立場はすべて阿弥陀仏の力による。阿弥陀仏への信仰に徹するのも、念仏を称える行も、自力で行なうのではなく、他力、すなわち阿弥陀仏の本願でなければならない。自分で努力して善行を行なうものは他力を信じることができないが、煩悩《ぼんのう》のさかんな悪人は成仏《じょうぶつ》のために他力をたのむ。ゆえに悪人こそが救われるというのだ。

親鸞自身、おのれの煩悩への反省から比叡山での戒律を守る念仏の不可能なことを知り、六角堂にこもって解決を求めた。そして法然の教えのなかに悪人の救われる道を見い出し、そこに念仏の本質があることを悟った。

親鸞の足跡

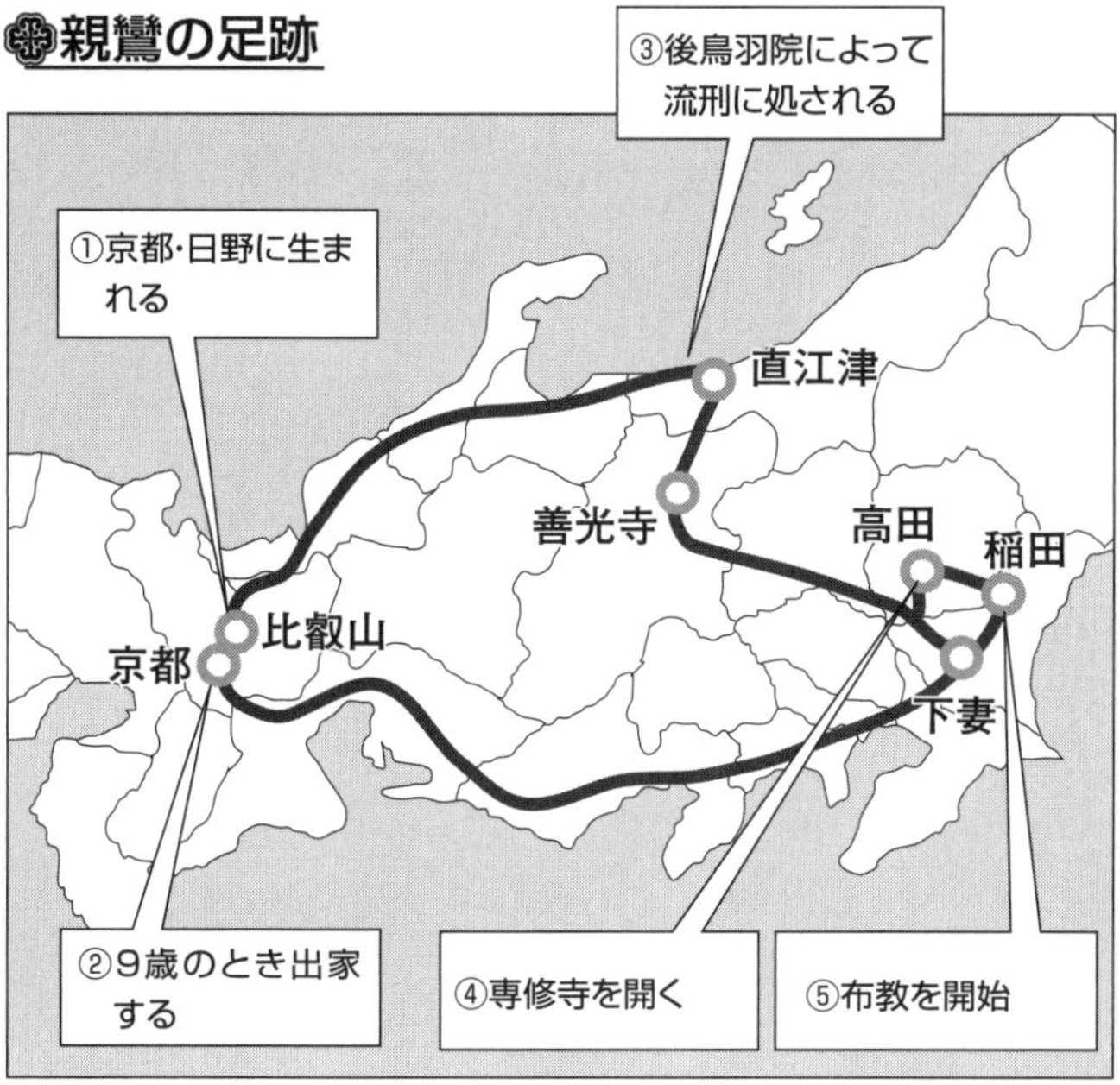
③後鳥羽院によって流刑に処される
①京都･日野に生まれる
直江津
善光寺
高田
稲田
比叡山
京都
下妻
②9歳のとき出家する
④専修寺を開く
⑤布教を開始

悪人正機説

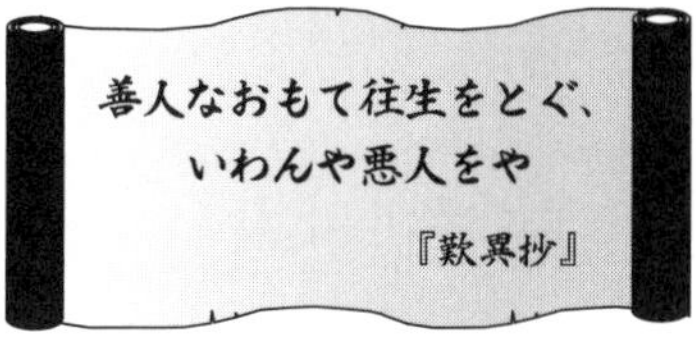
善人なおもて往生をとぐ、
いわんや悪人をや
『歎異抄』

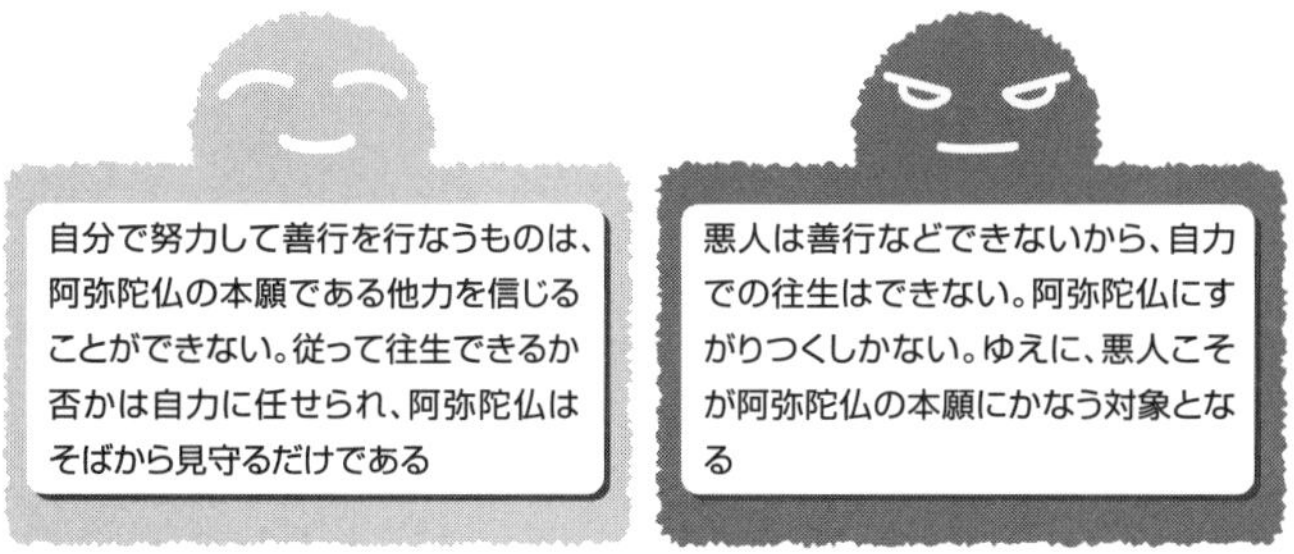
自分で努力して善行を行なうものは、阿弥陀仏の本願である他力を信じることができない。従って往生できるか否かは自力に任せられ、阿弥陀仏はそばから見守るだけである
悪人は善行などできないから、自力での往生はできない。阿弥陀仏にすがりつくしかない。ゆえに、悪人こそが阿弥陀仏の本願にかなう対象となる

すべてを阿弥陀仏の救済にまかせきった境地は、「自然法爾《じねんほうに》」という言葉であらわされる。行者のはからいでなく、念仏を称えさせて浄土に迎えとり、空そのものである無上涅槃《むじょうねはん》、無上仏を得させようとする阿弥陀仏の誓いにまかせきった生き方のことである。

つまり、阿弥陀仏にまかせて、煩悩を抱えたまま救われるということが親鸞の教えなのである。

親鸞自身が浄土真宗を「横超《おうちょう》」としているように、われわれには世俗世界を超越せず世俗のままに生きて、阿弥陀仏の本願を生きて苦しみを超えてゆくことが求められている。そのような生き方こそ、法然の本意を突き詰めた教えである。自己を徹底的に凝視するその教えに共鳴する人びとはいまなお多い。

本願寺を中心とした教団の拡大

親鸞が関東から京に戻ったのち、関東では有力な弟子を中心として「門徒《もんと》」とよばれる念仏者の集団ができていった。

これら門徒の系列が、親鸞の血統に属する本願寺《ほんがんじ》派と大谷《おおたに》派をのぞいた真宗各派の起源となっていく。

蓮如と本願寺派の発展

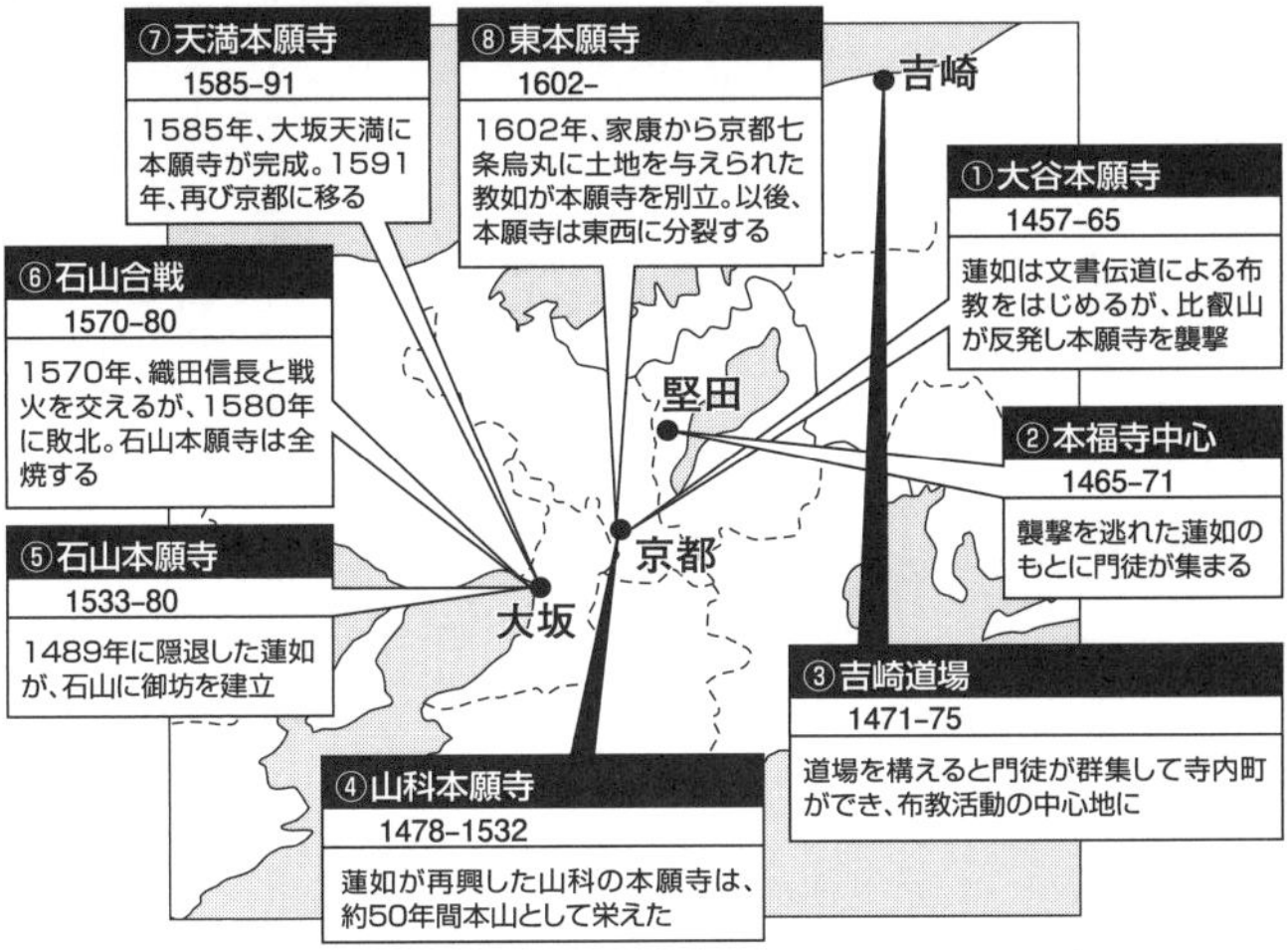

⑦天満本願寺
1585-91
1585年、大坂天満に本願寺が完成。1591年、再び京都に移る
⑧東本願寺
1602-
1602年、家康から京都七条烏丸に土地を与えられた教如が本願寺を別立。以後、本願寺は東西に分裂する
吉崎
①大谷本願寺
1457-65
蓮如は文書伝道による布教をはじめるが、比叡山が反発し本願寺を襲撃
⑥石山合戦
1570-80
1570年、織田信長と戦火を交えるが、1580年に敗北。石山本願寺は全焼する
堅田
②本福寺中心
1465-71
襲撃を逃れた蓮如のもとに門徒が集まる
京都
⑤石山本願寺
1533-80
1489年に隠退した蓮如が、石山に御坊を建立
大坂
③吉崎道場
1471-75
道場を構えると門徒が群集して寺内町ができ、布教活動の中心地に
④山科本願寺
1478-1532
蓮如が再興した山科の本願寺は、約50年間本山として栄えた

親鸞の晩年をともにすごした末娘の覚信尼《かくしんに》と、その子孫である覚恵《かくえ》と覚如《かくにょ》は、京都東山の大谷につくられた親鸞の廟《びょう》（墓所）を守る留守職《るすしき》となったが、やがて本願寺と称して独立の教団を形成していった。

門徒グループの活動にくらべると小規模だった本願寺教団の勢力は、中興の祖とされる蓮如《れんにょ》（一四一五～九九）がでるにいたって飛躍的に拡大し、強固な基盤が確立されていった。

だが、この蓮如による布教活動は比叡山の反発を招き、延暦寺の衆徒によって本願寺が襲撃を受ける。難を逃れるため近江《おうみ》を転々とするが、そこでも比叡山から襲撃を受けた。

やがて蓮如が越前吉崎《よしざき》（福井）に道場を構えて落ち着くと、一、二年のうちに加賀《かが》、能登《のと》、越中《えっちゅう》、越後、信濃《しなの》、出羽《でわ》方面から多数の信徒が参詣してきて多くの宿泊所や大路、大門などがつくられ、一大宗教都市が形成された。

一方、他派では内部抗争があいつぎ、多くの真宗各派が本願寺派に吸収されていった。

その後、蓮如は京都・山科《やましな》に本願寺を再興し、五男の実如《じつにょ》に持住職を譲る。そして蓮如自身は、大坂に寺を建てて隠居した。これがのちの石山《いしやま》本願寺となる。

室町末期になると、勢力を拡大した本願寺に対して政治的、宗教的圧力が加えられた。その反発として一向一揆《いっこういっき》が各地におこり、石山本願寺では十一年にわたって織田信長との抗争が繰り広げられた（石山合戦）。十一代顕如《けんにょ》は本願寺を明け渡して紀州鷺森《きしゅうさぎのもり》へ退去し、抗戦を主張した長男の教如《きょうにょ》は主戦派を集めてたてこもった。しかし、もちこたえることはできず、結局は退却。石山本願寺は灰燼《かいじん》に帰《き》した。

その後、顕如は豊臣秀吉から与えられた大坂天満《てんま》に寺を移し、さらに京都七条堀川《しちじょうほりかわ》に西本願寺を建立する。教如とともに主戦派についた門徒や末寺は本願寺を離脱、徳川家康から京都七条烏丸《からすま》に土地を与えられ、東本願寺を別立した。これが真宗大谷《おおたに》派のおこりで、以後、教団の勢力は西（浄土真宗本願寺派）と東に二分されることになる。

現在、浄土真宗にはおもだった宗派が十派あり、真宗十派とよばれている。

浄土真宗の系譜

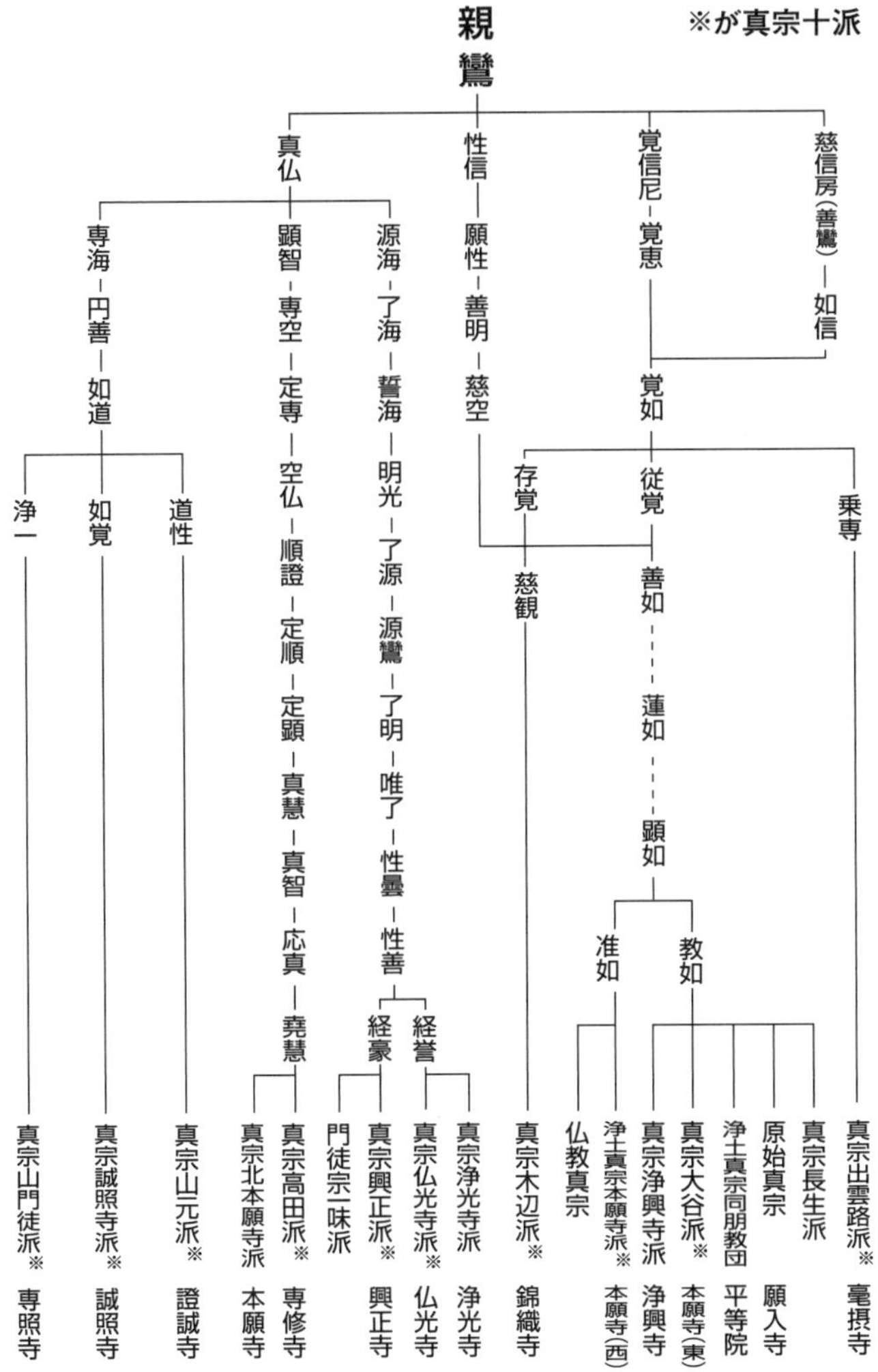

参考:『真宗小辞典』(法蔵館)

三章
鎌倉仏教

時宗

遊行と踊念仏による祈りの仏教

万事をなげうち念仏の境地にいたる

鎌倉新仏教の開祖のなかで、もっとも遅れて登場したのが、時宗《じしゅう》を開いた一遍《いっぺん》（一二三九〜八九）である。一遍が生まれたころ、法然が没してからすでに二十八年が経っており、親鸞は関東を離れて京都にいた。

一遍は、伊予《いよ》（愛媛）の豪族・河野通広《こうのみちひろ》を父にもつ。しかし、幼少時は決して幸せとはいえなかった。後鳥羽《ごとば》上皇らが鎌倉幕府打倒の兵をあげて鎮圧された承久《じょうきゅう》の乱（一二二一年）で、祖父は朝廷側についたために陸奥《むつ》国（岩手）江刺《えさし》に流されてしまう。父は出家し、母とは十歳のときに死別した。

こうした悲境のなかにあって、一遍自身も父の勧めで出家した。十三歳で九州に渡り、大宰《だざい》府《ふ》を中心に活動していた浄土宗西山派の聖達《しょうたつ》のもとで専修念仏の修行にいそしむことになる。

そこで十年ほど修行した一遍は、父の死に際して伊予に帰る。一時は還俗して家督を継ぎ結

宗派データ

開祖・一遍

本尊：阿弥陀仏（南無阿弥陀仏）
根本経典：「浄土三部経」
総本山：清浄光寺（遊行寺）
信者数：8万1870
寺院数：411

婚もしたが、一族の所領争いなどを嫌ってふたたび出家、ふるさとの寺で称名《しょうみょう》念仏の生活に入った。そして三年後、衆生《しゅじょう》は一度の念仏で阿弥陀仏の世界に往生できる、という悟りに達する。

こうして浄土信仰を確立した一遍は、三十五歳のとき、妻や娘をともなって遊行の旅にでた。大坂の四天王寺《してんのうじ》において、はじめてのお札配り（賦算《ふさん》）を行ない、高野山《こうやさん》に参詣し、熊野《くまの》へとおもむいた。熊野では、同行していた妻と娘、さらには従者までも放ち捨てた。家族や財産を捨て、「捨聖《すてひじり》」になったのだ。

これ以降、一遍は死にいたるまで念仏を勧め、衆生救済の旅をつづけ、九州から東北まで全国各地にその足跡を残した。

一遍は、最後まで捨聖の立場を貫きとおした。四国から淡路島を経て和田岬《わだみさき》（神戸）へ渡ると、もっていた経文の一部を書写山《しょしゃざん》（姫路）に奉納し、残りのすべてを焼き捨てたという。そして五十一年の生涯を閉じた。

信・不信は不問、念仏を称えるだけで往生できる

浄土宗や浄土真宗は、阿弥陀仏の本願を信じて「南無阿弥陀仏」と称えることによって極楽に往生できる、と説く。法然は「南無阿弥陀仏」と称える念仏を重視し、親鸞は阿弥陀仏の本願を信じることこそを何よりも必要とした。

それに対して一遍の教えの特色は、名号《みょうごう》至上主義にある。「南無阿弥陀仏」という名号自体に力がそなわっていて、阿弥陀仏の本願を信じても信じなくても、一心不乱に名号を称えれば往生できるというのだ。

この境地にいたるまでには、次のような経緯がある。一二七四年、一遍は熊野の本宮《ほんぐう》へ向かう山道で出会った律《りつ》宗の僧に、念仏札を渡して念仏を勧めた。すると、僧は阿弥陀仏への信心がおきないので受けとれば嘘をつくことになる、といって受けとろうとしなかった。思わぬ拒絶に考え悩んだ一遍が、熊野本宮に百日参籠して教えを求めたところ、熊野権現《ごんげん》（阿弥陀仏の化身）が山伏《やまぶし》姿であらわれた。そして、

浄土系宗派による教え（念仏）のちがい

浄土宗	阿弥陀仏の本願を信じて「南無阿弥陀仏」を一度でも称えれば往生できる
浄土真宗	阿弥陀仏を信じるだけで往生できる
時宗	「南無阿弥陀仏」の名号そのものに絶対的な力があるので、信仰の有無にかかわらず、一度の念仏で往生できる

時宗の系譜

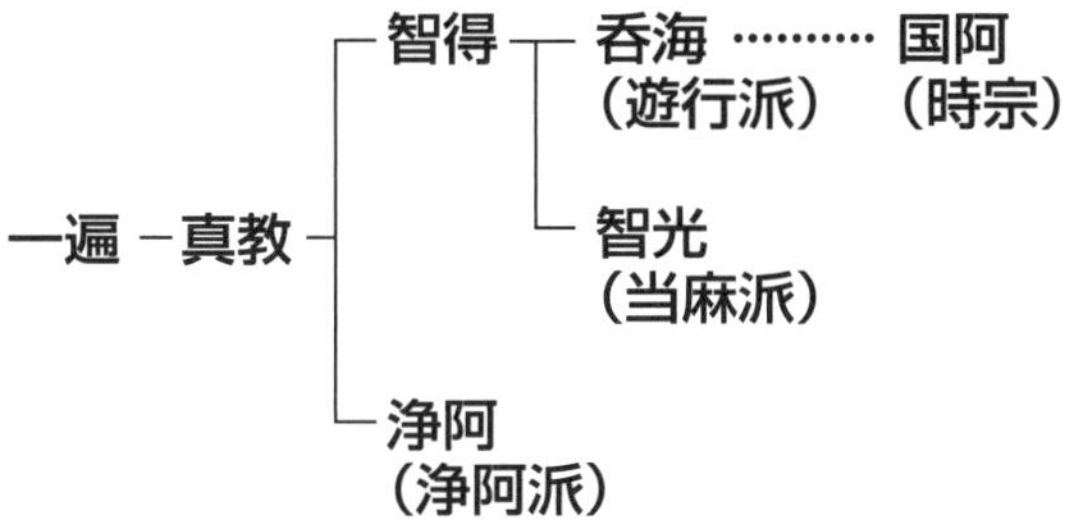

一遍には開宗の意図はなく、宗として正式に成立したのは江戸時代になってからである

「阿弥陀仏が悟りを得て仏になったときに、あらゆる人の往生は決定している。だから、信・不信、浄・不浄、罪のあるなしにかかわらず、札を配るがよい」

との啓示を受けたという。このとき授けられた「権現直授の偈《ごんげんちょくじゅのげ》」は、

六字名号一遍法　十界依正一遍体

万行離念一遍証　人中上々妙好華

というもので、一遍という名はこの偈に由来する。一遍にとっては念仏こそすべての本体であり、悟りだった。念仏を称えるときに阿弥陀仏と一体になり、悟りが現前する。それが往生だという。

一遍が配った念仏札には「南無阿弥陀仏　決定往生六十万人」と書かれていた。六十万人というのは、この偈の四句の頭の字をとったものだ。時宗では、この「六十万人の偈」とよばれる神託の直授をもって立教開宗としている。

賦算と踊念仏によって広まる信仰

一遍によると、念仏の境地に達するためには、執着のもとになるものから離れ、あらゆる財産や家族などを捨て去り、厳重な戒律を守る必要がある。念仏を称える人間は、往生できる能

一遍の布教

遊行《ゆぎょう》　説法しながら、各地を行脚する

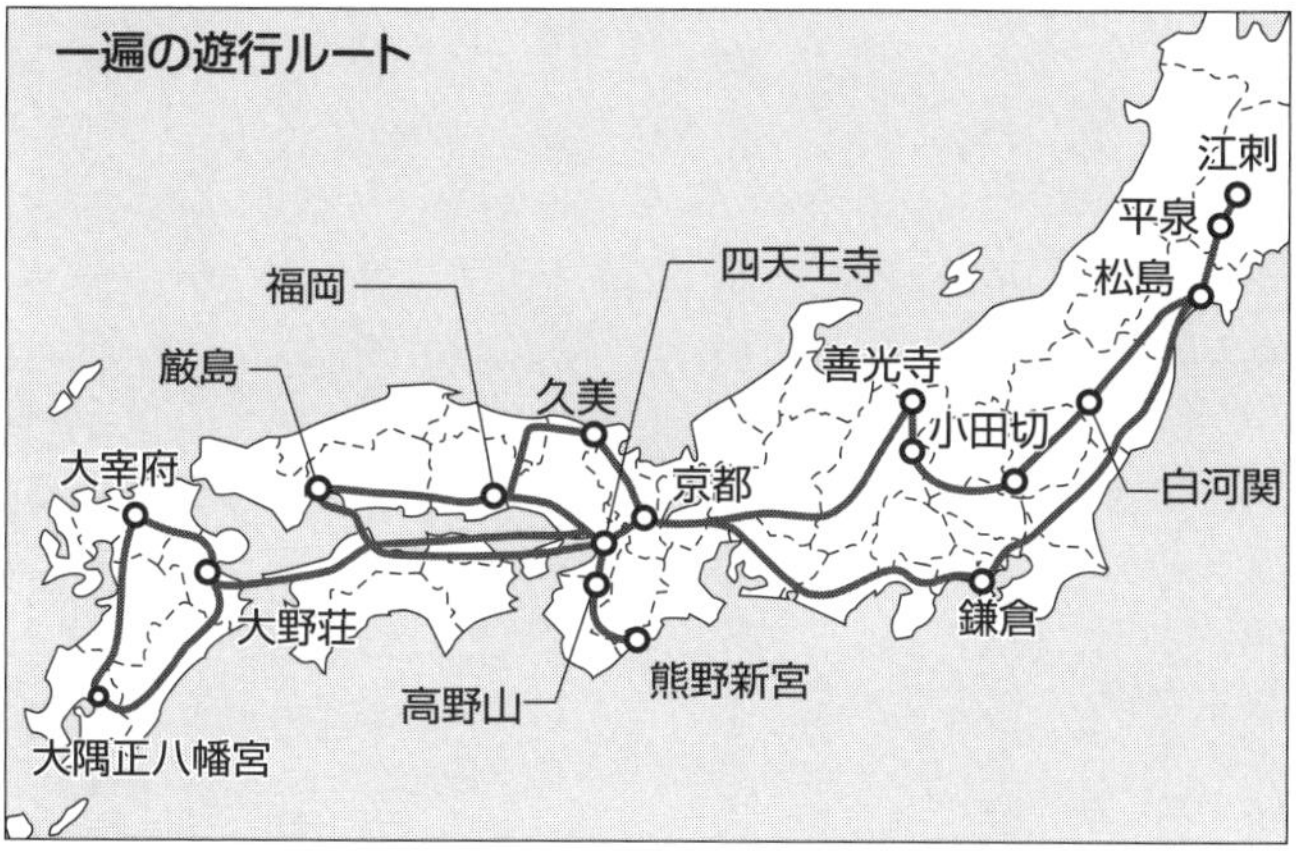

賦算《ふさん》　念仏札を配り、この世での極楽往生を保証する

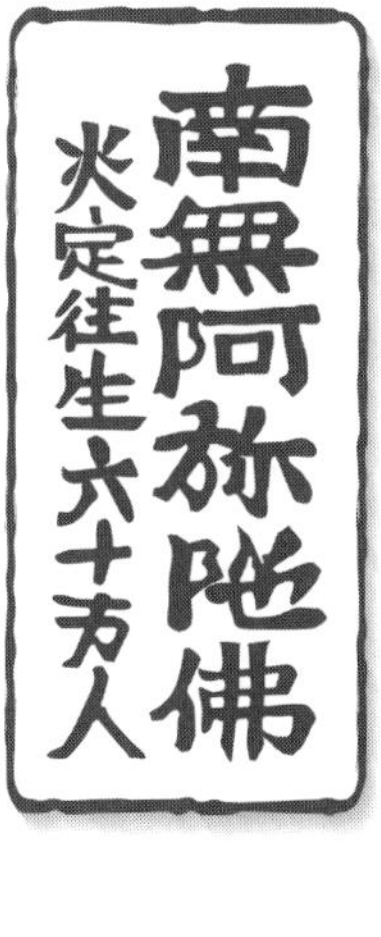

捨聖、遊行上人ともよばれる一遍は、その名のとおり一切のものを捨て去り、全国を遊行することで教えを広めていった。教団をおこそうともせず、弟子もとらないという一遍の姿勢は、まさにその思想を体現している

力によって三段階にわけられると解釈している。

上根《じょうこん》の者は妻子や財があっても執着心が残ることはなく、楽に念仏を称えて往生できる。中根《ちゅうこん》の者は妻子に執着が残るので、妻子を捨てなければならない。ただし衣食住には執着が残らないので、極楽往生できる。下根《げこん》の者は一切を捨てなければ、執着が残って往生できない。

一遍は、自分を下根の者と認識していた。そのため、前述のように妻子や財産を捨て去ったのである。こうした徹底した捨家棄欲《しゃけきよく》を実践したことから、一遍は捨聖とよばれている。

また一遍には、遊行上人《ゆぎょうしょうにん》という異称もある。賦算と踊念仏《おどりねんぶつ》を布教活動の中心にすえ、生涯にわたって遊行の旅をつづけたからだ。

賦算とは、「南無阿弥陀仏　決定往生六十万人」の念仏札「算《ふだ》」を「賦《くば》る」ことをいう。縦八センチ、横二センチほどの紙の札が、極楽浄土への手形になるとあって、人びとはこぞって札を求めた。

一方、念仏すなわち往生、平生の一瞬一瞬が臨終との心構えで、自力我執《じりきがしゅう》を捨てて一心不乱に称える念仏のありようを表現したのが踊念仏である。これは先祖崇拝などの民間信仰と阿弥陀信仰が結びついてできたものと考えられている。大衆と声をそろえて念仏を行ない、鍋をたたいたり、鐘《かね》や太鼓を打ち鳴らして踊ると、人びとは宗教的な法悦《ほうえつ》に導かれ、異様な恍惚感《こうこつかん》に

盆踊り

時衆とよばれた一遍の信徒たちは、踊りながら念仏を称えて阿弥陀仏に救済されることの歓喜を表現した。この踊念仏が、現代につづく盆踊りの起源ともいわれている

浸ることができたようだ。

踊念仏は爆発的な人気をはくし、急速に各地へ広まっていった。現代の盆踊りの起源は、この踊念仏にあるともいわれている。

権力への接近、「時衆」から「時宗」へ

捨聖や遊行上人として生涯を送った一遍には、自身の手による書物や寺院などがいっさい残っていない。

一遍は自分に従った信徒のことを時衆《じしゅう》とよんだ。時衆とは、四六時中念仏を称える僧を意味するが、一遍には新たに教団をおこそうとする意思もなかった。「時宗」が教団の名として文献にあらわれるのは、室町時代以降のことなのである。

一遍のあとを継いだのは真教《しんきょう》で、念仏を広めるための道場が各地につくられるようになる。真教は遊行せずにそれぞれの道場にとどまることを認めたので、各道場を中心に分派が生まれていった。相模国《さがみ》（神奈川）藤沢の清浄光寺《しょうじょうこうじ》（遊行寺《ゆぎょうじ》）は鎌倉武士たちの帰依を受けて栄え、京都では七条道場金光寺《こんこうじ》が西国時宗の中心になった。

時宗各派は南北朝から室町時代にかけて隆盛し、天皇や将軍家、各地の豪族と結びついて祈《き》祷《とう》寺院の性格を強めていった。文化面では和歌、茶数寄《ちゃすき》、立花、作庭、能楽などの分野で活躍し、観阿弥《かんあみ》や世阿弥《ぜあみ》などのように「阿弥」という名号のつく芸能や芸術のグループが形成され、時衆の流れをくむ阿弥文化を成立させた。

しかし、室町時代末期になると、上流階級と接近しすぎて民衆から離れ、踊念仏は興行化して遊芸的要素が強まっていく。さらに浄土真宗に蓮如《れんにょ》が出て教盛が拡大したため、時宗は勢いを失いはじめた。

その後は、江戸幕府の統制によって教団構成が確立。現在は清浄光寺を本山として、四百あまりの寺をもつ独立した教団になっている。

三章
鎌倉仏教

日蓮宗

『法華経』に仏教の極意を見出した日蓮の教え

度重なる法難にもめげず教化に殉じる

日蓮《にちれん》（一二二二～八二）は、安房《あわ》国（千葉）の漁村に漁師の子として生まれた。十二歳のときに生家に程近い天台宗の名刹《めいさつ》・清澄山《きよすみさん》にのぼった日蓮は、十六歳で出家する。鎌倉、奈良、京都、高野山などの諸寺を訪ね歩き、比叡山を拠点に修学を重ねた。そして、最終的に『法華《ほけ》経《きょう》』に到達したのである。

遊学から帰郷した日蓮は、「南《な》無《む》妙《みょう》法《ほう》蓮《れん》華《げ》経《きょう》」の題目を唱える毎日をおくった。同時に『法華経』の優越性を説き、他の宗派、とりわけ法然の説く念仏信仰を批判した。

しかし、こうした日蓮の他宗への攻撃的態度が反発を招き、安房から追放される。以後、日蓮には幾多《いくた》の法難《ほうなん》がつきまとうことになる。

安房を出て鎌倉の松葉《まつば》ヶ谷《がやつ》に本拠をかまえた日蓮が布教活動を開始すると、武士を中心とした多くの信徒が集まった。当時は飢饉《ききん》や疫病などが頻発しており、人びとは不安と恐怖にさいなまれていた。鎌倉は大地震にも襲われ、まさに末法の世というような悲惨な状況にあった。

このような惨状を目の当《ま》たりにした日蓮は、すべての元凶は『法華経』が軽視されていることにあると解釈した。そこで『立正安国論《りっしょうあんこくろん》』を著し、念仏などの邪教を棄てて『法華経』に帰依したほうがよいと、幕府の前執権《しっけん》・北条時頼《ほうじょうときより》に迫った。

ところが、日蓮の訴えは聞き入れられず、浄土教の信徒に襲撃され〈松葉ケ谷法難〉、伊豆《いず》国（静岡）伊東《いとう》に流罪にされた〈伊豆法難〉。こうした仕打ちに見舞われたものの、日蓮は逆に『法華経』に説かれる殉難《じゅんなん》の修行者に自己をなぞらえ、信仰を深めていく。

伊豆での流人《るにん》生活を終え、鎌倉から安房に帰った日蓮だったが、またもや念仏信者の襲撃を受け、弟子二人が殉教《じゅんきょう》し、自らも額に刀傷《かたなきず》をうけた〈小松原《こまつばら》法難〉。一命をとり止めた日蓮は鎌倉へ戻り、積極的に布教にはげんだ。

法難はまだつづく。一二六八年に元《げん》から国書が届けられると、蒙古襲来《もうこしゅうらい》という暗雲が垂れ込めてきた。日蓮は『立正安国論』の論旨を重ねて呈上したが、幕府はこれを危険思想と見なして日蓮を捕らえた〈龍口《たつのくち》法難〉。

当初の判決は死罪だった。しかし、運よく斬首《ざんしゅ》をまぬがれ、佐渡《さど》への流刑ですまされた。日蓮は三年後、流罪をとかれて鎌倉に戻ると、なおも『法華経』に帰依するように幕府に進言す

宗派データ

開祖・日蓮

本尊：釈迦牟尼仏
根本経典：『法華経』
総本山：久遠寺
信者数：322万3484
寺院数：4653

る。しかし、今度も採択されることはなかった。そのため鎌倉を去ることを決意し、身延山《みのぶさん》に隠棲した。

日蓮はそこで入寂《にゅうじゃく》の年までを過ごしたが、健康を害して常陸《ひたち》国（茨城）へ湯治《とうじ》におもむく途中、武蔵《むさし》国（東京）で六十一年の生涯を閉じた。

国難の時代を救う『法華経』の教え

日蓮が布教をはじめたときに弟子となった者の多くは天台僧だった。その事実からもわかるように、日蓮の思想の基盤は天台宗の教えにある。なかでも、『法華経』をもっとも重視した。末法の時代にあっては、『法華経』によってのみ成仏《じょうぶつ》が約束される。だからこそひたすら「南無妙法蓮華経」の題目を唱えるべきだ、と日蓮は主張した。

つまり、「妙法蓮華経」の五字には、永遠の過去から教えを説いてきた釈迦《しゃか》の完全無欠の善行と能力、はたらきがふくまれているので、これを信奉して「南無妙法蓮華経」と唱えれば、心に仏の功徳の種子が植えつけられて成熟し、現世において成仏が達成される、というのである。

当時、民衆のあいだでは、ひたすら阿弥陀仏の極楽への往生を説く念仏信仰がさかんだった。また武士たちには禅がもてはやされていた。

そのようななかで、日蓮は現世での仏教信仰の確立を説いて他宗を批判し、念仏は無間《むけん》地獄にいたる業《ごう》、禅宗は天魔《てんま》の行為、真言宗は亡国《ぼうこく》の祈祷、律宗は国賊《こくぞく》、とする激烈な標語〈四箇《しか》格言《かくげん》〉を掲げた。

日蓮の理想は、この苦に満ちた世界を『法華経』にもとづき永遠の安らぎの仏の国土にすることにあったのだ。

教えの根本となる「五義」と「三大秘法」

日蓮の『法華経』観は教《きょう》、機《き》、時《じ》、国《こく》、序《じょ》（師《し》）の五つの基準〈五義《ごぎ》〉としてしめされる。

「教」は、『法華経』こそが釈迦一代の教えのなかでもっとも優れていると知ることである。

その『法華経』のなかでも、仏の本質を説いた「本門《ほんもん》」がとくに重視される。本門で中心的な

日蓮の法難

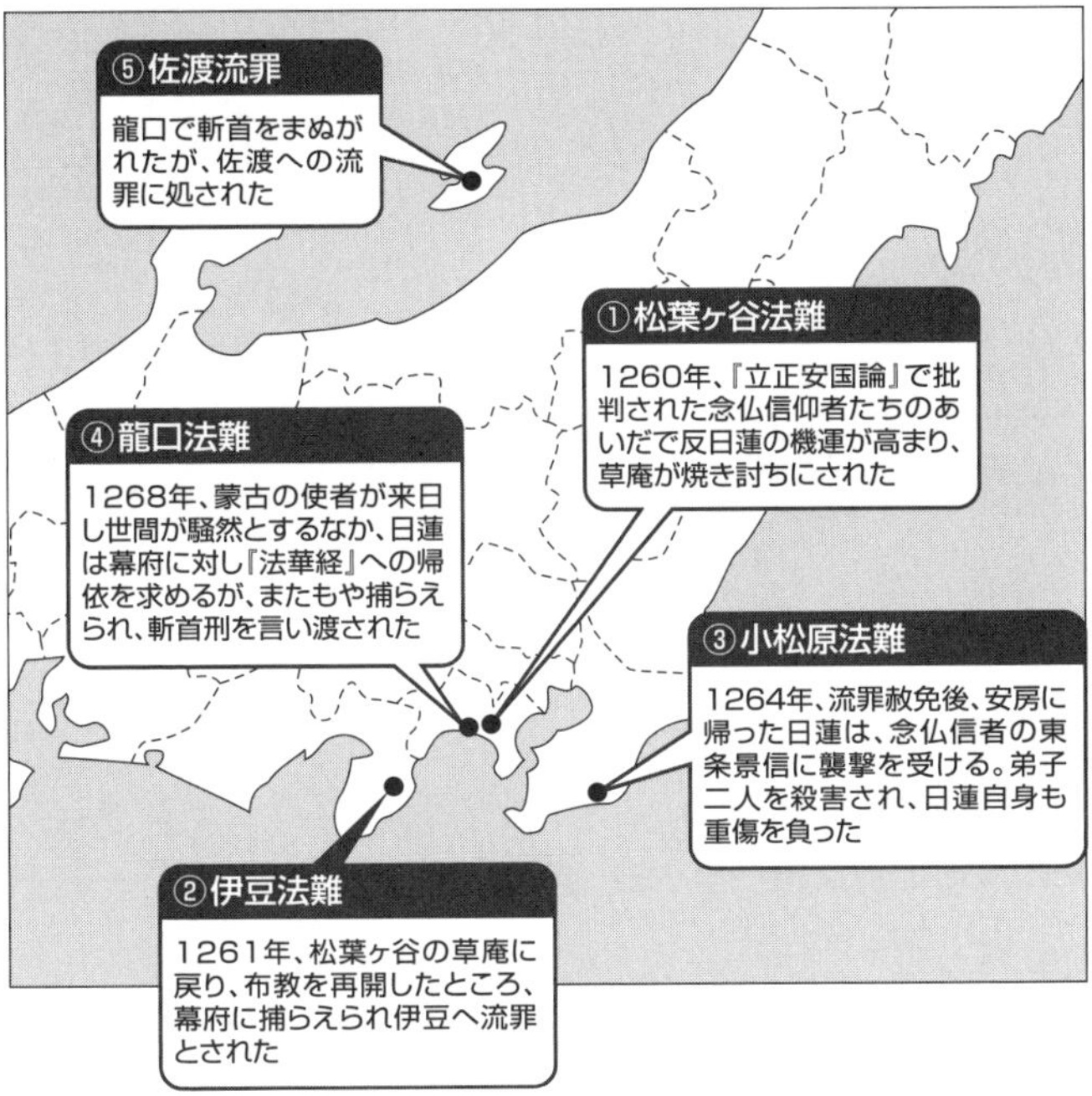
⑤佐渡流罪
龍口で斬首をまぬがれたが、佐渡への流罪に処された
①松葉ヶ谷法難
1260年、『立正安国論』で批判された念仏信仰者たちのあいだで反日蓮の機運が高まり、草庵が焼き討ちにされた
④龍口法難
1268年、蒙古の使者が来日し世間が騒然とするなか、日蓮は幕府に対し『法華経』への帰依を求めるが、またもや捕らえられ、斬首刑を言い渡された
③小松原法難
1264年、流罪赦免後、安房に帰った日蓮は、念仏信者の東条景信に襲撃を受ける。弟子二人を殺害され、日蓮自身も重傷を負った
②伊豆法難
1261年、松葉ヶ谷の草庵に戻り、布教を再開したところ、幕府に捕らえられ伊豆へ流罪とされた

誕生寺

日蓮宗の大本山。日蓮の降誕を記念して建てられた

位置を占めるのが永遠の仏である釈迦の死が方便《ほうべん》であったことを明らかにする「如来寿量品《にょらいじゅりょうぼん》」で、「如来寿量品」の肝心が「南無妙法蓮華経」の題目であるとされる。

「機」は、教えが与えられる対象、すなわち末法の時代を生きる人びとの能力を意味する。

「時」は、教えが広められるべきとき、すなわち末法の時代をさす。

「国」は、教えが広められるべき場所、すなわち日本をはじめとする全世界を意味する。

そして「序」は、教えが広められるべき場所に、これまでどのような順序で教えが広められてきたのかを知ることである。

つまり、末法の時代に、日本さらには世界の人びとに向かって広められるべきは「南無妙法蓮華経」であり、その使命をもつのは菩薩に姿を変えて出現した日蓮にほかならない、ということになる。

また、日蓮宗の行法や信仰の対象、ありかたは、本門の本尊、本門の題目、本門の戒壇の三つをさして「三大秘法」とよばれる。

本門というのは『法華経』の後半部分をさし、前半部分の「迹門《しゃくもん》」に対応する言葉である。そこでは迹門の仏、すなわち歴史上の釈迦が、じつは永遠の生命をもった仏であることが明らかになる。

五義

教	教えを知ること。すべての経典のなかで、『法華経』の教えがもっとも優れたものであることを知る
機	教えを受ける人のこと。『法華経』以外を信じた人びとにこそ『法華経』が説かれなければならない
時	教えが広められるべき時期のこと。『法華経』の教えは、末法の時代にこそ力を発揮する
国	教えが広められるべき場所。日本は『法華経』が広められるのにもっともふさわしい
序	教えが広められるべき場所で、これまでどんな教えが広められたかを知ること

↓

末法の日本には「南妙法蓮華経」の題目こそが必要

三大秘法

本門の本尊	久遠実成の仏（釈迦）を信じ、帰依する
本門の題目	南無妙法蓮華経の題目を唱え、念じる
本門の戒壇	本門の本尊にむかって本門の題目を唱え、釈迦と一体化することに努める道場

『法華経』の本門、「如来寿量品」にあらわれる久遠実成《くおんじつじょう》の釈迦牟尼仏《むにぶつ》をこそ、本尊として信仰の対象とすべきであるとするのが、「本門の本尊」の意味するところだ。

「本門の題目」は「妙法蓮華経」の題目をさす。『法華経』のなかに説かれている教えを信じ、実行するということをあらわしている。

そもそも「南無妙法蓮華経」の「南無」は、サンスクリット語で「帰依する」という意味である。この七字の題目に教えが集約されており、一心に唱えることが『法華経』を信じる者の修行となる。

そして本門の本尊を信じ、本門の題目を唱え、『法華経』の教えを実践する現実社会が「本門の戒壇」になる。

分派分立をつづける日蓮宗

一二八二年に日蓮が入滅すると、弟子の日昭《にっしょう》、日朗《にちろう》、日興《にっこう》、日向《にこう》、日頂《にっちょう》、日持《にちじ》の六老僧を中心に布教伝道がつづけられた。

当初、身延山久遠寺《くおんじ》（山梨）では六老僧が交代に輪番《りんばん》をつとめていたが、まず日興が日朗や日向らと衝突して身延山から去っていった。日興の系譜は富士山麓の大石寺《おおいしでら》（のちの大石寺《たいせきじ》）、

日蓮宗の系譜

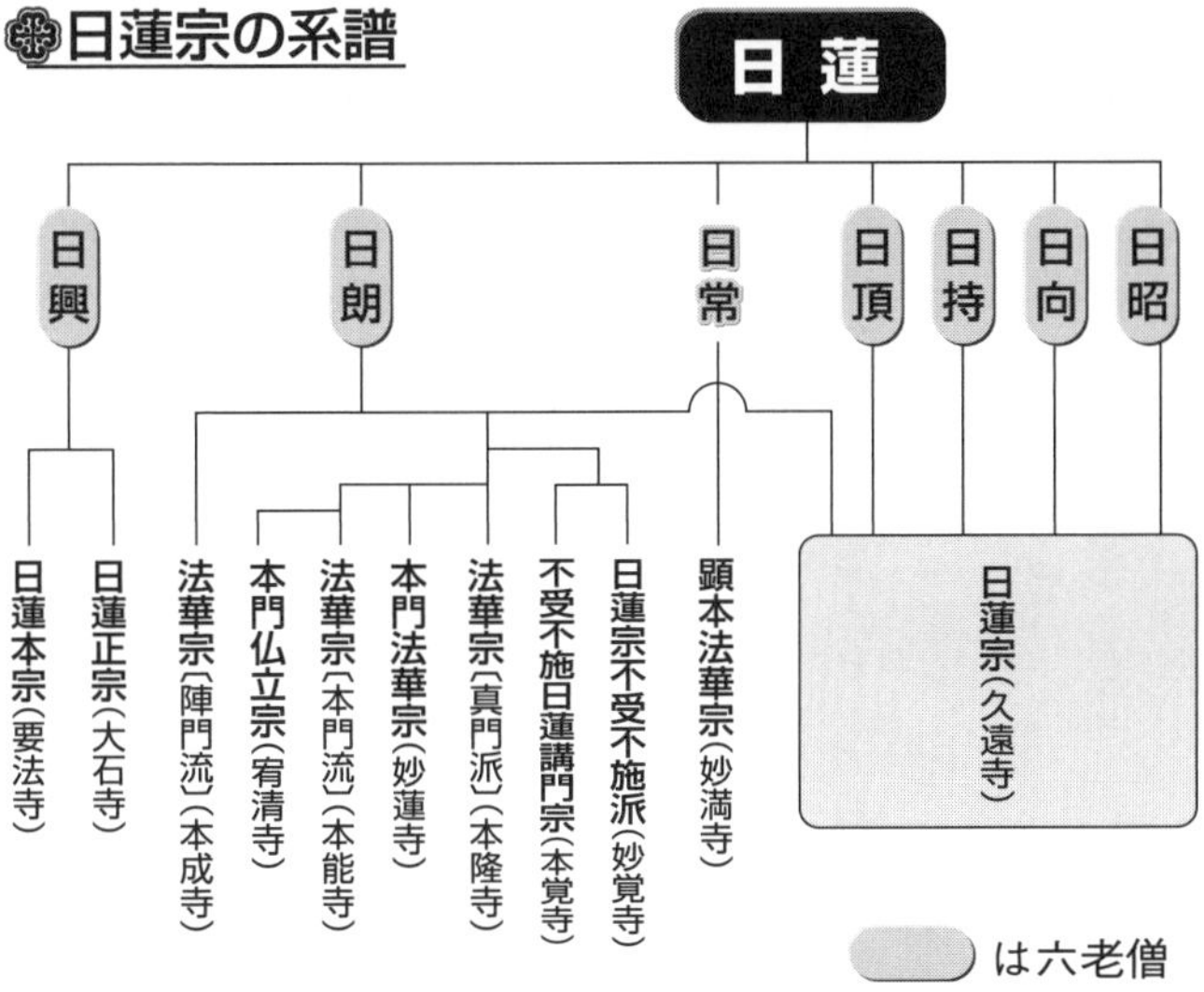

日朗の系譜は池上本門寺《いけがみほんもんじ》（東京）、日向の系譜は久遠寺に伝えられている。

孫弟子の時代になると、日朗門下の活躍がめざましくなる。日像《にちぞう》は日蓮門下としてはじめて京都にのぼり、四条に妙顕寺《みょうけんじ》を創建。これが勅願寺《ちょくがんじ》となり、日蓮宗の布教を公許された。また足利尊氏《あしかがたかうじ》の外叔父にあたるともいわれる日《にち》静《じょう》は、京都六条に本國寺《ほんこくじ》を創建し、公家や武家の帰依を受けて栄えた。

そして日蓮没後一四〇年ほど経って日蓮宗が広く認知されたころ、『法華経』の教えをめぐる論争（本迹《ほんじゃく》論）がおこり、日什《にちじゅう》、日陣《にちじん》、日《にち》隆《りゅう》、日真《にっしん》が独立した。教団初期の日興門流の分立につぐ、二度目の分派分立の系譜は、現在の法華宗各派に伝えられている。

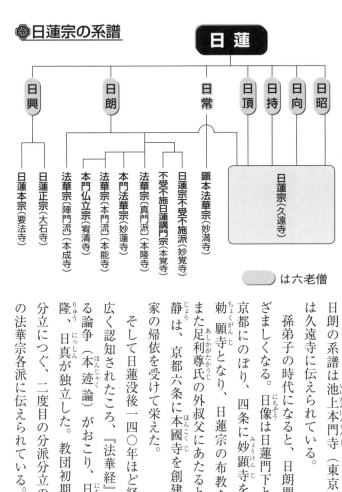

臨済宗

武家層の支持を得て日本に根を下ろした禅宗

比叡山で天台教学を学び宋から禅をもたらす

禅《ぜん》宗の一宗、臨済《りんざい》宗を日本にもたらしたのは栄西《えいさい》（一一四一～一二一五）である。備中《びっちゅう》国（岡山）の神官の家に生まれた栄西は十三歳で比叡山にのぼり、天台教学のなかでも密教をとりわけ熱心に学んだ。二十八歳のときには、最初の入宋をはたしている。明州では天台山や阿育王山《あいくおうざん》を訪れ、『天台章疏《しょうじょ》』六十巻を得た。帰国後もおもに密教の修学につとめ、著作の多くも密教に関するものだった。

二度目の入宋は四十七歳のときである。宋からインドに渡り、釈迦ゆかりの聖地を巡拝するつもりだった。南宋の都・臨安《りんあん》（現在の杭州《こうしゅう》）で入竺《にゅうじく》の許可を求めたが、蒙古《もうこ》の侵入で辺境の関門は閉じられ、許可が得られなかった。やむをえず入竺を断念した栄西は、天台山に入り、万年寺《まんねんじ》の禅僧・懐敞《えじょう》に師事した。

懐敞のもとで臨済宗黄龍《おうりゅう》派の禅を学ぶこと五年、栄西はその法脈を受け継いで菩薩戒を受

宗派データ

開祖・栄西

本尊：特定せず
根本経典：特定せず
本山：門流による
信者数：143 万 4234
（主要 14 派合計）
寺院数：5654
（主要 14 派合計）

け、肥前《ひぜん》国（長崎）平戸《ひらど》に帰着する。そして京には戻らず、九州各地に禅宗の拠点を築いていった。

当時、京都周辺では禅僧・大日能忍《だいにちのうにん》が臨済禅を「達磨《だるま》宗」と称して唱導していたが、比叡山から圧迫を受け、朝廷からは達磨宗停止との宣旨《せんじ》を下された。圧迫は九州の栄西にもおよび、太政官《だいじょうかん》に召されて尋問を受けている。

この尋問ののち、栄西は博多に聖福寺《しょうふくじ》を建立し、『興《こう》禅護国論《ぜんごこくろん》』を著して禅の正当性を主張。ついで鎌倉へ下ると、ときの将軍・源頼家《みなもとのよりいえ》やその母・北条政子《ほうじょうまさこ》の帰依を受け、寿福寺《じゅふくじ》（鎌倉）や建仁寺《けんにんじ》（京都）を創建した。

鎌倉幕府の庇護《ひご》のもと、栄西は華々しい活躍を見せた。ただし、建仁寺が天台密教と禅の兼学道場だったことからわかるように、栄西の思想は禅に特化したものではなかった。栄西は臨済宗の独立よりも、天台密教の復興に主眼をおいていたといわれている。

栄西による臨済宗開宗は新仏教の誕生を示す一つの痕跡ではあるが、旧仏教から独立した禅宗の確立へいたる、過渡的なものとして見ることもできる。

釈迦の悟りを自ら体験する禅宗

そもそも「禅」とは、沈思黙考、精神集中を意味するサンスクリット語の「ディヤーナ」を音写した「禅那《ぜんな》」が簡略化された言葉である。また「禅」は精神の安定を意味するので「定《じょう》」とも訳される。この二つの言葉を合わせて「禅定《ぜんじょう》」ともいう。

禅は仏教がおこる前からの古代インドの修行法の一つであったが、釈迦の坐禅を原点とする正統的な禅仏教は、釈迦から数えて二十八代目とされる菩提達磨《ぼだいだるま》（ボーディダルマ）によって中国に伝えられ、弟子から弟子へと受け継がれていった。

達磨の伝えた禅は、七世紀後半ごろ弘忍《ぐにん》の門下から慧能《えのう》、神秀《じんしゅう》という優れた弟子が輩出され、中国北部に神秀の北宗禅が、南部に慧能の南宗禅が広まった。

平安時代に最澄がもたらしたのは北宗禅である。しかし、北宗禅の流れはしだいに衰え、南宗禅の慧能が法灯《ほうとう》（釈迦の教え）を伝えていくことになった。

南宗禅が最盛期をむかえたのは、唐末から五代時代にかけてのこと。なかでも慧能—南岳懐《なんがくえ》

栄西の生涯

一一四一	備中で生まれる
一一五四	比叡山にのぼる
一一六八	宋へ渡り、五か月後に帰国
一一八七	ふたたび宋へ
一一九一	帰国。禅の教えを広める
一一九四	禅宗の禁止令がでる
一一九五	聖福寺を建立
一一九八	『興禅護国論』を著す
一二〇二	建仁寺を建立
一二一一	『喫茶養生記』を著す
一二一三	権僧正になる
一二一五	寿福寺にて入滅

臨済宗の系譜

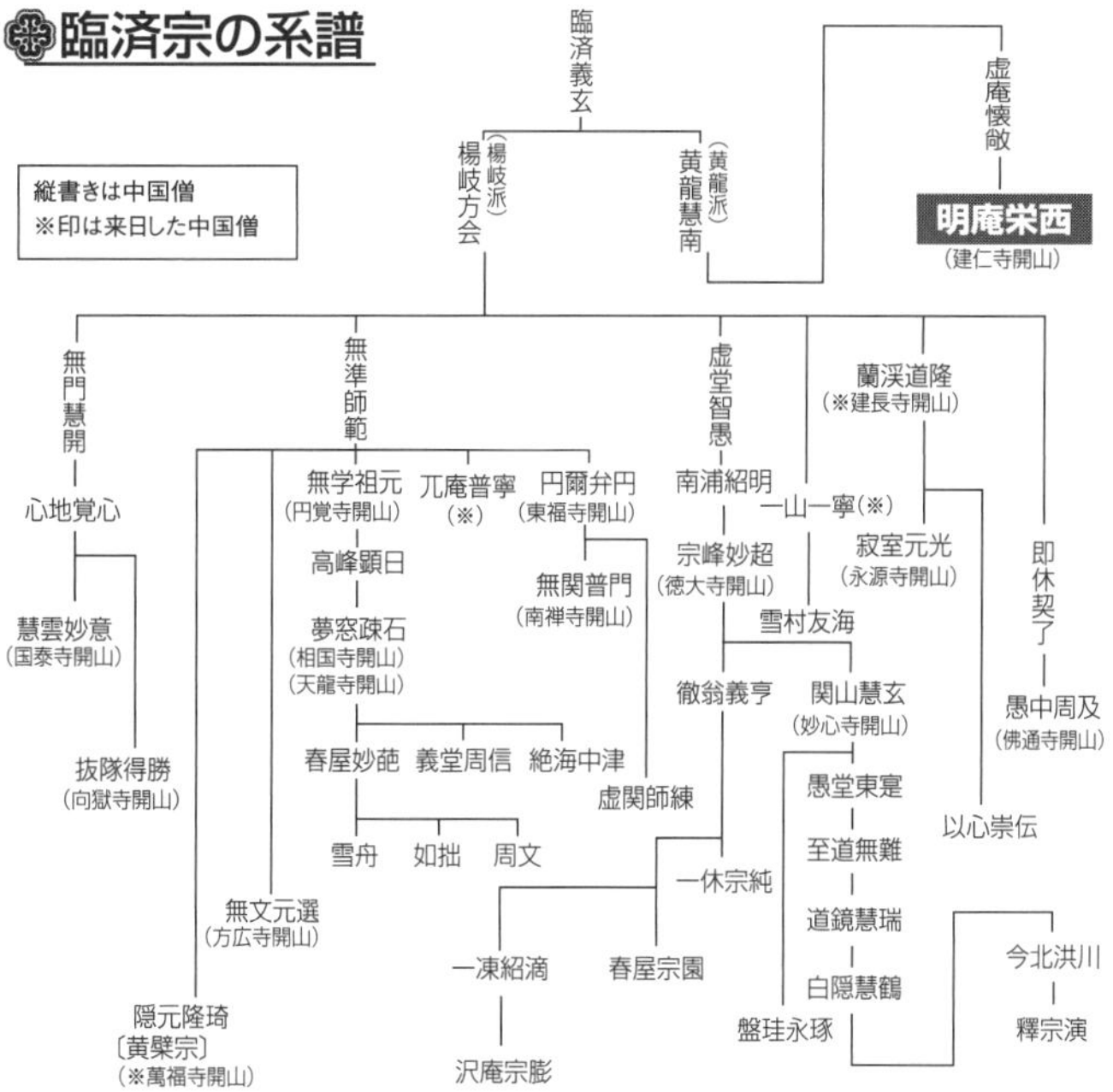

参考:『うちのお寺は臨済宗』　藤井正雄総監修(双葉社)

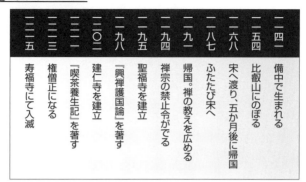

譲《じょう》―馬祖道一《ばそどういつ》―百丈懐海《ひゃくじょうえかい》―黄檗希運《おうばくきうん》という流れがもっとも栄えていった。この流れを継承した臨済義玄《ぎげん》が高い思想性を加え、臨済宗を確立した。

このころ各地にそれぞれの宗風をもつ、いわゆる「五家七宗《ごけしちしゅう》」が形成されていった。臨済宗や曹洞《そうとう》宗などの五家と、臨済宗からわかれる黄龍派と楊岐《ようぎ》派がそれである。日本の臨済宗は栄西が開祖とされるが、栄西が日本にもたらしたのは臨済宗黄龍派で、その系譜はほどなく途絶え、現在につながる日本の臨済宗の流れは、すべて楊岐派になっている。

師との問答で真実を体現

禅宗では、文字やことばで表現できない釈迦の菩提樹下《ぼだいじゅ》の悟りを、自ら直接体験することをめざしている。達磨は、こうした特長をもつ禅の思想を「不立文字《ふりゅうもんじ》」「教外別伝《きょうげべつでん》」「直指人心《じきしにんしん》」「見性成仏《けんしょうじょうぶつ》」という四つの句であらわした。これらは、それぞれ次のような意味になる。

悟りはことばによって表現できるものではないから、ことばや文字にとらわれてはならない〈不立文字〉。悟りはことばや文字で伝わる教えとは別に、心から心へと直接体験によってのみ伝えられる〈教外別伝〉。われわれの心のなかには本来仏心《ぶっしん》がそなわっており、自分の心が仏心にほかならない、とまっすぐに指し示す〈直指人心〉。坐禅によって自分の心の本性を見極

『十牛図』が示す禅の境地

一.「尋牛《じんぎゅう》(牛を尋ねる)」

牛は自己の本性・仏心の象徴である。真実の自己を求めて出発しようとするようす

二.「見跡《けんせき》(足跡を見る)」

村人は牛の足跡を発見する。師の教えや経典から自己の本性を知識として理解した

三.「見牛《けんぎゅう》(牛を見る)」

足跡を辿っていくと、牛の姿の一部が見える。修行により、自己の本性がほんの少し見えた

四.「得牛《とくぎゅう》(牛を捕まえる)」

どうにか牛を捕らえることができたものの、野生を残した牛は逃げようと手綱を激しく引っ張る。一瞬の油断も許されない緊迫した状態。自己の本性を捉えるにはさらなる修行が必要になる

五.「牧牛《ぼくぎゅう》(牛をならす)」

牛を落ちつかせることに成功する。しかし手綱を放せば、牛は逃げ出す。悟った後も、なお修行は欠かせない

六.「騎牛帰家《きぎゅうきけ》(牛に乗って家に帰る)」

村人と牛との間に距離がなくなる。自己の本性とそれを求める自己が同化した

七.「忘牛存人《ぼうぎゅうそんにん》(牛を忘れ、人のみが存在する)」

牛と一心同体になった村人は、もはや牛の存在を忘れている。悟りに至ったことさえも忘れ、迷いがない

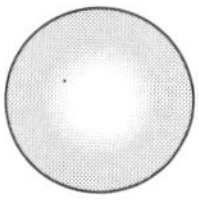

八.「人牛倶忘《じんぎゅうぐぼう》(人も牛も存在しない)」

牛はおろか村人さえも消え失せ、「空」となる。無我の境地に達し、宇宙と同一化している

九.「返本還源《へんぽんげんげん》(すべてがもとに返り、源に還る)」

無我の境地に至った村人は、自然そのものと同化する。万物が美しく輝いている

十.「入鄽垂手《にってんすいしゅ》(町へでて、他人と接する)」

町へ出た村人に人びとは感化され、教えに従うようになる。自己の本性を知り、悟りにいたった後も人びとに説き明かさねばならない

めれば、仏であることを体験としてつかむことができる〈見性成仏〉。

不立文字によって文字やことばの限界を示している禅宗は、それだけいっそうことばを大切にする。臨済はあらゆる立場や名誉、位などから解き放たれた自由闊達《かったつ》な人間をさして、「無《む》位《い》の真人《しんにん》」とよんだ。

「真人《しんにん》は汝《なんじ》らの面門《めんもん》より出入《しゅつにゅう》す。看《み》よ、看《み》よ」

と修行者に迫る臨済の指導は、自己の本源を否応なく問い、真実の自己（真実の人間性）を自覚させずにはおかなかった。

多くの信奉者を得て一派を形成した臨済の言葉は、他の禅者の言葉とともに「公案《こうあん》」としてまとめられ、『臨済録』として伝えられている。

公案とは本来、役所の公式文書のことをいうが、侵してはならない命令、そこから転じて絶対的真理とか一般命題といった意味になり、禅宗においては修行者が悟りを開くための課題（禅問答《もんどう》）をさす。

弟子は師から示された公案を頭で理解するのでなく、身体全体で体得することに全力を傾ける。その結果を検証するのが参禅で、師と対面した弟子は手に入れた見解を披露し、師がそれを確かめる。弟子の答えが悟りに達していなければ、弟子は再度公案に取り組み直さなければ

臨済宗十四派と本山

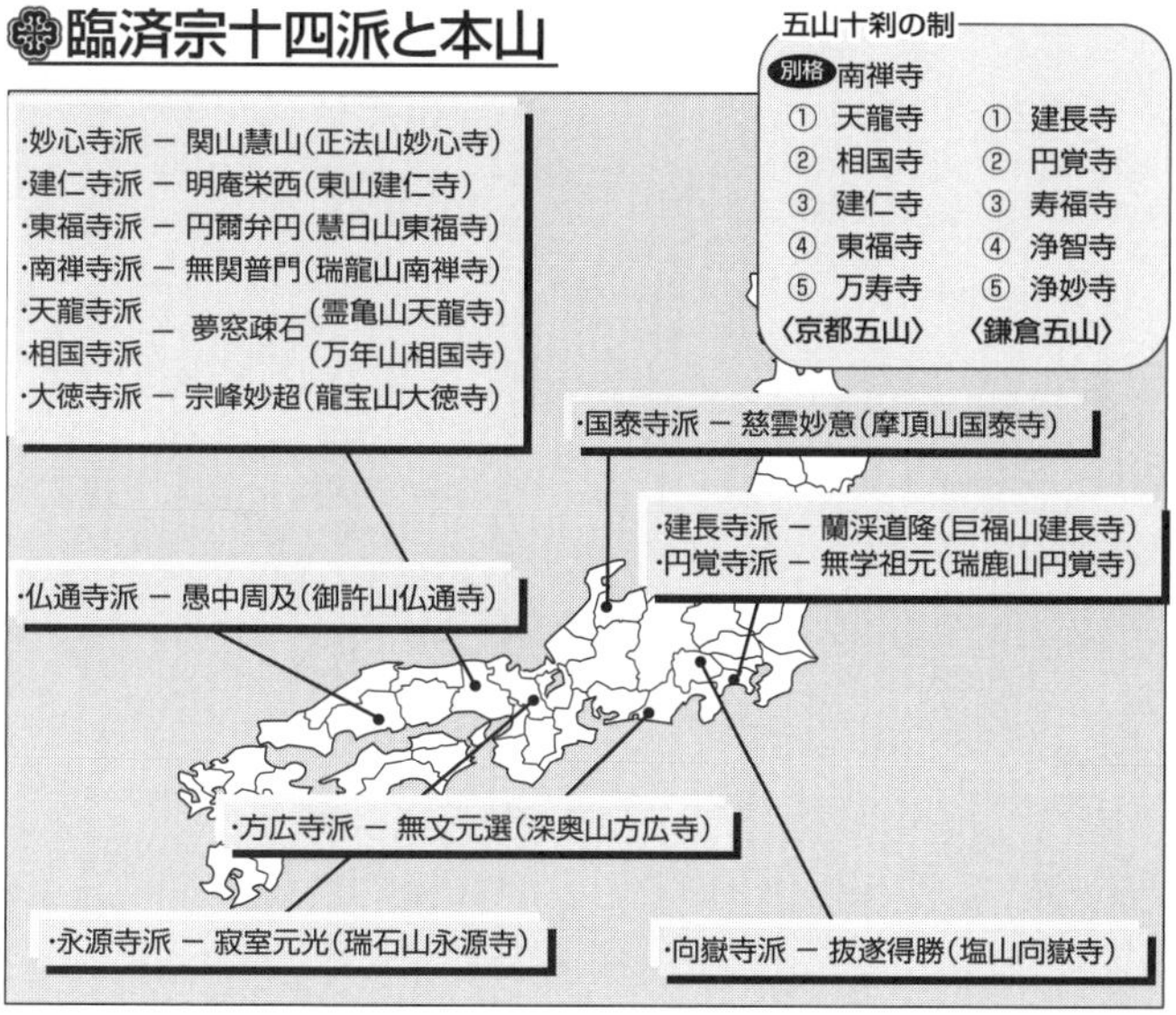

ならない。

公案は、日常的思考を超えた世界に修行者を導くものなのである。

中国僧の来日により禅が定着

栄西による建仁寺《けんにんじ》創建をもって日本臨済宗の開宗とされるが、旧仏教から独立した純粋な臨済禅の定着は、鎌倉時代なかば以降の中国僧の来日を待たなければならない。

当時の中国は宋の滅亡という混乱期にあったため、多数の中国僧が渡来してきた。

鎌倉幕府の五代執権・北条時頼《ときより》の招請《しょうせい》を受けた蘭渓道隆《らんけいどうりゅう》は建長寺《けんちょうじ》を建立し、無学《むがく》祖元《そげん》も北条時宗《ときむね》の外護により円覚寺《えんがくじ》の開山となった。これらの来日僧により、従来の密・禅兼学の禅宗にかわって、禅専修の臨済禅が根づいたのである。

室町時代になると、足利《あしかが》幕府や朝廷の庇護を受け、臨済宗はその最盛期をむかえる。多くの寺院が建立され、五山十刹《ござんじっさつ》の制度が確立された。また禅文化は、建築、庭園、文学などのさまざまな分野に波及していった。

一方、権力者とは交流をもたずに修行につとめた禅僧たちの集団もあった。建長寺の大応国《だいおうこく》師《し》、南浦紹明《なんぽしょうみょう》、大徳寺《だいとくじ》の大燈《だいとう》国師、宗峰妙超《しゅうほうみょうちょう》、妙心寺《みょうしんじ》の関山慧玄《かんざんえげん》の名を一字ずつとった「応燈関《おうとうかん》」の系譜といわれる流れがそれで、現在の臨済宗諸派の法系上の源泉として尊崇されている。

そして江戸時代に公案による修行体系を完成し、臨済宗中興の祖と仰がれるのが白隠慧鶴《はくいんえかく》である。臨済宗各派は白隠の開発した修行形態に共鳴、共有し、そこからまたさまざまに教えが展開して現在にいたっている。

三章
鎌倉仏教

曹洞宗

ただひたすら坐禅することを説く

臨済禅を疑い、自ら中国で禅を学ぶ

日本の禅宗では臨済宗と曹洞宗《そうとう》が二大潮流だが、曹洞宗の開祖が道元《どうげん》（一二〇〇〜五三）である。貴顕《きけん》名門の家柄に生まれた道元は三歳で父を、八歳で母を失い、十四歳で出家。比叡山で天台の教えを学んだ。

しかし、そのなかで「人はみなもともと仏である」という天台教学の基本思想に疑念をもつようになった。「もともと仏ならば修行など必要ないのではないか」という思いが頭から離れなかったのである。

そこで道元は十八歳のときに比叡山を離れ、建仁寺の明全《みょうぜん》に師事して六年間をすごした。二十三歳になると明全らとともに入宋。天童《てんどう》山景徳禅寺《けいとくぜんじ》の臨済宗楊岐派・無際《むさい》のもとに参禅し、あしかけ二年とどまる。そして無際の入寂を機に諸山巡歴の旅にでて、幾人もの智識を訪ねた。

しかし、いっこうに心服できず、帰国を決意。明全に別れをつげようと、ふたたび訪れた天童

山で新住持の如浄《にょじょう》に出会った。これが道元の転機となる。

道元は、この如浄との邂逅《かいこう》について「釈迦と摩訶迦葉《まかかしょう》（マハーカーシャパ）、達磨と中国禅二祖の慧可《えか》、五祖・弘忍《こうにん》と六祖・慧能《えのう》の出会いに匹敵するほどの重大事」と記している。

如浄の指導のもと、道元は日夜精励した。そして翌年の雨安居《うあんご》（雨季の坐禅修行）が終わりに近づいたころ、大悟徹底《たいごてってい》して身心脱落《しんじんだつらく》・脱落身心《だつらくしんじん》を悟った。坐禅中にうとうとしている僧を見つけた如浄が、「坐禅は身心脱落にあるのに、ひたすら居眠りするとは何事か」と大喝《だいかつ》した瞬間、道元は日常のすべての行ないがそのまま仏の行ないであるという妙境《みょうきょう》を得、比叡山以来の疑問が氷解し、一生参学の大事を終えたのだ。

その後、道元は如浄の印可《いんか》を受けて帰国し、京都を中心に教化にはげんだ。主著の『正法眼蔵《しょうぼうげんぞう》』や『普観坐禅儀《ふかんざぜんぎ》』も著した。

しかし、旧仏教からの圧力が徐々に強くなってきたため越前国（福井）に移り、一二四四年に大仏寺《だいぶつじ》（のちの永平寺《えいへいじ》）を開く。越前に移住してから五年経つと、執権北条時頼の招請を受けて鎌倉へおもむいた。鎌倉では時頼に菩薩戒を授けるなど、八か月にわたって人びとを教化し、永平寺に帰山した。

五十四歳の夏、病に冒された道元は、弟子の懐奘《えじょう》に後事をたくして上洛、永眠した。

開祖・道元

宗派データ

本尊：釈迦牟尼仏
根本経典：特定せず
大本山：永平寺、總持寺
信者数：358万2980
寺院数：1万4470

道元の生涯

西暦	和暦	出来事
一二〇〇	正治二	京都で生誕
一二一二	建暦二	比叡山へ
一二一三	建保元	天台座主・公円について出家
一二一五	建保三	比叡山をおりる
一二一七	建保五	建仁寺で明全に師事し、禅を学ぶ
一二二一	承久三	承久の乱
一二二三	貞応二	明全とともに入宋
一二二四	元仁二	天童山など諸山をまわる
一二二五	嘉禄元	如浄との出会い。二年後、悟りにいたる
一二二七	安貞元	帰朝
一二三一	寛喜三	『正法眼蔵』の撰述開始
一二四四	寛元二	大仏寺を開く（翌年、永平寺と改名）
一二四七	宝治元	北条時頼に説法する
一二五三	建長五	入滅

日常生活そのものがひたすら坐禅すること

道元の禅は、釈迦から摩訶迦葉（マハーカーシャパ）、阿難陀（アーナンダ）と受け継がれ、中国禅の祖・菩提達磨（ボーディダルマ）、中国禅を大成した六祖・大鑑《たいがん》慧能、中国曹洞宗の宗祖・洞山良价《どうざんりょうかい》、そして天童如浄へと一筋の流れとなって伝えられたものである。そのため、宗派的立場を超えた「仏祖単伝の正門」とされている。

また日本の曹洞宗は、中国禅の五家の一つである中国の曹洞宗の流れを直接踏襲したものではなく、禅宗とよぶことさえ誤りであるとする「正伝の仏法」という立場をとる。道元は自身の教えが唯一無二だと考えていたからだ。道元の流派が曹洞宗とよばれるようになったのは、曹洞宗中興の祖・螢山紹瑾《けいざんじょうきん》とその門下の活躍によって、教団の民衆化がはかられたころからといわれている。臨済宗が、公案に取り組むことによって自由でおおらかな禅の境地を得ようとする「看話禅《かんなぜん》」であるのに対して、道元はただひたすら坐禅にはげむ「只管打坐《しかんたざ》」を実践する「黙照禅《もくしょうぜん》」を提唱した。

臨済宗でいう参禅は、師から授かった公案を手掛かりに悟りに達しようとするものである。一方、道元のいう参禅は坐禅そのものをさす。全身全霊で昼も夜もひたすら坐禅することにより、身心脱落がはじめて可能になるのだ。坐禅以外の修行、礼拝、焼香、念仏、看経《かんきん》（声を出

臨済宗との相違

臨済宗（看話禅《かんなぜん》）

師によって与えられた宿題を思案（公案）しながら坐禅をし、悟りにいたる

曹洞宗（黙照禅《もくしょうぜん》）

人間は本来仏性をもっている。何も考えず、悟りも求めずにひたすら坐禅をする（只管打坐《しかんたざ》）

『普観坐禅儀』

宋から帰国した道元が最初に著した書物。坐禅がなぜ悟りに通じるのか、その意味と坐禅の方法が書かれている

道本円通《どうもとえんづう》、いかでか修証《しゅしょう》を仮《か》らん。宗乗自在《しゅうじょうじざい》、なんぞ功夫《くふう》を費《つい》やさん。いわんや、全体迥《はる》かに塵埃《じんあい》を出ず。孰《だれ》か払拭《はっしき》の手段を信ぜん。（中略）心・意・識の運転をやめ、念・想・観の測量をやめ、不《ふ》思量底《しりょうてい》を思量せよ。非思量。これ即《すなわ》ち、坐禅の要術《ようじゅつ》なり。

縁起《えんぎ》・無常《むじょう》・無我《むが》・空《くう》・涅槃《ねはん》という真理はすべて行き渡っているのに、なぜわざわざ修行《しゅぎょう》するのか。存在は煩悩《ぼんのう》以前である。存在を確認するためにわざわざ煩悩を払う必要はない。（中略）心の主体、意の働きだし・認識活動の運転を止め、念を思い詰め・想像し・観察することを止めよ。これらの働きはいずれも、対象にこだわることである。外界の対象から内面へ思考し、寂静《じゃくじょう》を楽しむ思考でこそ、仏陀《ブッダ》の解脱《げだつ》・涅槃《ねはん》に直結するのである。

出典：『図解雑学　道元』中野東禅（ナツメ社）

さずに経文を読む修行）などは必要なく、厳しい出家主義による修行生活が重要だという。しかし、修行して悟りにいたるのではない。修行することが、すなわち成仏なのである〈修証《しゅうしょう》一如《いちにょ》〉。その修行とは坐禅であり、坐禅することが仏の行となる。

また、道元の只管打坐の禅が目的とするものは、「即心是仏《そくしんぜぶつ》」という言葉であらわされる。この「心」は煩悩に汚されたままの心で、霊魂や精神などではない。自己と宇宙が一体となる、あるがままの心にのみ即心是仏は具現する。つまり、只管打坐することこそが、菩提樹の下の釈迦の悟りに直結しているのである。

曹洞宗の民衆化と看話禅

道元は一対一の教育を重視したため、直弟子の数が少なかった。永平寺二世となる懐奘は道元より二歳年上だったが、道元に終始よくつかえ、師が日常その弟子たちに行なった説示を『正法眼蔵随聞記《ずいもんき》』にまとめた。

懐奘が病気のため永平寺を退くと、道元の只管打坐にもとづく厳粛純粋な禅風を守ろうとする保守派と、密教や神仏習合などを取り入れて柔軟に布教にのりだそうとする進歩派に分裂する。後者の立場に立つ永平寺三世の徹通《てっつう》は、加賀国（石川）の大乗寺《だいじょうじ》に移って活動した。大

坐禅の組み方

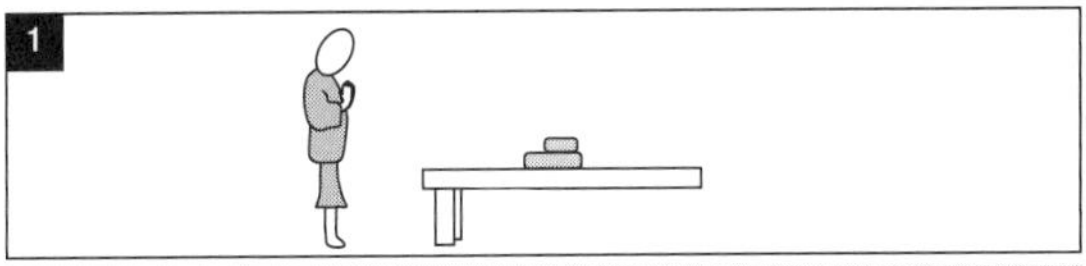

① 坐る場所に向かって合唱し一礼。振り替えって、再度合唱しながら一礼する

② 畳の緑の板部分は神聖な場所なので、身体が触れないように注意してあがる

③ 坐蒲に腰を下ろし、履き物をそろえる

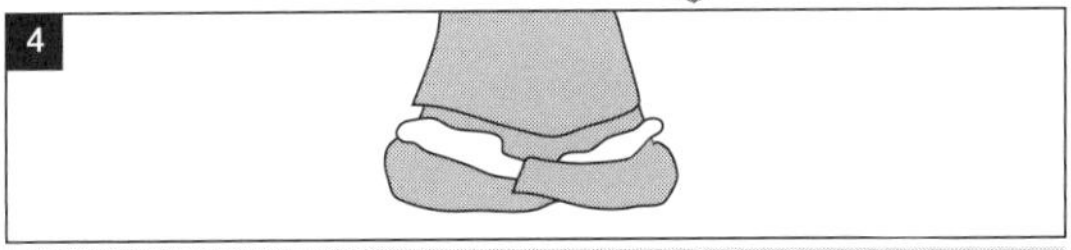

④ 右回りで壁側を向き、足を組む。右足を左太股に、左足を右太腿にのせるのが、結跏趺坐。どちらか片足をのせるのが半跏趺坐

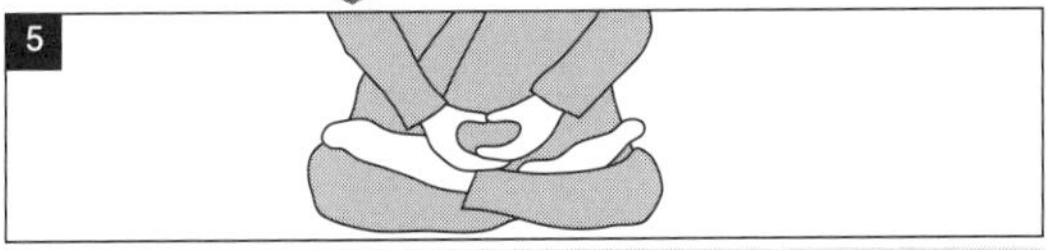

⑤ 指をそろえ、右掌の上に左掌をのせ、左右の親指の先を触れさせる（法界定印）

⑥ 背を伸ばし、顎を引く。目は閉じずに軽く開け、すぐ下に視線を落とす

※曹洞宗の形式

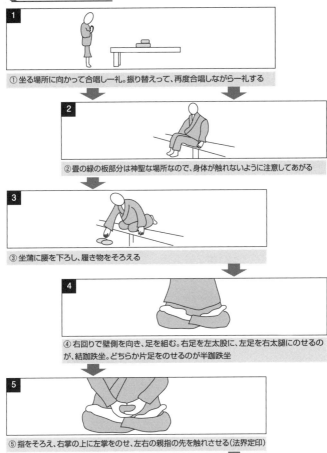

乗寺を拠点とする徹通の門派と、永平寺を中心に活動する義演《ぎえん》、寂円《じゃくえん》などの一派はそれぞれ交渉のないまま室町時代末期まで別個の発展をつづけた。

曹洞宗中興の祖とされる螢山紹瑾《けいざんじょうきん》は、十三歳のときに懐奘について受戒出家し、懐奘没後は徹通を師とあおいだ。各地を遊歴して臨済宗各派の禅を修め、比叡山にのぼって天台教学にも接している。徹通のもとで参禅にはげみ、ついに悟りを開いた螢山は、その法統《ほうとう》を継ぎ、能登に永光寺《ようこうじ》や總持寺《そうじじ》を開創する。そして道元の世間離れした枯淡《こたん》な禅風に固執することなく、曹洞宗の民衆化につとめた。天台密教、真言密教を援用して祈祷や儀式を取り入れ、北陸地方でさかんだった白山権現《はくさんごんげん》信仰や熊野信仰、山王《さんのう》権現信仰などもその教えに取り込んでいった。さらに、臨済禅から看話禅を導入して弟子の教導にあたった。

こうして曹洞宗は、開祖・道元の法統を受け継ぎながらも変質し、修行形式も変わっていった。その結果、多くの人びとに教えが受け入れられ、信徒の急増につながったのである。

分派を経て日本最大規模の宗派に発展

螢山は明峰素哲《めいほうそてつ》、峨山韶碩《がざんしょうせき》など多くの弟子を養成した。大乗寺《だいじょうじ》三世となる明峰素哲は、螢山の教えを継承して曹洞宗の大衆化につとめ、積極的に民衆の教化を行なった。そして明峰の一派は北陸地方から中国地方、東北地方にまで進出していく。總持寺を本拠に発展したのは峨山韶碩の一派で、他の諸派を圧して全国に教線《きょうせん》を拡大していった。

大乗寺、總持寺を基点に活動するこれら螢山門派の勢力は、南北朝から室町時代にかけて永平寺の系統をしのぐようになった。永平寺では義演、寂円などの法系がつづいていたが、室町時代中期になると螢山派からも入寺しはじめ、永平寺が曹洞宗各派を統合する根本道場になっていった。その後、永平寺と總持寺が紫衣《しえ》勅許《ちょっきょ》の出世道場（官寺《かんじ》）として正式に認められ、両寺を二大本山とする現在の体制ができあがる。

臨済宗が鎌倉・室町幕府の帰依を受けて武士や公家に支持されたのに対し、辺境の地に道を求めた道元の宗風は、地方へ布教するという伝統を育てた。その結果、曹洞宗は地方の豪族や農民などを中心に広まり、戦国時代に驚異的な発展をとげた。曹洞宗は宗門が統一されているため、現在のところ単独の宗派としては日本最大の教団になっている。

曹洞宗の系譜

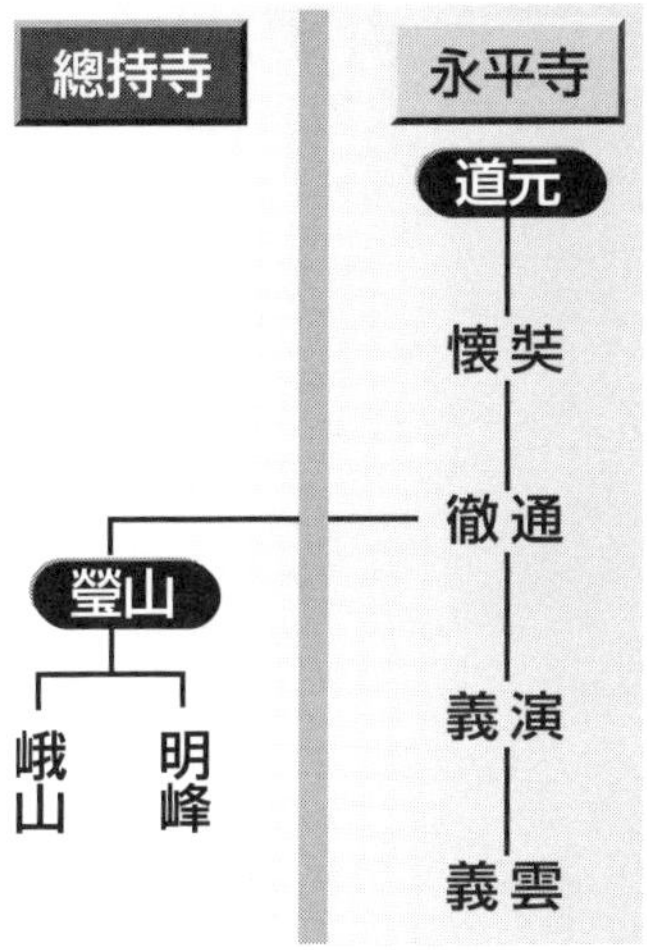

黄檗宗

堕落する日本の禅世界に一石を投じた中国禅

同胞に請われて海を渡った隠元

黄檗《おうばく》宗の開祖・隠元《いんげん》（一五九二〜一六七三）は明の時代の福建《ふっけん》省福州に生まれ、二十九歳のとき出家し、黄檗山萬福寺《まんぷくじ》で臨済禅の正伝を受けた。

明国禅林《ぜんりん》の重鎮となった隠元は一六五四年、六十三歳のときに長崎興福寺《こうふくじ》の住持や居留中国人の招きに応じて、三十人の門下をともなって来日した。

当時の長崎には明末の動乱を避けて来住する中国人が多く、かれらは自国の禅僧を招いて寺院を建立した。興福寺もそうした寺院の一つで、福済寺《ふくさいじ》、崇福寺《そうふくじ》とあわせて長崎三福寺とよばれていた。

当初、これらの寺院では渡来人の忌葬が活動の中心だったこともあり、わが国の禅宗にそれほど影響を与えることはなかった。しかし、日本の著名な禅僧たちが参禅するようになると、その影響が顕著に見受けられるようになった。

宗派データ

開祖・隠元

本尊：特定せず
根本経典：特定せず
本山：萬福寺
信者数：7万2732
寺院数：449

隠元は来朝の翌年、興福寺から崇福寺に移った。ついで臨済宗妙心寺《みょうしんじ》派の高僧たちに請ぜられて摂津《せっつ》国（兵庫）にある普門寺《ふもんじ》の住職となった。

そして徳川四代将軍・家綱《いえつな》に拝謁《はいえつ》した隠元は、幕府から山城《やましろ》国（京都）宇治《うじ》に寺地を授かり、中国での山号をそのまま踏襲して、黄檗山萬福寺を開創、黄檗宗を開いた。もともと黄檗宗という呼称は中国にはなく、当時の中国の臨済宗の宗風を色濃く残したものだったが、日本の臨済宗とは異なる特色をもっていたため、一宗を形成するにいたったのである。

黄檗禅は、当時の日本の禅宗や文化一般に大きな刺激を与えた。臨済宗側からは黄檗宗批判がおこり、曹洞宗でも黄檗風化に反対して、開祖・道元への復古をめざす運動が活発になった。

しかし一方では、他宗から隠元門下に転ずる者があらわれたり、曹洞宗で黄檗風の生活規則や様式が見られるようになった。また、黄檗趣味的な詩文、墨跡《ぼくせき》、建築が新鮮なものとして一般に受容されるなど、黄檗文化は徐々に日本に定着していった。

禅浄習合の中国的な臨済系禅宗

黄檗宗は中国臨済宗の教えが基本になっている。だが、隠元の思想の特徴は浄土教の教えや念仏と坐禅を組み合わせた「念仏禅」にある。中国仏教は宋代以降、臨済禅が主流になるが、明末の主要な臨済僧はいずれも念仏思想を兼修した。隠元はこの禅浄習合の風を日本の禅に移入したのである。

隠元の浄土思想は他力的な浄土教とは異なり、念仏を通して禅的境地にいたらせようとするものだった。さらに、元や明の中国禅の密教的色彩を反映して密教色も加味されていた。誦《ず》経《きょう》を見ても、中国語で読まれたり、鳴り物を多用するなど、ユニークな特徴をもっている。そのため、黄檗宗の誦経は「黄檗の梵唄《ぼんばい》」といわれる。

黄檗宗は明治政府の宗教政策により臨済宗黄檗派と改称させられたが、のちに黄檗宗として正式な禅宗の一宗と見なされるようになった。

隠元の禅

禅　　宗
坐禅によって悟りと一体化する

＋

浄　土　教
念仏によって極楽浄土にいたろうとする

↓

念　仏　禅
念仏を通して禅的境地にいたらせる
＝禅浄習合

普《ふ》茶《ちゃ》料理

隠元がもたらしたとされる精進料理。ほかにも隠元豆、西瓜、蓮根、孟宗竹、木魚など、隠元が日本に持ち込んだといわれているものは多数ある。黄檗文化は美術、医術、建築、音楽、史学、文学、印刷、煎茶など、江戸時代のさまざまな分野に影響を与えた

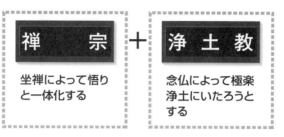

コラム

全国の本山地図

日本のほとんどの寺院は必ずどこかの宗派に属しているが、それぞれ格式が決められている。本山は各宗を統括する重要な寺院で、政治・経済的に大きな影響力をもっている

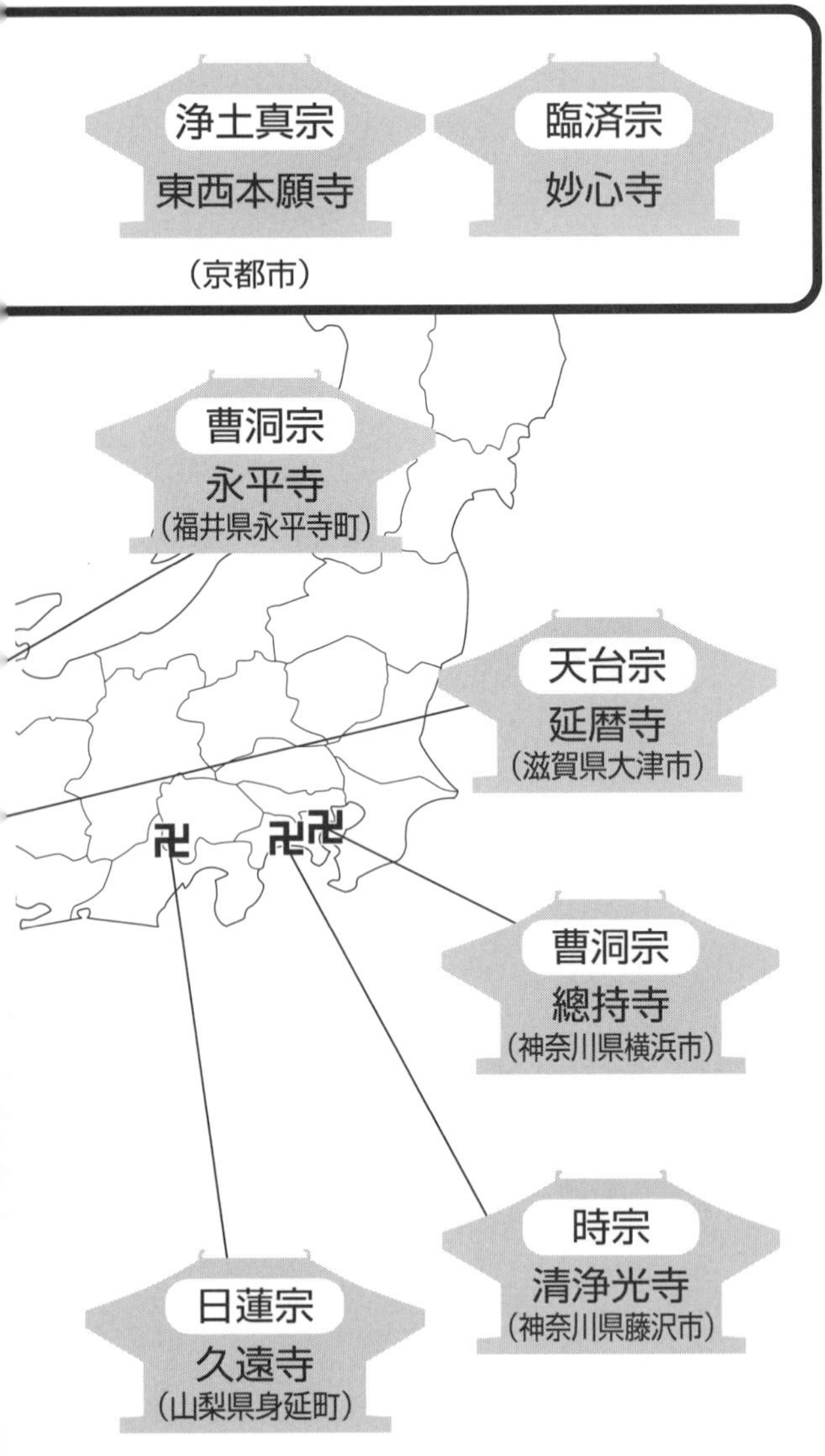

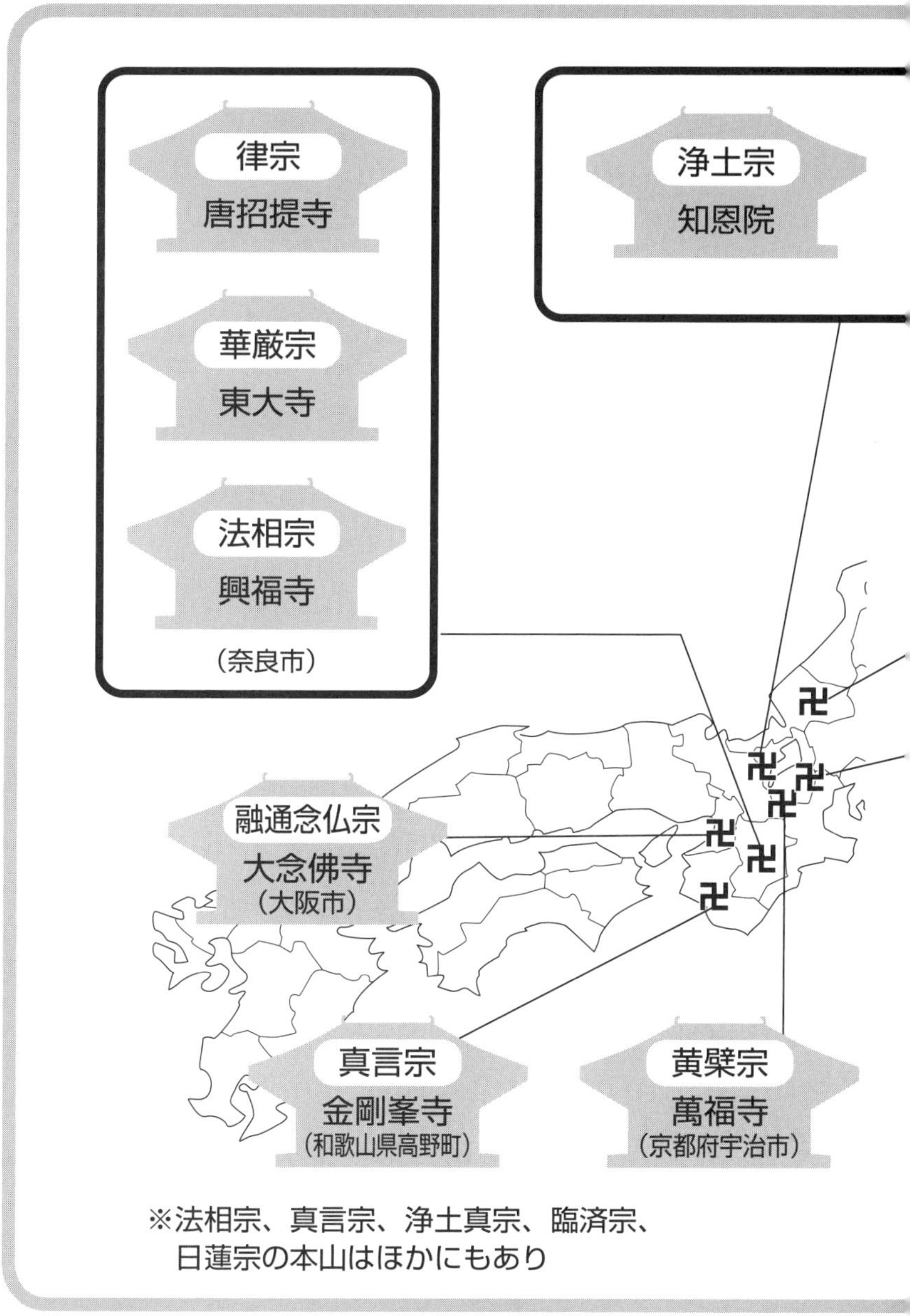

律宗
唐招提寺
華厳宗
東大寺
法相宗
興福寺
（奈良市）
浄土宗
知恩院
融通念仏宗
大念佛寺
（大阪市）
真言宗
金剛峯寺
（和歌山県高野町）
黄檗宗
萬福寺
（京都府宇治市）
※法相宗、真言宗、浄土真宗、臨済宗、
日蓮宗の本山はほかにもあり

各宗の信徒数

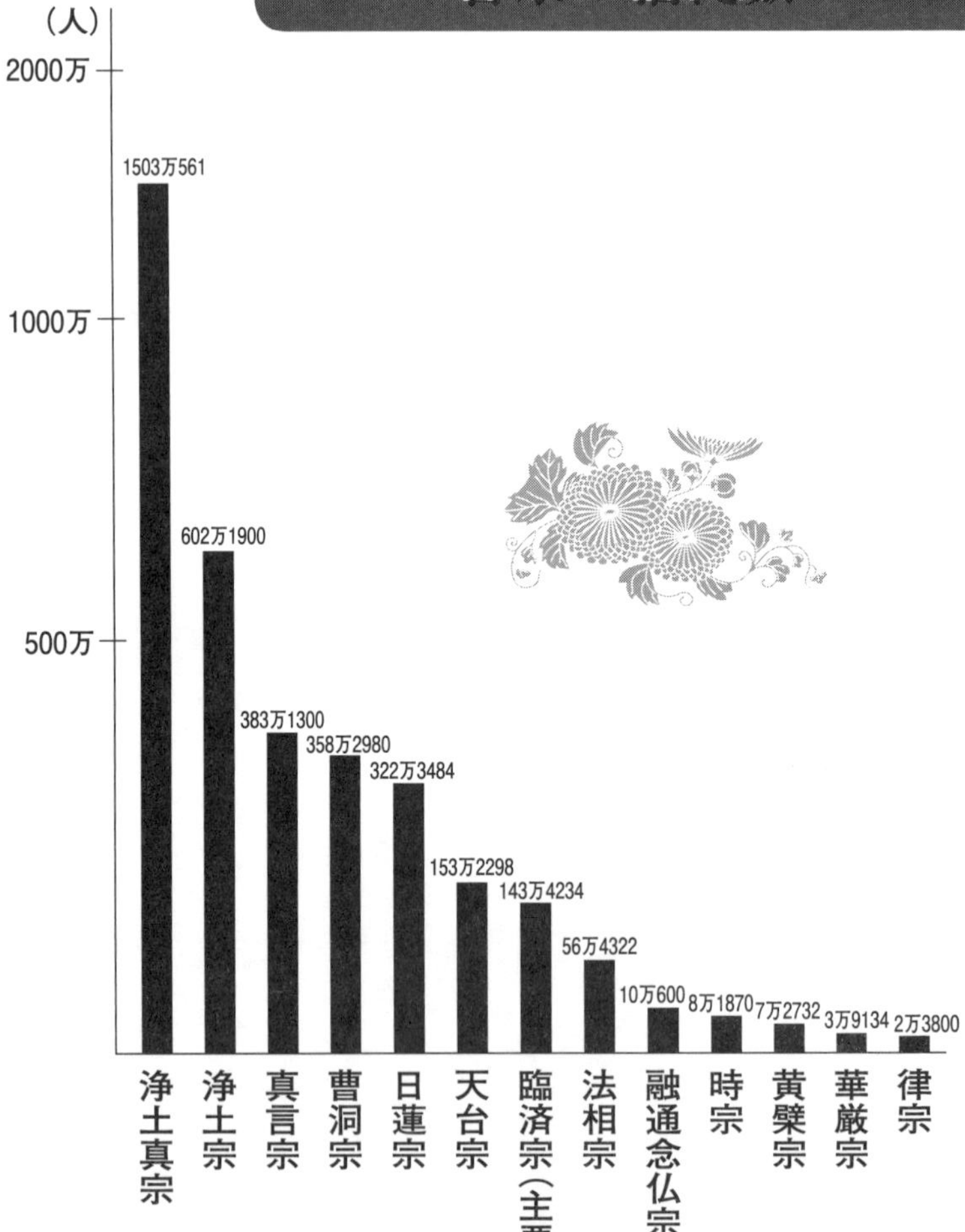

出典：『宗教年鑑 令和５年版』（文化庁）

※真言宗・華厳宗は平成29年版のデータ、臨済宗は相国寺派と大徳寺派はデータなし

第二部

仏教の経典

経典とはなにか

仏教の歴史と経典の成立

「如是我聞」ではじまる釈迦の教え

仏教経典の特色の一つに、その膨大な量があげられる。歴史上の釈迦《しゃか》を出発点にする初期仏教の時代、上座部《じょうざ》と大衆部《だいしゅ》が分裂して各派が分立した部派仏教の時代、利他行《りたぎょう》を強調する大乗《だいじょう》仏教の時代、そして神秘的な呪術力を説く密教《みっきょう》の時代をとおして、千年以上にわたって仏典は生み出されてきた。

経典に作者名や制作年代が記されることはない。釈迦入滅《にゅうめつ》の数百年後に書かれたことが明らかなものでも「如是我聞《にょぜがもん》」（このようにわたしは聞いた）という出だしではじめることで、すべての仏典が釈迦の教えを正しく継承しているという立場を標榜《ひょうぼう》する。

仏滅《ぶつめつ》直後に開かれた第一結集《けつじゅう》で、弟子の阿難（アーナンダ）が釈迦の説法を復唱するとき、「このようにわたしは聞いた、あるとき釈迦は……」と語りだしたと伝えられることに倣《なら》って、初期仏教の時代からこの形式が踏襲《とうしゅう》されてきている。しかし、この第一結集や、その百年後

各宗教の正典

ユダヤ教 → 『旧約聖書』
キリスト教 → 『旧約聖書』『新約聖書』
イスラム教 → 『コーラン』
仏　教 → 仏教経典

ユダヤ教、キリスト教、イスラム教の経典が「正典」として確定されているのに対し、仏教は「八万四千の法門」といわれるほど膨大な量の経典が存在する。これは、仏教に「正典」という概念がなく、千年以上にわたって次々と生み出されてきたからである

に開かれた第二結集の内容は、文字によって記録されることはなかった。

当時のインドには、すでに文字が普及していたが、釈迦の言葉を文字にしるすことは正典に対する敬虔《けいけん》さをそこなうと考えられ、もっぱら参加者の合誦（サンギーティ）による記憶暗誦によって保持されたのである。

膨大な数の仏教経典とその伝播

釈迦の入滅後二百年がすぎたころには、文字に書かれた経典が成立していたことが知られている。やがてそれぞれの教団（サンガ）ごとに異なる立場で編集され、おそらく紀元前後に、現在残る部派仏教の経典や、大乗仏典の原形ができあがったと推測されている。

釈迦の時代に使われていたことばは北インド東部の、古代マガダ語に類するものだったと推定されているが、マガダ語によって書かれた文献は残されていない。その後の西方への布教によって、まず中西部の俗語のパーリ語に、すこし遅れてインドの正式な文章語であるサンスクリット語に移され、仏典として記録されていったと見られる。

パーリ語文献はスリランカに伝えられ、のちに東南アジア全域に広まって、現在にいたっている。サンスクリット語文献からは漢訳やチベット語訳が生まれていった。

中国や日本の仏教の起源はインドにある。しかし、インドの仏教がそのまま伝えられたわけではなかった。サンスクリット語と中国語では思考や発想の方法が異なり、忠実に訳しても原意を正確に再現することはむずかしい。仏教以前からの中国文化の傾向も反映され、意図的な異訳もなされていることが、原典との比較研究から明らかになっている。

吐蕃《とばん》王国時代の七世紀にはじめて仏教が伝わったチベットでは、インド文字をもとにしてチベット文字をつくり仏典の翻訳をはじめた。

十三世紀後半に成立した「チベット大蔵経《だいぞうきょう》」は、サンスクリット語原典の失われている大《だい》乗《じょう》仏教や密教の経典を逐語的《ちくごてき》に翻訳して伝え、その量も漢訳仏典をしのぐため仏教研究には不可欠の貴重な資料になっている。

経典の伝播

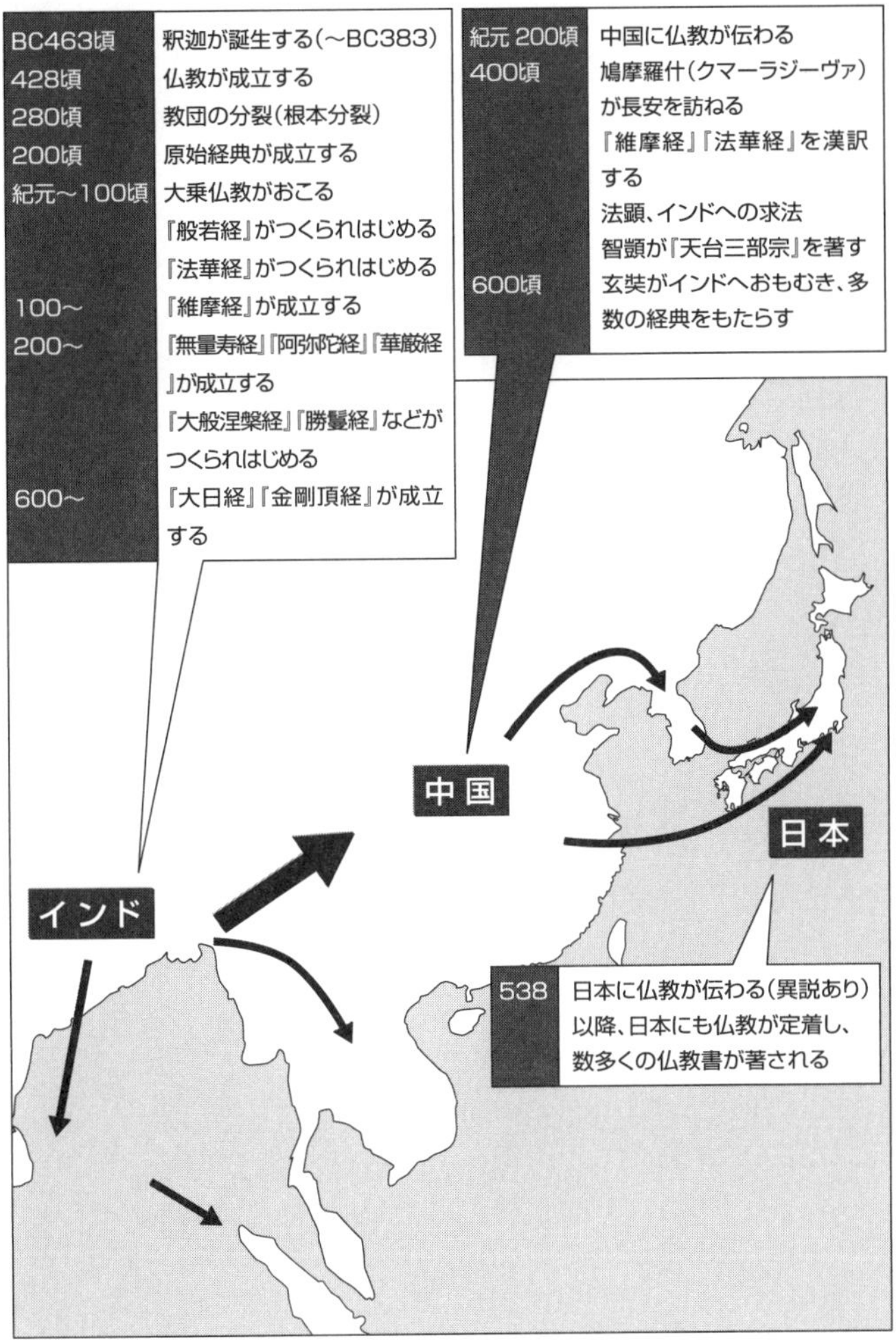
BC463頃 釈迦が誕生する(〜BC383)
428頃 仏教が成立する
280頃 教団の分裂(根本分裂)
200頃 原始経典が成立する
紀元〜100頃 大乗仏教がおこる
『般若経』がつくられはじめる
『法華経』がつくられはじめる
100〜 『維摩経』が成立する
200〜 『無量寿経』『阿弥陀経』『華厳経』が成立する
『大般涅槃経』『勝鬘経』などがつくられはじめる
600〜 『大日経』『金剛頂経』が成立する
紀元 200頃 中国に仏教が伝わる
400頃 鳩摩羅什(クマーラジーヴァ)が長安を訪ねる
『維摩経』『法華経』を漢訳する
法顕、インドへの求法
智顗が『天台三部宗』を著す
600頃 玄奘がインドへおもむき、多数の経典をもたらす
中国
日本
インド
538 日本に仏教が伝わる(異説あり)
以降、日本にも仏教が定着し、数多くの仏教書が著される

般若心経

「空」を体得する智慧を説く

「般若波羅蜜」を説く広大な経典群

『般若経《はんにゃきょう》』とは大乗経典を代表する般若経典群の総称で、紀元前後から一世紀なかばごろまでに原初形態が成立したと考えられている。

西域《さいいき》を経てインドに学び、十六年の大旅行ののち帰国した唐《とう》の玄奘《げんじょう》（六〇二〜六六四）は、般若経典の集大成『大般若波羅蜜多経《だいはんにゃはらみたきょう》』（大般若経）六〇〇巻を、三年あまりの歳月をかけて漢訳した。玄奘の訳業は太宗《たいそう》皇帝の勅令《ちょくれい》によるもので、国立の翻訳機関である翻経院《ほんきょういん》で、おおぜいの弟子とともになされた国家事業だった。十本般若とよばれる主要な般若経典群の大部分は、この大般若の全体または一部に相当する。

『般若経』では、何ものにもとらわれない「空《くう》」の立場に立ち、その境地にいたるための、六つの菩薩行《ぼさつぎょう》（六波羅蜜）の実践、とくに智慧《ちえ》の完成（般若波羅蜜）が強調される。

漢字の「般若」とはサンスクリット語のプラジュナー、その俗語形のパンニャーを音訳した

『般若経』の意味（伝統的な解釈）

正式名	般若	波羅	蜜多	経
サンスクリット語名	プラジュナー	パーラ （パーラム）	ミター （イター）	スートラ
意味	智慧	（彼岸）	（いたった） ＝悟りを開いた	経典

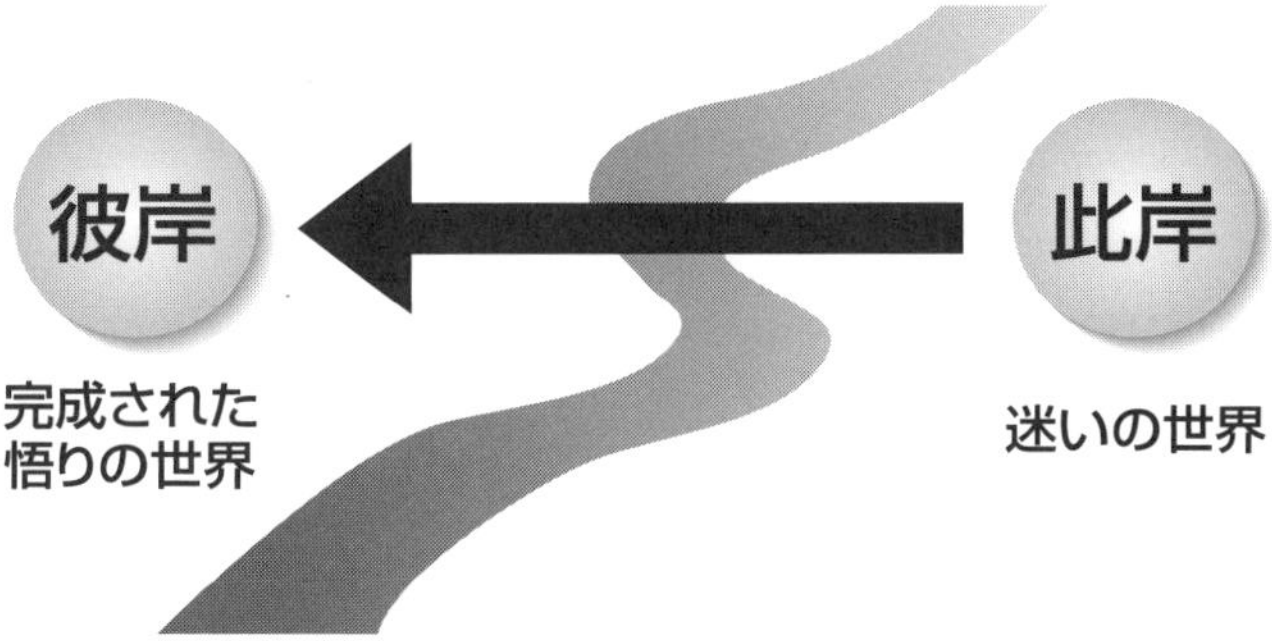

サンスクリット語からの音写である「般若波羅蜜多」は「対岸にいたった智慧」あるいは「智慧の完成」を意味する

もので、智慧の意味である。波羅蜜（多）は同じくパーラミターの音訳で、伝統的には「向こう岸へ渡る」を意味し、「到彼岸《とうひがん》」「度《ど》」と意訳される。近年の研究では、パーラミターは「完成」という意味に理解されている。

六波羅蜜とは、菩薩が仏の境地にいたるために修める六つの行、すなわち布施《ふせ》、持戒《じかい》、忍辱《にんにく》、精進《しょうじん》、禅定《ぜんじょう》、智慧（般若）の各波羅蜜をさす。これら六つの行為とそのはたらきによって、最高の完成の状態に到達させることが、菩薩の修行とされる。利他行の菩薩道を説く般若経典は、従来の部派仏教に対する厳しい批判のメッセージでもあった。

般若経典の中心思想「空」は、二世紀ごろ南インドに出たバラモン出身の龍樹《りゅうじゅ》（ナーガールジュナ）によって哲学的に基礎づけられ、後世の大乗仏教思想全般に決定的な影響をあたえた。かれは般若経教団を背景にして、すべてのものは固定した実体を欠き、執着の対象になりえない、という空の思想の理解のために従来とは異なる「縁起《えんぎ》」の理論を展開した。

●日本人にもっとも人気のある『般若心経』

『般若心経《はんにゃしんぎょう》』すなわち『摩訶般若波羅蜜多心経』は、般若経典群の心髄をわずか三百字たらずにまとめた経典で、日本では浄土真宗《じょうどしんしゅう》と日蓮宗《にちれんしゅう》をのぞくほとんどすべての宗派で日常的に唱

『般若経』の構成

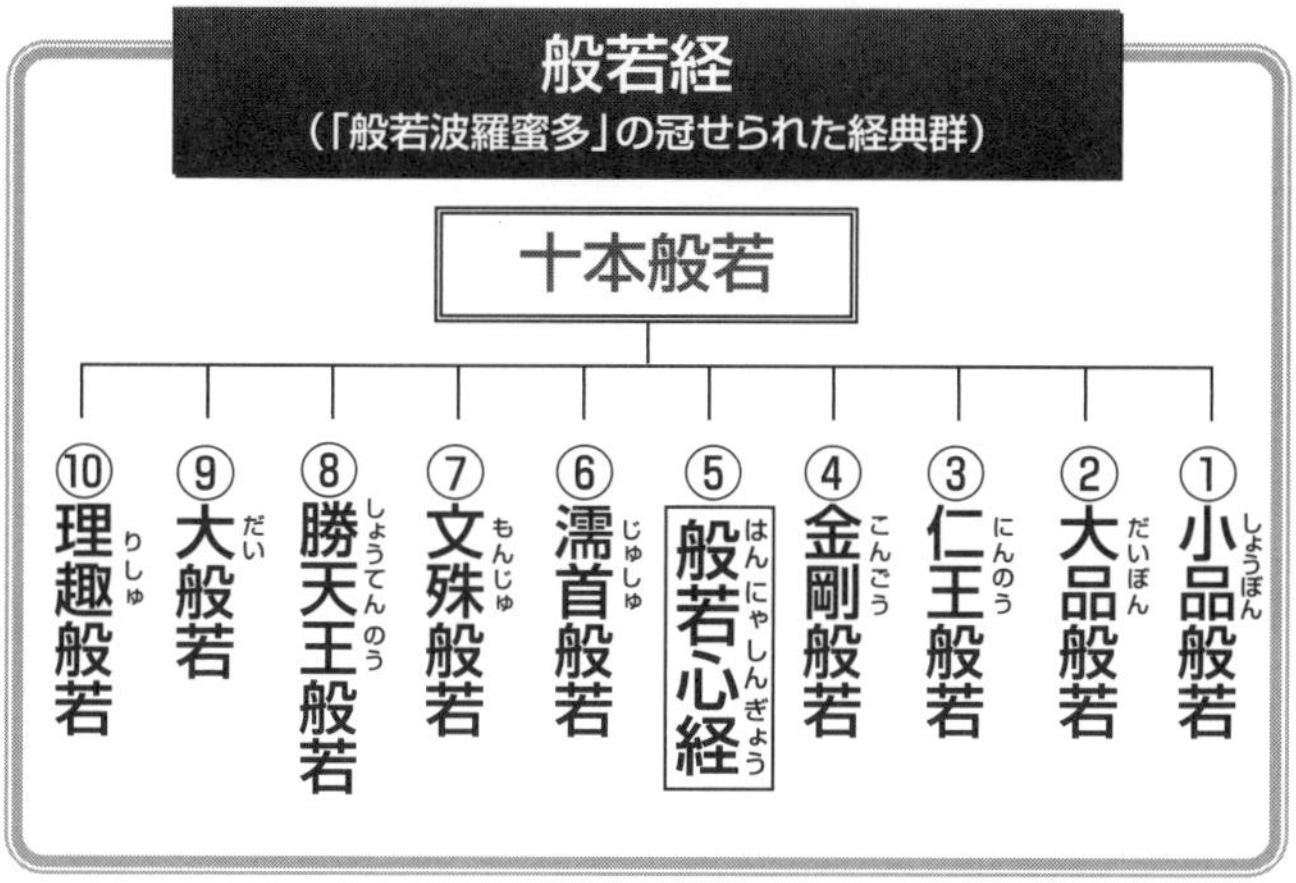

えられている。

サンスクリット語の原典は古くから日本に伝えられ、六〇九年に聖徳太子《しょうとくたいし》が遣《つか》わした遣隋使《けんずいし》の小野妹子《おののいもこ》によって請来《しょうらい》されたとされる法隆寺《ほうりゅうじ》に伝わる般若心経小品の貝葉《ばいよう》は、インドにもほかのアジア諸国にも残っていない貴重な文化財となっている。

漢訳は日本で広く用いられている玄奘訳をふくめた七本と、サンスクリットを漢字で音写した一本が現存し、法相《ほっそう》宗の基《き》や華厳《けごん》宗の法蔵《ほうぞう》、真言《しんごん》宗の空海《くうかい》による註釈をはじめ、中国、日本ではおびただしい数の註釈や講義、解説書が今日にいたるまでつくられている。

古来、日本でもっとも人気のある経典でありつづけた『般若心経』は、写経《しゃきょう》もさかんで、平安、鎌倉時代には『平家納経《へいけのうきょう》』など装飾経の技術の粋を集めた豪華なものがつくられた。室町、江戸期にも、天皇や貴族が装飾経として多く写経している。

二七六文字のなかに潜む真理

『般若心経』は、観音《かんのん》さまは完全なる智慧の行を修め、存在のすべて〈五蘊《ごうん》〉が空であることを悟って、一切の苦しみを克服された――。という書き出しではじまる。以下、釈迦の十大弟子の第一人者であり、智慧第一といわれた舎利弗《しゃりほつ》（シャーリプトラ）に向かって語りかける。「五蘊」とは色受想行識《しきじゅそうぎょうしき》の五つ、すなわち身心とその環境のすべてをさし、それらがすべて空であり、空がそれらのすべてであると説く。

ふたたび、舎利子《し》よ、と呼びかけ、このようにすべてが空なのだから生滅《しょうめつ》、垢浄《くじょう》、増減《ぞうげん》などといった観念で二項対立的にとらえる実体もなく、空なのであるから五蘊、十八界十二縁起《えんぎ》、四諦《したい》といったそれぞれの項目が実体として存在するのではないと説く。

「十八界」とは、眼耳鼻舌身意の六つの感覚器官〈六処《ろくしょ》〉と、色声香味触法の六つの対象〈六《ろく》境《きょう》〉、そして眼識、耳識、鼻識、舌識、身識、意識〈六識《ろくしき》〉をあわせたもの。

「十二縁起」とは、無明《むみょう》、行《ぎょう》、識《しき》、名色《みょうしき》、六処、触、受、愛《あい》、取《しゅ》、有《う》、生《しょう》、老死《ろうし》の十二の項目が、関連して迷いの世界が存在していると上座部仏教《じょうざぶぶっきょう》（小乗仏教《しょうじょうぶっきょう》）では説かれる。

上座部仏教で分析され、分類されてきたものは概念にすぎず、論理的には何にも実体がないことを説き、実践的には何ごとにもとらわれるな、と教えている。

菩薩は般若波羅蜜多（智慧の完成）を実践しているからこだわることもない。こだわりがないので恐怖もなく、ものごとの真実を誤って見ることもない。過去・現在・未来の三世の諸仏も般若波羅蜜多を実践して正しい悟りを開いた。般若波羅蜜多は霊力のある真言であり、あらゆる苦しみを取りのぞいてくれる。

そして最後に、サンスクリット原文をそのまま音訳した「呪《しゅ》」が説かれて、『般若心経』は終わる。

この世のすべては「空」である

『般若心経』の中心思想「空」はサンスクリット語のシューンニャターの訳で、「空っぽ、何も入っていない状態」という意味である。物質的存在は空にほかならず、空が物質的存在にほかならない。物質的存在はすなわち空であり、空がすなわち物質的存在である、という意味の「色不異空《しきふいくう》、空不異色《くうふいしき》。色即是空《しきそくぜくう》、空即是色《くうそくぜしき》」の句はよく知られている。

摩訶般若波羅蜜多心経《まかはんにゃはらみったしんぎょう》

（唐三蔵法師玄奘訳）

観自在菩薩《かんじざいぼさつ》。行深般若波羅蜜多時《ぎょうじんはんにゃはらみったじ》。照見五蘊皆空《しょうけんごうんかいくう》度一切苦厄《どいっさいくやく》。舎利子《しゃりし》。色不異空《しきふいくう》。
空不異色《くうふいしき》。色即是空《しきそくぜくう》。空即是色《くうそくぜしき》。受想行識亦復如是《じゅそうぎょうしきやくぶにょぜ》。舎利子《しゃりし》。是諸法空相《ぜしょほうくうそう》。不生不《ふしょうふ》
滅《めつ》。不垢不浄《ふくふじょう》。不増不減《ふぞうふげん》。是故空中《ぜこくうちゅう》。無色《むしき》。無受想行識《むじゅそうぎょうしき》。無眼耳鼻舌身意《むげんにびぜっしんに》。無色声《むしきしょう》
香味触法《こうみそくほう》。無眼界《むげんかい》。乃至無意識界《ないしむいしきかい》。無無明《むむみょう》。亦無無明尽《やくむむみょうじん》。乃至無老死《ないしむろうし》。亦無老死尽《やくむろうしじん》。
無苦集滅道《むくじゅうめつどう》。無智亦無得《むちやくむとく》。以無所得故《いむしょとくこ》。菩提薩埵《ぼだいさった》。依般若波羅蜜多故《えはんにゃはらみったこ》。心無罣礙《しんむけいげ》。
無罣礙故《むけいげこ》。無有恐怖《むうくふ》。遠離一切顛倒夢想《おんりいっさいてんどうむそう》。究竟涅槃《くぎょうねはん》。三世諸仏《さんぜしょぶつ》。依般若波羅蜜多故《えはんにゃはらみったこ》。
得阿耨多羅三藐三菩提《とくあのくたらさんみゃくさんぼだい》。故知般若波羅蜜多《こちはんにゃはらみった》。是大神呪《ぜだいじんしゅ》。是大明呪《ぜだいみょうしゅ》。是無上呪《ぜむじょうしゅ》。是《ぜ》
無等等呪《むとうどうしゅ》。能除一切苦《のうじょいっさいく》。真実不虚故《しんじつふここ》。説般若波羅蜜多呪《せつはんにゃはらみったしゅ》。
即説呪日《そくせつしゅわつ》。
掲帝掲帝《ぎゃていぎゃてい》。波羅掲帝《はらぎゃてい》。
般羅僧掲帝《はらそうぎゃてい》。菩提僧莎訶《ぼじそわか》。
般若心経《はんにゃしんぎょう》

全知者である覚った人に礼したてまつる。

求道者にして聖なる観音は、深遠な智慧の完成を実践していたときに、存在するものには五つの構成要素があると見きわめた。しかも、かれは、これらの構成要素が、その本性からいうと、実体のないものであると見抜いたのであった。

シャーリプトラよ、この世においては、物質的現象には実体がないのであり、実体がないからこそ、物質的現象で（あり得るので）ある。実体がないといっても、それは物質的現象を離れてはいない。また、物質的現象は、実体がないことを離れて物質的現象であるのではない。

（このようにして、）およそ物質的現象というものは、すべて、実体がないことである。およそ実体がないということは、物質的現象なのである。

これと同じように、感覚も、表象も、意志も、知識も、すべて実体がないのである。

シャーリプトラよ、この世においては、すべての存在するものには実体がないという特性がある。生じたということもなく、滅したということもなく、汚れたものでもなく、汚れを離れたものでもなく、減るということもなく、増すということもない。

それゆえに、シャーリプトラよ、実体がないという立場においては、物質的現象もなく、感覚もなく、表象もなく、意志もなく、知識もない。眼もなく、耳もなく、鼻もなく、舌もなく、身体もなく、心もなく、かたちもなく、声もなく、香りもなく、味もなく、触れられる対象もなく、心の対象もない。眼の領域から意識の領域にいたるまでことごとくないのである。

（さとりもなければ、）迷いもなく、（さとりがなくなることもなければ、）迷いがなくなることもない。こうして、ついに、老いも死もなく、老いと死がなくなることもないというにいたるのである。苦しみも、苦しみの原因も、苦しみを制することも、苦しみを制する道もない。知ることもなく、得るところもない。それ故に、得るということがないから、諸の求道者の智慧の完成に安んじて、人は心を覆われることなく住している。心を覆うものがないから、恐れがなく、顛倒した心を遠く離れて、永遠の平安に入っているのである。

過去・現在・未来の三世にいます目ざめた人々は、すべて、智慧の完成に安んじて、この上ない正しい目ざめを覚り得られた。

それゆえに人は知るべきである。智慧の完成の大いなる真言、大いなるさとりの真言、無上の真言、無比の真言は、すべての苦しみを鎮めるものであり、偽りがないから真実であると。その真言は、智慧の完成において次のように説かれた。

ガテー　ガテー　パーラガテー　パーラサンガテー　ボーディ　スヴァーハー
（往ける者よ、往ける者よ、彼岸に往ける者よ、彼岸に全く往ける者よ、さとりよ、幸あれ。）

ここに、智慧の完成の心が終わった。

出典：『般若心経・金剛般若経』中村元、紀野一義訳注（岩波書店）

この世の一切の現象はことばの虚構（虚論）によっておこるもので、固定的、実体的なものはない。実体のないものを実体があるかのように妄見《もうけん》し、それにこだわることから離れることが、悩みや苦しみから解放される道であり、その到達すべき境地が般若すなわち智慧の完成なのである。

空の原語シューンニャターには同時に0（ゼロ）という意味もある。ゼロの概念はインド人によって発見され、アラビアを経由してヨーロッパに伝わった。そのため、インド数字やアラビア数字で10や１００と書くところをローマ数字ではそれぞれX、Cと書き、漢字では拾、百と書いた。ローマ数字の百二はCⅡと書かれるが、インドでは世界に先がけて１０２という書き方が生まれた。１０２は百の位は一、十の位はゼロ、一の位は二、という意味だが、十の位を占める数がないからといって、ゼロをとってしまったら、12になってしまう。0に実体はないが、なくてはならないものなのである。

空＝シューンニャター＝0であり、「有」に対応する概念である「無」とは異なり、空にはそれに対応するものがない。一に対応するのはマイナス一であり、ゼロには対応するものがないのと同様である。ゼロがすべての根源であるという考えが仏教の教理にも応用されているといえよう。

五章
大乗経典

華厳経

釈迦の悟りの世界をそのまましめす

●大乗思想が如実にあらわれた経典

『華厳経《けごんきょう》』（正式には『大方広仏《だいほうこうぶつ》華厳経』）は、『法華経《ほけきょう》』（『妙法蓮華経《みょうほうれんげきょう》』）とならぶ、大乗仏教を代表する経典である。『法華経』が釈迦の救済のはたらきと、その根源的な仏の無限な生命を説く経典であるのに対して、『華厳経』は釈迦の悟りの内容が壮大な世界観として説かれた経典といえる。

『華厳経』では、さまざまな場面を設定して、菩薩行《ぼさつぎょう》が説かれてゆく。その背景となるのは、あらゆる存在がたがいに縁《えん》となって展開するという「法界縁起《ほっかいえんぎ》」の思想である。譬喩《ひゆ》や象徴、物語などを駆使して説かれる大乗経典のなかでも、『華厳経』の世界はとりわけ幻想的かつ神秘的で、他の経典を圧倒している。

『華厳経』では釈迦の直弟子の双璧とされる智慧《ちえ》第一の舎利弗（シャーリプトラ）や神通《じんつう》第一の目犍連《もくけんれん》（マウドガリヤーヤナ）には、釈迦が神秘的な力でしめす仏の世界が見えなかったと説く。そのことは、大乗仏教の教えを説く『華厳経』が、上座部仏教と比較して圧倒的に優れているということをしめしている。

『華厳経』の漢訳には、東晋《とうしん》時代の北インド出身の訳経僧・仏駄跋陀羅《ぶっだばっだら》の六十巻本（六十華厳）、唐《とう》代の中央アジア出身の僧・実叉難陀《じっしゃなんだ》の八十巻本（八十華厳）の二つの全訳と、唐代の北インド出身の僧・般若三蔵の「入法界品《ぼん》」のみを訳した四十巻本がある。

また、九世紀末ごろにはチベット語にも翻訳されているが、『華厳経』のサンスクリット語の完本は発見されていない。サンスクリット語原典が残っているのは「十地品《じっちぼん》」と「入法界品」のみで、二～三世紀に活躍した南インドの龍樹（ナーガールジュナ）の著書にも引用されている。これらは『華厳経』のもっとも古い部分とされ、それぞれ独立の経典として用いられてきた。

『華厳経』として集大成されたのは四世紀ごろで、編纂されたのは中央アジアの崑崙《こんろん》山脈北麓、タリム盆地南西部のシルクロードのオアシス都市・ホータンといわれている。

壮大な世界を生きる自己の発見

『華厳経』は、六十華厳では「八会三十四品」、八十華厳では「九会三十九品」という構成に

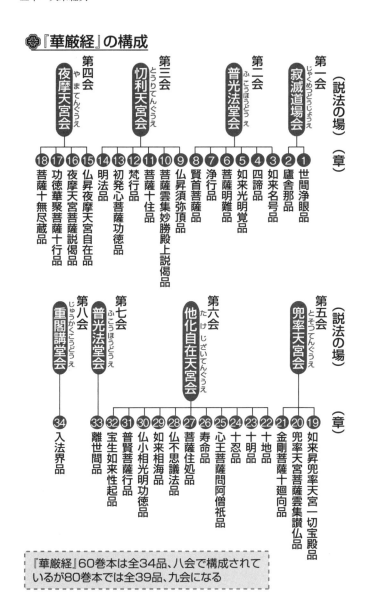

🏵️『華厳経』の構成

（説法の場）（章）

第一会 寂滅道場会 じゃくめつどうじょうえ	① 世間浄眼品 ② 盧舎那品
第二会 普光法堂会 ふこうほうどうえ	③ 如来名号品 ④ 四諦品 ⑤ 如来光明覚品 ⑥ 菩薩明難品 ⑦ 浄行品 ⑧ 賢首菩薩品
第三会 忉利天宮会 とうりてんぐうえ	⑨ 仏昇須弥頂品 ⑩ 菩薩雲集妙勝殿上説偈品 ⑪ 菩薩十住品 ⑫ 梵行品 ⑬ 初発心菩薩功徳品 ⑭ 明法品
第四会 夜摩天宮会 やまてんぐうえ	⑮ 仏昇夜摩天宮自在品 ⑯ 夜摩天宮菩薩説偈品 ⑰ 功徳華聚菩薩十行品 ⑱ 菩薩十無尽蔵品

（説法の場）（章）

第五会 兜率天宮会 とそつてんぐうえ	⑲ 如来昇兜率天宮一切宝殿品 ⑳ 兜率天宮菩薩雲集讃仏品 ㉑ 金剛菩薩十廻向品
第六会 他化自在天宮会 たけ じざいてんぐうえ	㉒ 十地品 ㉓ 十明品 ㉔ 十忍品 ㉕ 心王菩薩問阿僧祇品 ㉖ 寿命品 ㉗ 菩薩住処品
第七会 普光法堂会 ふこうほうどうえ	㉘ 仏不思議法品 ㉙ 如来相海品 ㉚ 仏小相光明功徳品 ㉛ 普賢菩薩行品 ㉜ 宝王如来性起品 ㉝ 離世間品
第八会 重閣講堂会 じゅうかくこうどうえ	㉞ 入法界品

『華厳経』60巻本は全34品、八会で構成されているが80巻本では全39品、九会になる

なっている。

「会《え》」とは説法の行なわれる法会の席、すなわち会座《えざ》のことをいい、仏典のなかの章を「品《ぼん》」という。

六十華厳で見ると、第一寂滅道場会《じゃくめつどうじょうえ》は釈迦がブッダガヤーの菩提樹の下で悟《さと》りを開いたところからはじまっている。ここでは『華厳経』の教主である毘盧舎那仏《びるしゃなぶつ》（ヴァイローチャナ）と釈迦が同一視されていて、多くの菩薩たちによって、釈迦が獲得した悟りの境地が語られる。

第二普光法堂会《ふこうほうどうえ》では場所を移し、文殊《もんじゅ》菩薩が四諦《したい》（苦集滅道《くじゅうめつどう》の四つの真実）について説き、ほかの十人の菩薩がそれぞれ十の奥深い教えを説く。

第一会と第二会はマガダ国の地上の会座で、第三会から第六会までは、それぞれ欲界の第二天である忉利天宮《とうりてんぐう》、第三天の夜摩天宮《やまてんぐう》、第四天の兜率天宮《とそつてんぐう》、そして欲界の頂上第六天の他化自《たけじ》在天宮《ざいてんぐう》、という欲界の天宮の会座に移っていく。

説法の進展につれて会座の場所は上昇し、悟りを求める修行者の、修行の進展にしたがって向上していく過程が詳説される。第三会から第五会では、それぞれ「十住」「十行」「十回向《えこう》」が説かれ、第六会（十地品）では、修行の進んだ菩薩が悟りにいたる十の階梯《かいてい》（十地）が説かれる。

ホータン

ホータン郊外の風景。『華厳経』は、この地で編纂されたと見られている

第七会と第八会では、ふたたび地上に会座を移す。第七会は第二会と同じマガダ国の普光法堂会、第八会はコーサラ国の重閣講堂《じゅうかくこうどう》会、すなわちスダッタ長者が釈迦のために舎衛城《しゃえいじょう》（シュラーヴァスティー）郊外に建てた祇園精舎《ぎおんしょうじゃ》となる。

第七会はここまでに説かれたことを要約しており、最後の第八会が「入法界品」である。この第八会は『華厳経』全体の約四分の一を占める長い章で、善財童子《ぜんざいどうじ》の遍歴の物語になっている。

菩薩が悟りにいたる十の段階

『華厳経』の中核になる品の一つが第六会の「十地品」である。大乗仏教の菩薩が、究極の悟りに到達するための修道の過程を十波羅蜜に配して整理した、菩薩の十段階の境地をしめしたものだ。

十地の段階に進むには、第五会までに説かれた十信、十住、十行、十回向という四十段階の修行の階梯を経なければならない。

四十段階の準備的な修行を終え、大乗仏教の本格的な正しい智慧を得て仏の悟りに触れ、心におおいなる喜びがわく第一地（歓喜地《かんぎち》）に入って、菩薩ははじめて凡夫《ぼんぷ》の立場を離れて聖者とよばれる。

さらに第二地（離垢地《りくち》）、第三地（発光地《はっこうち》）……と進んでいき、第六地（現前地《げんぜんち》）で縁起についての智慧が目の前に明らかにあらわれ、般若の智慧が完成する。ここまでは自利《じり》が優先するが、ここから先は衆生《しゅじょう》を救う利他行に徹する修行をしながら智慧をさらに完成させ、第七地（遠行地《おんぎょうち》）で声聞《しょうもん》と縁覚《えんがく》の境地を超えたと見なされる。

そして最後の第十地（法雲地《ほううんち》）で利他行は完成し、菩薩の最高の境地に達する。仏の教えの境地を完全に体得したという意味で「法身《ほっしん》」を完成した、といわれる。また、身体は虚空《こくう》のように広大になり、その智慧は植物に恵みの雨をもたらす大きな雲のように衆生に利益と安楽をもたらす、というところから「法雲地」と名づけられている。ここにいたった者は、仏の境地（仏地）へと入っていくことになる。

「十地品」で説かれる十の境地

第一地	観喜地《かんぎち》	歓喜にあふれる菩薩の修行の段階
第二地	離垢地《りくち》	戒を守り、心の垢を離れ、清らかになった段階
第三地	発光地《はっこうち》	智慧の光明で明らかになった段階
第四地	焔慧地《えんねち》	智慧の光が増し、煩悩が焼かれる段階
第五地	難勝地《なんしょうち》	滅しがたい煩悩を克服する段階
第六地	現前地《げんぜんち》	真実を知る智慧が現前する段階
第七地	遠行地《おんぎょうち》	あらゆる煩悩を滅却し、空行を成し遂げ、日常世界からはるか遠くにいたる段階
第八地	不動地《ふどうち》	わずかな迷いにも動ずることがまったくなく、真の智慧が自由にはたらく段階
第九地	善慧地《ぜんねち》	他人への説法や教化が自由自在にできる段階
第十地	法雲地《ほううんち》	恵みの雨をもたらす大きな雲のように智慧が満ちあふれる。最高の境地

善財童子、五十三人歴訪の旅

「十地品」とならんで『華厳経』で重要視されているのが「入法界品」である。その内容は、善財童子が文殊《もんじゅ》菩薩の説法を聞いて感動し、菩薩行を体現した普賢《ふげん》菩薩を理想として求め、十住、十行、十回向、十地という大乗仏教の修行の段階をふみながら、五十三人の善智識（仏道や悟りに導きいれる僧や友人）を訪ねて修行をまっとうする物語である。

善財童子はまず、たくさんの幢《はた》で飾られた沙羅双樹《さらそうじゅ》の林を訪れる。そこに文殊菩薩があらわれ、あまねく一切の真実の世界を照らす経をおまえに教えてやろう、と告げる。

善財童子は文殊菩薩の足下にひざまずき、菩薩の大悲《だいひ》と大智《だいち》によって、煩悩の海に明け暮れる自分を救ってくれるようお願いする。

すると文殊菩薩は、これからさししめす方向に五十三の善知識を歴訪して教えを受けなさい、と伝える。

善財童子はこの文殊菩薩の教えにしたがい、普賢菩薩がおこした十の大願を体現するために、大乗仏教の修学の道程である十住、十行、十回向、十地という段階に則って修行していくのである。

善財童子が教えを請うて訪ねた五十三人のなかには、男性や女性の出家修行者のほか、長者、

善財童子の十の大願

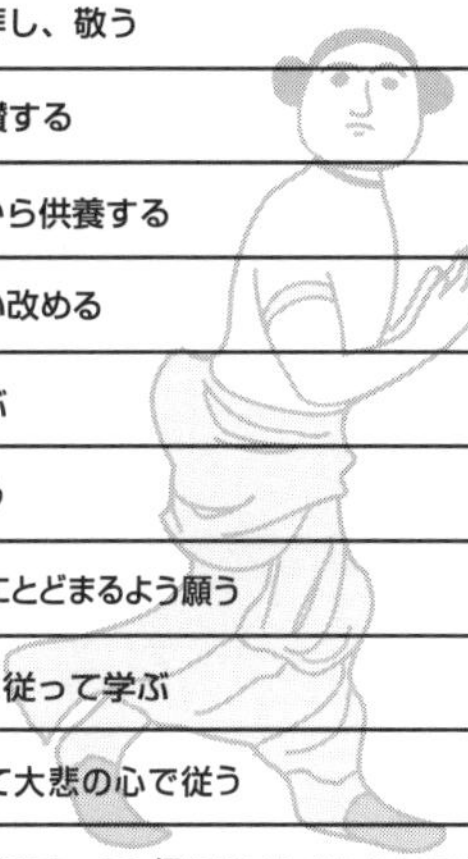

一	礼敬諸仏《らいきょうしょぶつ》	諸仏を礼拝し、敬う
二	称讃如来《しょうさんにょらい》	諸仏を称讃する
三	広修供養《こうしゅうくよう》	諸仏を心から供養する
四	懺悔業障《ざんげごっしょう》	悪業を悔い改める
五	随喜功徳《ずいきくどく》	功徳を喜ぶ
六	請転法輪《しょうてんぼうりん》	説法を願う
七	請仏住世《しょうぶつじゅうせ》	仏がこの世にとどまるよう願う
八	常随仏学《じょうずいぶつがく》	いつも仏に従って学ぶ
九	恒順衆生《ごうじゅんしゅうじょう》	衆生に対して大悲の心で従う
十	普皆廻向《ふかいえいこう》	あらゆる功徳をもって、悟りにいたらしめることを願う

賢者、バラモン、夜叉《やしゃ》、外道《げどう》（仏教以外の思想や宗教の信奉者）、医者、さらには少年少女や遊女など、身分や職業の異なるあらゆる階層の人びとがいる。五十三人のうち二十人は女性だった。そして修行の旅をつづけた結果、善財童子は最後に弥勒《みろく》、文殊、普賢の三菩薩のところに行きつき、普賢菩薩から仏となることを予言される。

　この物語は大乗の菩薩のあり方や修行の過程を説いたもので、自己を見つめ、他人を尊敬し、他の利益を願い歩む人生こそが菩薩道であることをしめしている。

　ちなみに東海道五十三次の五十三という数は、善財童子が訪ねた善智識五十三人に由来するといわれている。

法華経

仏の大慈悲があらゆる人を永遠に救う

●日本仏教へ多大な影響を与えた「諸経の王」

『法華経《ほけきょう》』のサンスクリット語原典名を直訳すると、「白い蓮華《れんげ》のような正しい教えの経」という意味になる。中国では西晋《せいしん》時代の敦煌《とんこう》出身の僧・竺法護《じくほうご》が『正法華経』と訳し、五胡十《ごこじゅう》六国《ろっこく》時代の西域《さいいき》・クチャ出身の鳩摩羅什《くまらじゅう》は「正しい」という意味に「妙《みょう》」を当てはめ、『妙法《みょうほう》蓮華経《れんげきょう》』と訳した。『法華経』の漢訳は六種類あったとされるが、現存するのは三種で、鳩摩羅什の『妙法蓮華経』がもっとも広く流布している。

『法華経』は、『般若経』『華厳経』『維摩経《ゆいまぎょう》』や浄土系経典などとともに、初期大乗仏教の主要経典の一つに数えられている。中国隋代の天台宗の開祖・智顗《ちぎ》はさまざまな経典を分類・判定し〈教相判釈《きょうそうはんじゃく》〉、『法華経』こそが「諸経の王」であるとした。

経典に描かれている登場人物や社会状況などから、その原形は紀元前後に、西北インドで成立したと考えられている。『法華経』全体がはじめからいまの形でつくられたわけではないが、

諸経の王

日本の仏教に大きな影響を与えたことから、
『法華経』は「諸経の王」とよばれる

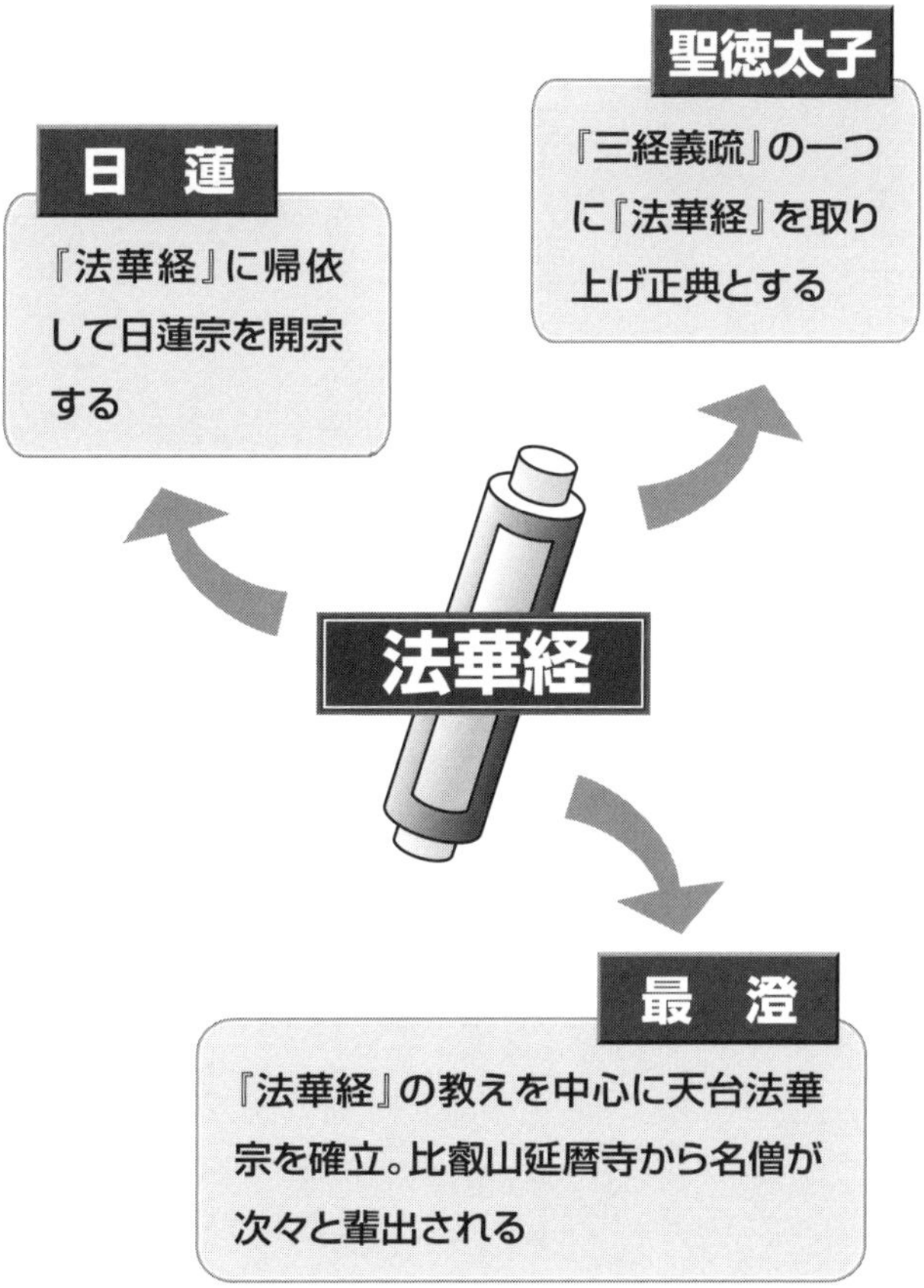
聖徳太子
『三経義疏』の一つに『法華経』を取り上げ正典とする
日　蓮
『法華経』に帰依して日蓮宗を開宗する
法華経
最　澄
『法華経』の教えを中心に天台法華宗を確立。比叡山延暦寺から名僧が次々と輩出される

現存する最古の漢訳『正法華経』が二八六年に訳されていることから、それ以前に現在の形に近いものが成立していたことは間違いない。

『法華経』は中央アジアを経由して中国に伝えられた。中央アジアではカシュガルを中心とした東トルキスタン（現在の中国、新疆《しんきょう》ウイグル自治区）から、数多くの『法華経』の写本が出土している。

現存するサンスクリット本は五世紀以降のものと推定され、他にチベット語、モンゴル語、ウイグル語、西夏《せいか》語などの訳があり、アジア全般に伝播《でんぱ》していたことがわかる。

日本への伝来がいつごろかというと、聖徳太子の著作とされる「三経義疏《さんぎょうぎしょ》」の一つにわが国最初の『法華経』の註釈書『法華義疏』があることから、六世紀の仏教公伝からまもないころと見なされている。平安時代には天台宗を開いた最澄《さいちょう》が『法華経』を広めさせて比叡山延暦寺に大乗戒壇を建立し、鎌倉時代には日蓮《にちれん》が『法華経』に帰依《きえ》して「南無《なむ》妙法蓮華経」の題目を唱える必要性を説くなど、日本仏教にとってもっとも重要な経典の一つになっている。

永遠の生命をもってこの世にあらわれた釈迦

『法華経』は二十八品からなる。序品《じょほん》第一から安楽行品《あんらくぎょうほん》第十四までの前半十四品を「迹門《しゃくもん》」

アジア全土にひろがる『法華経』

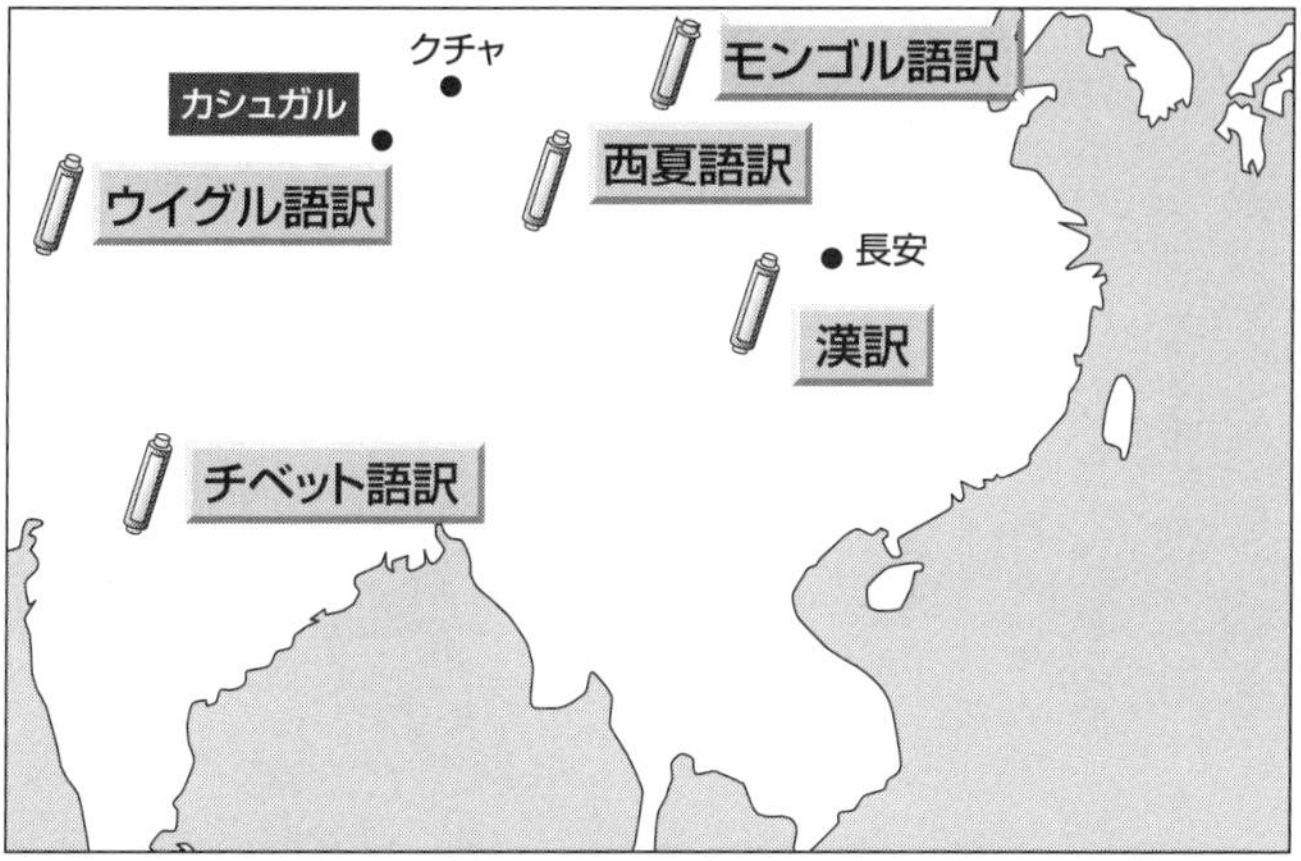

『法華経』は、アジア各地で広く親しまれてきた。漢訳のみならず、チベット語訳、ウイグル語訳、西夏語訳、モンゴル語訳など多くの訳文が存在することからもそれがわかる

といい、この世にあらわれた釈迦が一切衆生《いっさいしゅじょう》を一乗に導くことを説いている。序品第一は『法華経』全体の序文。インドのマガダ国の都・王舎城（ラージャグリハ）近郊の霊鷲山《りょうじゅせん》で、多数の菩薩や修行者や神々などを前にして、これから説かれる『法華経』が、どのような経典なのかが説明される。

迹門のなかでもっとも重要とされるのが方便《ほうべん》品《ぼん》第二だ。釈迦がこの世に仮にあらわれたのは、衆生を救う方便（手段）であるということが説かれる。そのことを敷衍《ふえん》すると、仮にあらわれたすべての事物や現象がそのまま真実の姿をあらわしているという「諸法実相《しょほうじっそう》」が説かれる。あらゆる存在や森羅万象《しんらばんしょう》は、その根源を突き詰めれば一つのものであり、それらの根源が仏なのである。いいかえれば、すべてのものは仏になる可能性を秘めているということになる。

従地涌出品《じゅうじゆじゅっぽん》第十五から普賢菩薩勧発品《ふげんぼさつかんぼっぽん》第二十八までの後半十四品は「本門《ほんもん》」といい、「久《く》遠実成《おんじつじょう》」の仏の本質が説かれている。『法華経』本門あるいは『法華経』全体のなかで、もっとも重要な教えが説かれているのが如来寿量品《にょらいじゅりょうぼん》第十六である。

『法華経』の大きな特徴の一つとしては、文学作品といえるような、優れた譬喩《ひゆ》を多用していることが挙げられる。二十八品すべてが譬喩といっていいほどだが、なかでも古くから「法華経七喩」といわれる三車火宅《さんしゃかたく》の喩（第三品）、長者窮子《ちょうじゃぐうじ》の喩（第四品）、三草二木《さんそうにもく》の喩（第五品）、化城宝処《けじょうほうしょ》の喩（第七品）、衣裏繋珠《えりほうじゅ》の喩（第八品）、髻中明珠《けいちゅうみょうじゅ》の喩（第十四品）、良医治子《ろういちし》の喩（第十六品）の七話がよく知られている。

三乗の方便と一仏乗の真実

方便品第二で、釈迦はまず弟子の舎利弗（シャーリプトラ）に仏の智慧の偉大さを説き、仏の智慧によって観た万物の真実の姿〈諸法実相〉をしめす。そして諸法実相の概念は、釈迦のことばにこだわって修行する小乗、すなわち声聞《しょうもん》乗や、一人で悟りを開きそれを他人に説こうとしない縁覚《えんがく》乗の二乗では理解できないほど難しく、仏だけが究めつくすことのできる境地

『法華経』の構成

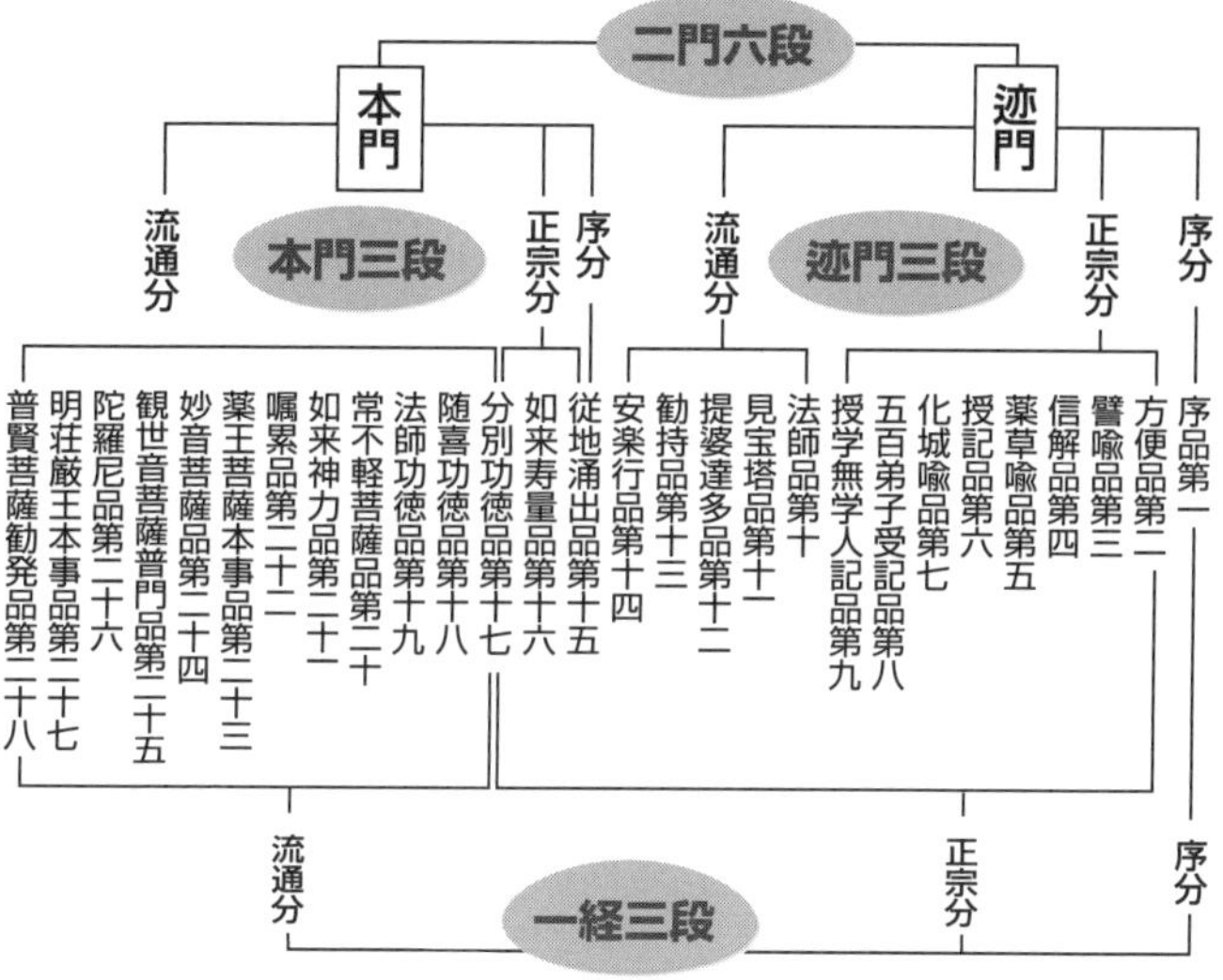

であると説く。

智慧のもっとも優れた舎利弗はそれを聞いて、これまで釈迦が説いてきた解脱《げだつ》に達する道と、仏の智慧は声聞や縁覚の二乗には理解できないということのちがいについて釈迦にたずねた。

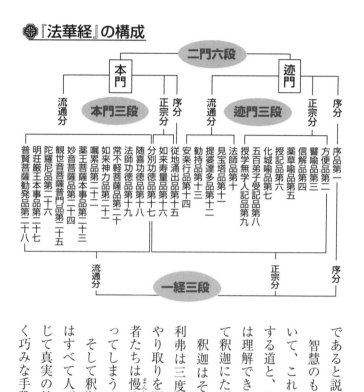

釈迦はそれに答えることを躊躇《ちゅうちょ》し、舎利弗は三度懇願する〈三止三請〉。二人のやり取りを聞いていた五千人の二乗の修行者たちは慢心《まんしん》をおこしてその場から立ちさってしまう〈五千起去〉。

そして釈迦は、これまで説いてきた教えはすべて人びとの機根《きこん》（宗教的素質）に応じて真実の教えに導くための仮の教えを説く巧みな手段〈善巧方便〉だった、と宣言する。

諸々の仏がこの世に出現するのは、ただ一大事の因縁《いんねん》のためである。その一大事とは仏の智慧をしめし、すべての人びとに平等にその智慧を理解させ、悟らせること。そして声聞乗、縁覚乗、菩薩乗の三乗の区別は方便であり、真実は仏になることをめざす菩薩の一乗、一仏乗のみである、と釈迦は説く。

小乗仏教では、声聞と縁覚の二乗の修行者が生まれかわり死にかわりしながら、想像もつかないほどの長い修行を積み重ね、煩悩を断ちきってはじめて解脱し阿羅漢《あらかん》という修行者の最高位に達するとされていた。しかし、すべてのものに仏性があるとする絶対的平等を説く「諸法実相」の教えは、だれにでも成仏できる因があるということでもある。

修行しているかどうかも、男性か女性かも差別なく、だれでも仏に導かれてそのままの姿で成仏《じょうぶつ》できるというのが、諸法実相といえるだろう。

永遠に存在しつづける仏

如来寿量品第十六で、釈迦は出家して悟りを開いて仏になったと思っている弟子たちの前に立ち、次のように説く。「わたしは、五百千万億那由佗阿僧祇《なゆたあそうぎ》という思い考えもおよばない遠

「方便品第二」で説かれる一仏乗

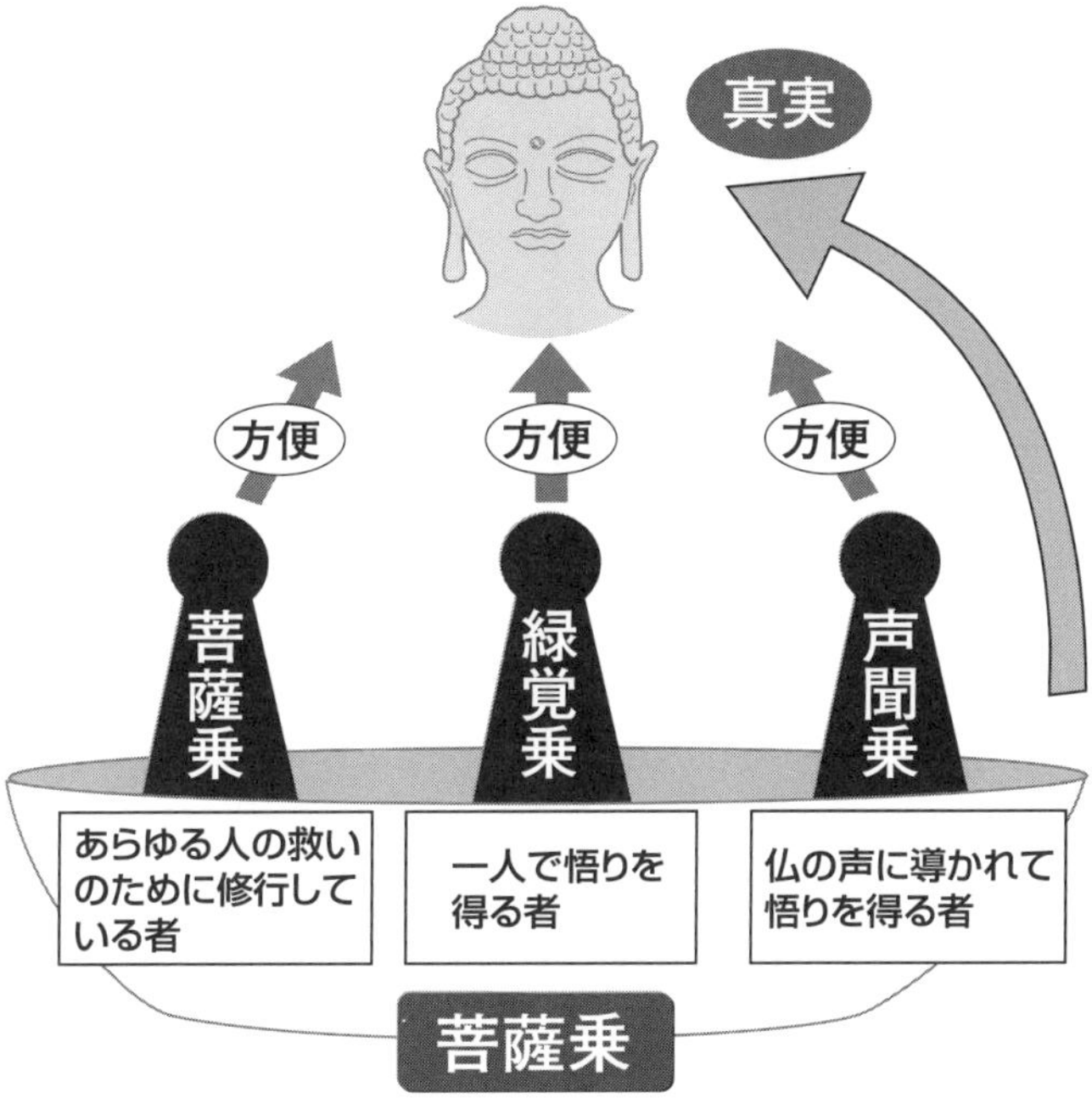

十方の仏土のなかには、唯《ただ》一乗の法のみありて二なく亦《また》三なし方便力を以ての故に、種々の道を示すといえども、其《そ》れ実には仏乗の為なり

（三乗の教えは方便であって、一仏乗があるのみ。あらゆる人が平等に仏になることができる）

い昔に菩薩道を行じて仏になった。それ以来、つねに娑婆《しゃば》世界にあって法を説き、人びとを教化してきた」というのだ。これを「久遠実成《くおんじつじょう》の本仏」という。

仏は本来永遠の存在であり、どんなところにもあらわれて人びとを救う。永遠の生命をもつ釈迦がこの世に出現したのは、人びとに仏の具体的な救いの働きをしめすためであり、入滅《にゅうめつ》という方便を用いるのは、仏がいつもそばにいると思うと、人びとは修行にはげむことを怠ってしまうからだという。

そして釈迦は、「良医治子の喩」をもってその意味を説明する。父の医師（＝仏）が旅にでて不在中に、子どもたち（＝衆生）が誤って毒薬を飲み苦しんでいた。帰宅した父は良薬（＝『法華経』）を与えて治療したが、失神して薬をうけつけない子どももがいた。父はそれを見てあわれに思い、薬を与えたままふたたび旅にでて、使いの者に父が亡くなったと告げさせた。この悲報に接し、本心を取り戻した子どもたちは薬を服用してみな病が癒《い》えた。これを聞いて父は帰宅し、子どもたちにまみえた――というのだ。

つまり、釈迦は「法をみる者は仏を見る」ということを伝えたかったのである。

五章
大乗経典

浄土三部経

阿弥陀仏の浄土思想を説く

浄土教の根本経典となった浄土三部経

阿弥陀仏《あみだぶつ》の浄土思想を説く三つの浄土経典、『無量寿経《むりょうじゅきょう》』『観無量寿経《かんむりょうじゅきょう》』『阿弥陀経《あみだきょう》』は、当初からまとまって編纂されたわけではない。「浄土三部経」という呼称が使われるようになったのは、浄土宗の開祖・法然《ほうねん》が『選択本願念仏集《せんちゃくほんがんねんぶつしゅう》』を著して以降のことである。

『無量寿経』と『阿弥陀経』は紀元一世紀ごろの成立と推測され、初期大乗経典として重要な位置を占めている。しかし、『観無量寿経』は漢訳一本と、そこからの重訳と見なされるウイグル語訳の断片があるだけで、サンスクリット語原典もチベット語訳もない。その成立にも議論があり、時代的に後代の経典と考えられている。

『無量寿経』と『阿弥陀経』は、「極楽の荘厳」という意味のサンスクリット語の原題が同じである。『無量寿経』は『大経』、または上下二巻からなるので『双巻経』ともよばれ、『阿弥陀経』は『小経』ともよばれる。『観無量寿経』は略して『観経《かんぎょう》』とよばれる。

「浄土三部経」の日本への伝来は古い。聖徳太子の作と伝えられる『維摩経義疏《ゆいまぎょう》』には『無量寿経』の文が引用されており、正倉院文書《しょうそういんもんじょ》には「三部経」がしばしば書写されたことが記述されている。

一方、三論宗《さんろん》や天台宗では浄土教が説かれていた。その流れを受けて、鎌倉時代になると法然《ほうねん》によって浄土宗が打ち立てられる。

法然は「浄土三部経」を根本経典として、念仏による浄土への往生を説いたが、浄土真宗を開いた法然の弟子・親鸞《しんらん》は、「三部経」のうち『無量寿経』を『大無量寿経』とよんでもっとも重要な経典と位置づけた。

浄土宗西山派を開いた証空《しょうくう》は『観無量寿経』を重んじて、この経を中心に念仏の教えを説いた。また、時宗を開いた一遍《いっぺん》は、『阿弥陀経』によって独自の念仏思想を説いている。

このように、浄土系の各宗派は「浄土三部経」のそれぞれに価値の軽重をおいているのだ。

『無量寿経』に説かれる阿弥陀仏の四十八願

ネパール写本を中心とするサンスクリット語本やチベット語訳の存在する『無量寿経』の漢訳は、古来十二訳あったとされる。そのうち五訳が現存し、後漢から三国時代の呉《ご》や魏《ぎ》の訳を

浄土三部経

『無量寿経』（大経）

阿弥陀仏の本願と称名念仏による往生の実践法を説く。親鸞はこれを重んじた

『観無量寿経』（観経）

王舎城の悲劇的な物語で、念仏信仰の重要性を説く

『阿弥陀経』（小経）

極楽浄土の荘厳さを描き、そこにいたるための阿弥陀信仰を説く

浄土宗の開祖･法然は『選択本願念仏集』のなかで、この三経典をもっとも重要な経典と位置づけた。以来、浄土系の宗派（浄土宗、浄土真宗、時宗）の根本経典となっている

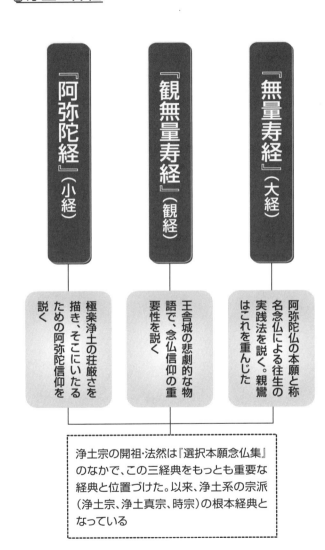

「初期無量寿経」、唐《とう》や宋《そう》時代の訳を「後期無量寿経」とよんで区別している。サンスクリット本は唐訳に近い。

中国や日本の浄土系各宗派が根本経典としているのは、三世紀ころのインド僧・康僧鎧《こうそうがい》訳とされる『無量寿経』二巻だが、訳者や訳出年代には異説もある。

では、『無量寿経』には何が説かれているのか。

はるか昔、世自在王如来《せじざいおうにょらい》の教えを聞いたある国王が、王位を捨てて出家し、法蔵《ほうぞう》と名のった。法蔵比丘《びく》は「修行して悟りを得たら、自らの仏国土を建設しよう」と決意する。

すると世自在王如来は、多数の仏国土のありさまを法蔵比丘に見せた。法蔵比丘は五劫《ごこう》という長い時間考え抜き〈五劫思惟《しゆい》〉、あらゆる衆生をそこに往生せしめ、悟りを開けるようにしようと、四十八の願いを立てた。

その「四十八願」を成就するため、法蔵比丘ははかり知れない時間にわたって修行を重ねた。そして、いまから十劫の昔、悟りを開いて阿弥陀仏という名の仏になり、極楽浄土を建立したという。

つまり、『無量寿経』によると、法蔵比丘は阿弥陀仏の本地（前身）であり、四十八願は本地の位で立てた願いなのである。

『無量寿経』

十八、世尊よ。もしも、わたくしが覚りを得た後に、他の諸所の世界にいる生ける者どもが、〈この上ない正しい覚り〉を得たいという心をおこし、わたくしの名を聞いて、きよく澄んだ心（信ずる心）を以てわたくしを念《おも》いつづけていたとしよう。ところでもしも、かれらの臨終の時節がやって来たときに、その心が散乱しないように、わたくしが修行僧たちの集いに囲まれて尊敬され、かれらの前に立つということがないようであったら、その間はわたくしは、〈この上ない正しい覚り〉を現に覚ることがありませんように。

十九、世尊よ。もしも、わたくしが覚りを得た後に、無量・無数の仏国土にいる生ける者どもが、わたくしの名を聞き、その仏国土に生まれたいという心をおこし、いろいろな善根がそのために熟するようにふり向けたとして、そのかれらが、——無間業の罪を犯した者どもと、正法《しょうぼう》（正しい教え）を誹謗《ひぼう》するという（煩悩の）障碍に蔽われている者どもとを除いて——たとえ、心をおこすことが十辺に過ぎなかったとしても、（それによって）その仏国土に生まれないようなことがあるようであったら、その間わたくしは、〈この上ない正しい覚り〉を現に覚ることがありませんように。

二十、世尊よ。もしも、わたくしが覚りを得た後に、その仏国土に生まれるであろう菩薩たちが皆、偉大な人物に具わる三十二の特徴を身に具えるようにならないのであったら、その間はわたくしは、〈この上ない正しい覚り〉を現に覚ることがありませんように。

出典：『浄土三部経』　中村元、早島鏡正、紀野一義訳注（岩波書店）

その四十八願のなかでもっとも大切な本願は、第十八番目の「念仏往生願」とされている。念仏を称えた者にはかならず往生をとげさせる。もし往生がかなわなければ、わたし（法蔵比丘）は仏とならない、というものである。

これを法然が本願念仏の教えとして注目した。さらに親鸞は第十八願こそが真実の願であり、ほかの願は方便の願と考えた。そして往生を願う心すらも阿弥陀仏から与えられており、徹底的に他力におまかせする衆生を救おう、との願であると解釈した。

浄土への思いを劇的に描く『観無量寿経』

マガダ国の都・王舎城（ラージャグリハ）の阿闍世《あじゃせ》（アジャータシャトル）王子は、釈迦に反逆をくわだてる提婆達多《だいばだった》（デーヴァダッタ）にそそのかされ、釈迦に帰依する父王・頻婆娑羅《びんばしゃら》（ビンビサーラ）を幽閉してしまう。王妃の韋提希《いだいけ》（ヴァイデーヒー）は体にバターと乾飯の粉末をまぜたものを塗り、胸飾りにぶどう酒を入れ、面会のたびにひそかに王に食べさせていた。しかしそれもやがて発覚し、阿闍世は母を殺そうとする。だが、家臣にいさめられ、幽閉にとどめることにした。

韋提希は自由を奪われてしまったが、釈迦が彼女の願いにこたえて弟子とともに姿をあらわ

阿弥陀仏の姿

「浄土三部経」で描かれている阿弥陀仏は、あらゆる人を極楽浄土へ迎え入れてくれる。はるか十億万土離れた極楽浄土で説法しており、阿弥陀仏を信仰する者はだれでも往生できるとされている

す。そして眉間から光を発して、あらゆる仏国土を照らしたのである。

韋提希が、極楽世界の阿弥陀仏のもとに生まれかわりたいと申し出ると、釈迦は極楽世界と阿弥陀仏、およびその脇侍《わきじ》である観世音《かんぜおん》菩薩と勢至《せいし》菩薩を目の当たりにする観想を勧めたという。

この観想は西のかなたに没しようとする日輪《にちりん》を見て、それに思いをこらす「日想《にっそう》」からはじまり、阿弥陀仏と観世音菩薩、勢至菩薩の様子を心に思いうかべる「雑想《ざっそう》」に終わる、十三の段階から成り立っている。

次に釈迦は、衆生の能力、資質に応じて極楽往生のありさまにも九品の区別があることを説いた。

當麻曼荼羅

『観無量寿経』で説かれる極楽浄土の様子が描かれている

すなわち、極楽に往生しようとする者は「上品上生」から「下品下生」までの九品にわけられるという。

釈迦はさらに請われるままに行を説き、最後には本心を吐露《とろ》。罪深い愚かな衆生でも「南無阿弥陀仏」の念仏によって極楽浄土への往生がかなうことを明らかにするのだ。

この『観無量寿経』に説かれる逸話《いつわ》と浄土の荘厳を視覚化した曼荼羅《まんだら》（浄土変相図）を観経曼荼羅というが、奈良盆地の南西部にある當麻《たいま》寺《でら》に残る縦横約四メートルに刺繍《ししゅう》された「當麻曼荼羅」はよく知られている。

極楽浄土の世界をあらわす『阿弥陀経』

『阿弥陀経』の漢訳は古来、三種あったといわれている。そのうち四〇二年ごろの鳩摩羅什訳と六五〇年の玄奘《げんじょう》訳の二訳が現存し、前者が圧倒的に広く用いられている。

『阿弥陀経』には阿弥陀如来が教主となる極楽世界（スカーヴァティー、幸あるところ）のありさまが、釈迦によって舎利弗（シャーリプトラ）に説く形でつぶさに描かれている。

それによると、極楽浄土はわれわれの住む世界から、西方へ百万億の仏国土をすぎたところにある。

そこにははかりしれない寿命（無量寿、アミターユス）と、はかりしれない光明《こうみょう》（無量光、アミターバ）をそなえる阿弥陀仏が住んでおり、法を説いているという。

そもそも阿弥陀とは、「はかりしれない」という意味のサンスクリット語、アミタの音訳であるともいわれ、阿弥陀仏は「無量寿仏」「無量光仏」ともよばれる。

一方、極楽世界には大きな木々がそびえ立ち、心地よい鳥のさえずりが響きわたり、見事な楼閣《ろうかく》がならび建っている。金、銀、青玉、水晶、赤真珠、瑪瑙《めのう》、琥珀《こはく》の七種の宝石からできている蓮池《はすいけ》があって、金の砂子《すなご》が敷き詰められているという。

このように、『阿弥陀経』には、極楽世界がいかに燦然《さんぜん》と輝き、美しく清浄であるかが描かれているのだ。

観音経

三十三身に身をあらわす観音の教え

●東アジア仏教圏に広がる観音信仰

『法華経』の観世音菩薩普門品《かんぜおんぼさつふもんぼん》第二十五、すなわち「普門品」とよばれる部分が『観音経《かんのんぎょう》』である。『般若心経』とともに人気のある経典の一つだ。天台宗、真言宗、臨済《りんざい》宗、曹洞《そうとう》宗、日蓮宗などでは独立した経典のように読まれており、韻文《いんぶん》形式の後半部分（偈《げ》文）が「世尊《せそん》妙相具《みょうそうぐ》」ではじまることから「世尊偈」ともよばれている。

『華厳経』でも観音が観自在菩薩の名称で記され、その浄土はインド南端の海岸にあるポータラカ（補陀落《ふだらく》）山とされているが、中国では東シナ海の舟山群島の普陀山（補陀落山）に擬されている。法王ダライ・ラマが観世音菩薩の化身と信じられているチベットでは、チベットこそが観音の浄土とされ、中枢都市ラサにあるポタラ宮の名はポータラカに由来する。

日本にも、熊野灘《くまのなだ》の那智《なち》湾から補陀落山をめざして僧が船出したという逸話で知られる補陀落山寺がある。日光《にっこう》・二荒山《ふたらさん》の補陀楽信仰もよく知られている。

三十三身

聖者の三身	①	仏身	仏
	②	辟支《びゃくし》仏身	十二縁起を悟った人
	③	声聞身	仏の声で悟った人
天界の六身	④	梵王《ぼんのう》身	バラモン教の神ブラフマン
	⑤	帝釈身	バラモン教の神シャクラ（インドラ）
	⑥	自在天身	イーシュヴァラ
	⑦	大自在天身	マヘーシュヴァラ
	⑧	天大将軍身	転輪聖王《てんりんじょうおう》（覇王のこと）
	⑨	毘沙門《びしゃもん》身	財を授ける神ヴァイシュラヴァナ
仏教外の五身	⑩	小王身	城主、国主
	⑪	長者身	裕福な社会的指導者
	⑫	居士身	在家の男性信者
	⑬	宰官《さいかん》身	役人
	⑭	婆羅門《ばらもん》身	カースト最高位の司祭
四部衆	⑮	比丘《びく》身	男性の出家修行者
	⑯	比丘尼《びくに》身	女性の出家修行者
	⑰	優婆塞《うばそく》身	在俗の男性信者
	⑱	優婆夷《うばい》身	在俗の女性信者
四婦女身	⑲	長者婦女《ちょうじゃぶにょ》身	⑪－⑭の妻
	⑳	居士婦女身	
	㉑	宰官婦女身	
	㉒	婆羅門婦女身	
幼童二身	㉓	童男身	男女の子供
	㉔	童女身	
天竜八部衆	㉕	天身	仏法を守るインド神話の神々
	㉖	竜身	恵みをもたらす竜神、仏法の聴聞者と守護者
	㉗	夜叉身	毘沙門天の眷属、仏法の守護者
	㉘	乾闥婆《けんだつば》身	天界の音楽師、仏法の守護者
	㉙	阿修羅《あしゅら》身	争いを好む悪鬼から改悛した仏法守護者
	㉚	迦楼羅《かるら》身	竜を食う伝説の大鳥、仏法の守護者
	㉛	緊那羅《きんなら》身	半人半獣の仏法守護者
	㉜	摩睺羅伽《ほごらか》身	大蛇の意をもつ神的存在で仏法守護者
	㉝	執金剛神《しゅうきんごうじん》身	金剛杵（ヴァジュラ）ももつ仏法守護者

日本の観音信仰は奈良時代から徐々に広まっていき、観世音菩薩が三十三のさまざまな姿に身を変じて法を説くとされていることから、西国《さいごく》三十三所、坂東《ばんどう》三十三所、秩父《ちちぶ》三十四所などさまざまな観音霊場が生まれた。札所巡礼はいまなおさかんである。

『法華経』の理念を実践する『観音経』

『観音経』に説かれる観世音菩薩は『法華経』の理想を体現し、その教えを実践する菩薩である。どんな御利益《ごりやく》があるのかというと、まず衆生の七難を救済してくれる。水難、火難、風難などの七つの災難は、日常の生活でいつ襲ってくるかわからない不慮の災厄だが、これらに襲われたとしても、観音の名を称えれば取り除いてもらえる。

次にむさぼり（貪《とん》）、いかり（瞋《じん》）、おろかさ（痴《ち》）という衆生の内なる「三毒《さんどく》」を取り除き、慈悲、勇猛心、智慧に転換させてくれる。さらに観世音菩薩を礼拝すると、子宝に恵まれ、望みどおりに男児と女児が授けられる。

『観音経』によると、観音の名号に礼拝することは、六十二億恒河沙《ごうがしゃ》（恒河はインドの聖なる河、ガンジス川のこと。恒河沙はガンジス川の砂の数ほどの無数無限の数の単位で、その六十二億倍）もの菩薩を供養するのと同じくらい功徳があるという。

西国三十三所巡礼

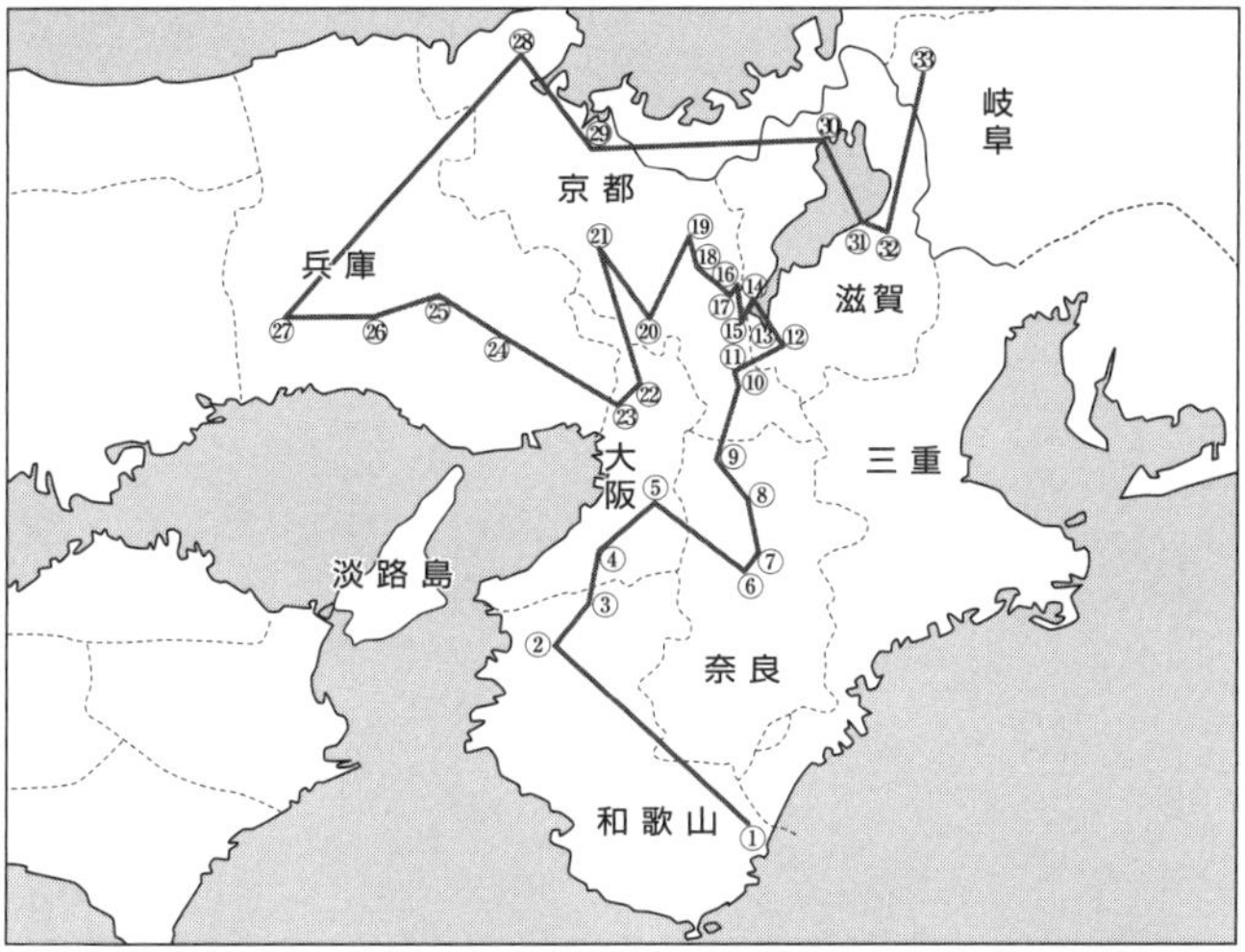

① 那智山青岸渡寺
② 紀三井金剛宝寺
③ 風猛山粉河寺
④ 槙尾山施福寺
⑤ 紫雲山葛井寺
⑥ 壷坂山南法華寺
⑦ 東光山竜蓋寺(岡寺)
⑧ 豊山長谷寺
⑨ 興福寺南円堂
⑩ 明星山三室戸寺
⑪ 深雪山醍醐寺
⑫ 岩間山正法寺
⑬ 石光山石山寺
⑭ 長等山三井寺
⑮ 新那智山観音寺
⑯ 音羽山清水寺
⑰ 補陀洛山六波羅蜜寺
⑱ 紫雲山頂法寺
⑲ 霊麀山行願寺
⑳ 西山善峰寺
㉑ 菩提山穴太寺
㉒ 補陀洛山総持寺
㉓ 応頂山勝尾寺
㉔ 紫雲山中山寺
㉕ 御嶽山清水寺
㉖ 法華山一乗寺
㉗ 書写山円教寺
㉘ 世野山成相寺
㉙ 青葉山松尾寺
㉚ 厳金山宝厳寺
㉛ 姨綺那山長命寺
㉜ 繖山観音正寺
㉝ 谷汲山華厳寺

このように観世音菩薩はたいへんありがたい菩薩だが、ではどのような手段(方便)をもって教えを説くのだろうか。

観世音菩薩は「三十三身十九説法」をもちいる。これは、三十三のさまざまな姿に身を変じて人びとに法を説くやり方で、姿を変えるにしたがって十九種類の説法の様式に変わる。観音は自在にどんな姿にもなり、自由自在に救いをもたらすのである。

維摩経

維摩と仏弟子たちの問答で開かれる悟りへの道

戯曲風に構成された問答経典

『般若経』を継承して成立したといわれる『維摩経《ゆいまぎょう》』は、般若波羅蜜多の教えや空の思想が主題として説かれている。しかし、空の思想を理論的に明らかにしようとするのではなく、文学性豊かにドラマ仕立てで描いている。そのため、古今東西で広く愛読されており、敦煌《とんこう》や雲崗《うんこう》そして法隆寺《ほうりゅうじ》などの壁画や彫刻にも、文殊菩薩と維摩居士《こじ》の対談が題材としてもちいられている。

後代の論書に断片が引用されているが、『維摩経』は二世紀前後に成立したと推定されている。サンスクリット語の原典は近年、チベットで発見された。漢訳は三種が伝えられ、チベット語訳もある。漢訳のなかでもっとも好まれているのは鳩摩羅什《くまらじゅう》の訳で、日本でも『維摩経』といえば普通この訳をさす。チベット語訳は玄奘訳とよく似ている。

この『維摩経』は日本でもっとも早く知られた仏典の一つだ。聖徳太子の著作とされる註釈

三経義疏

三経義疏《さんぎょうぎしょ》

維摩経《ゆいまぎょう》義疏

勝鬘経《しょうまんぎょう》義疏

法華《ほっけ》義疏

聖徳太子の著作とされる三種の経典の註釈書とされるが、
聖徳太子の作を否定する説もある

書「三経義疏」の一つに『維摩経義疏』がある。奈良時代以降も学僧による研究がつづき、禅者のあいだでももてはやされた。

内容は、ヴァイシャーリーに住む資産家の在家信者ヴィマラキールティ（維摩）を主人公にした戯曲風の作品になっている。

在家信者（維摩）の優位が強調され、ひたすら煩悩を取り除く修行に専念し、現世からの離脱のみを心がける出家信者（舎利弗《しゃりほつ》など）がたしなめられる場面が展開される。

在家の優位を説く維摩居士

ある場面では、ヴァイシャーリーに滞在中の釈迦が、病床にふせる維摩を見舞うために弟子たちを派遣しようとする。だが、だれもこの役を引き受けようとしない。舎利弗、目犍連《もくけんれん》といった十大弟子も、弥勒《みろく》菩薩でさえも、かつて維摩に手ひどくやり込められたことがあるからだ。

そこで智慧をつかさどる文殊菩薩がこの役を引き受け、維摩との対談がはじまる。多くの弟子や菩薩たちも、二人の問答を聞こうと同行した。

維摩は神通力《じんつうりき》で部屋を空にして客をむかえる。

維摩の住居は一丈四方の小さな部屋だったが、おおぜいの人が入っても狭く感じることはなかった。

だが、椅子がなかったため、舎利弗は何に座るべきかを心配した。すると維摩は、「教え（法）を求めにきたのか、それとも椅子を探しにきたのか」と舎利弗をたしなめ、法についての説教をはじめた。

そして神通力で仏国土から三万二千の巨大な椅子を取り寄せたという。

そして維摩と文殊菩薩は智慧と方便、菩薩のあり方、法、生命の根本、病気、不二《ふじ》などについて、さまざまなテーマの空の思想にもとづいて論じた。

二人の問答は、当初は対等に行なわれていたが、最後に維摩が沈黙によって究極の境地をみせ、在家信者の理想像をしめした。

維摩居士像

在家信者の維摩と、かれを見舞いにきた文殊菩薩が問答を展開している

『維摩経』の教え

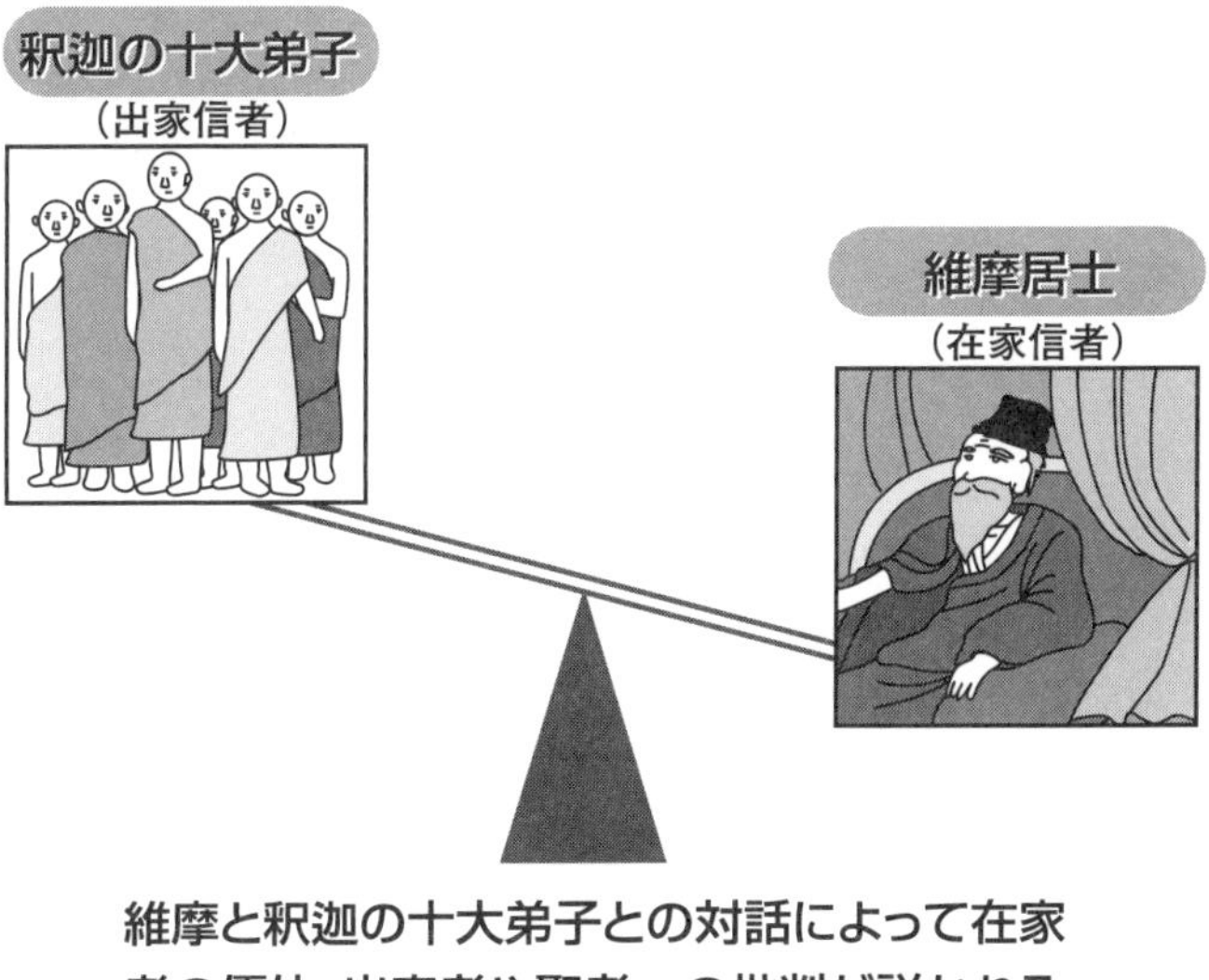

維摩と釈迦の十大弟子との対話によって在家者の優位、出家者や聖者への批判が説かれる

勝鬘経

在家の女性が主人公となり仏に説く

「勝鬘」という名の在家女性の説法を描く

ほとんどの大乗経典は仏や菩薩、あるいは仏弟子の説法を描いている。それに対して、『勝《しょう》鬘経《まんぎょう》』は『維摩経』と同様に在家信者を主人公として描いている。

しかも、この経典はほとんど勝鬘という女性の独演で、それを釈迦が賞賛するという構成になっている。そのため、正式には『勝鬘獅子吼《ししく》一乗《いちじょう》大方便《だいほうべん》方広《ほうこう》経』(勝鬘夫人が獅子の吼《ほ》えるように偉大な教えを説いた経典)、という。ちなみに「釈迦に説法」とか「獅子吼」ということばは、この経典に由来する。

サンスクリット語の原典は断片的に存在するだけで、二種の漢訳とチベット語訳がある。中国や日本で広く親しまれ、聖徳太子の作と伝えられる「三経義疏」の一つ『勝鬘経義疏』など註釈書も多い。思想的には『法華経』を受けた一乗思想を高揚させ、如来蔵《にょらいぞう》思想を説いた経典である。

法隆寺三経院

聖徳太子が『勝鬘経』『維摩経』『法華経』の三つを注釈したことにちなんで建てられたとされている

すべての衆生（すべての生きもの）が生まれながらにして如来（仏）になる可能性をもっていることを如来蔵という。如来蔵思想の根底にあるものは、衆生の現実の姿は煩悩にまとわれて不完全に思われるが、その本質は清浄無垢で如来の本性をそなえている、という考えである。

すべての者は仏になる可能性を宿す

コーサラ国の波斯匿《はしのく》（プラセーナジット）王と末利（マーリカー）王妃の娘である勝鬘（シュリーマーラー）は、アヨーディヤー国の友称（ヤショーミトラ）王のもとに嫁《とつ》いだ。そして実家の両親の勧めで仏の教えに帰依し、「戒を守る」「目上の人を尊敬する」「怒りの心を起こさない」など十か条からなる誓い〈十大受〉を立てる。

さらに、勝鬘夫人は正法《しょうぼう》を理解し、理解した正法を説き、正法を護持するためには自分の身をかえりみない、という三大願を立てる。それを聞いた仏は、菩薩の求める願いも、すべてこの三大願におさめられている、と語る。

十から三、三から一へと次第に焦点はしぼられ、あらゆる願は真実の教えを受け入れ、摂《しょう》受《じゅ》正法という一大願にふくまれる、と勝鬘夫人は説き、摂受正法は菩薩が行なう六波羅蜜の実践行にほかならないとして、その内容が具体的に説かれる。

この一大願の教説が、如来蔵の思想とともに、『勝鬘経』の中心テーマになっている。

事実の教えを身につけることの意義〈摂受正法〉を説き、真実の教えとは大乗の教えであり、大乗のみが唯一の真理であり、それを具現する如来こそがすべてのものの帰依処である。さらに大乗の教えを究め仏智を悟るのは、めいめいにそなわった如来蔵のはたらきであり、如来蔵を信じることが、大乗への発願発起の因子であると説いている。

多くの大乗仏典では、女性のままでは浄土に往生できないとか、男性に変化してはじめて成仏できるなど、当時の女性蔑視の社会を反映した女性差別の文言も見られる。だが、『勝鬘経』にはそれがまったく見られない。

勝鬘天人（シュリーマーラー）の誓願

十大受

①戒律を守る
②目上の人を敬う
③怒りや憎しみの心をもたない
④他人を羨まない
⑤物惜しみしない
⑥財物はすべて弱い者を救うために用いる
⑦他人の幸福のために真心を尽くす
⑧苦しみにあえぐ者を見れば必ず救う
⑨戒律に背く者を見過ごさない
⑩正法（真実の教え）を身につけて忘れない

↓

三大願

①正法を理解する
②理解した正法をすべての人びとに説く
③正法を護持するためには身命を惜しまない

※摂受正法＝一大願

正法を理解し身につける

※「摂受」とは、相手を認めてやさしく説得する方法のこと

大日経・金剛頂経

密教の真髄を説く真言宗の根本経典

限りない慈悲の世界を見つめる

『大日経《だいにちきょう》』は真言宗の根本経典である。正式名を『大毘盧遮那成仏神変加持経《だいびるしゃなじょうぶつじんぺんかじきょう》』といい、唐代にインドから来朝した善無畏《ぜんむい》によって漢訳された。

第一章の「入真言門住心品《にゅうしんごんもんじゅうしんぼん》」で教えが説かれ、第二章の「入曼荼羅具縁品《にゅうまんだらぐえんぼん》」以下では、胎《たい》蔵《ぞう》曼荼羅の構成と仏の世界に入っていくための修行の方法が説かれている。

まず「住心品」では、主人公の大毘盧遮那如来（大日如来）が金剛薩埵《こんごうさった》などの菩薩たちに自らの悟りを説いていく。『華厳経』の毘盧遮那仏は静的な絶対者で、自ら説法することはない。一方、『大日経』の大毘盧遮那如来は動的な絶対者で、自在に活動し説法する。

この最高の仏の境地を体得する原因となるのは、悟りを求める心であり〈菩提心《ぼだいしん》を因となし〉、原因として撒かれた菩提心という種子は自利利他円満の大悲の菩薩行を根として発達する〈大悲を根となし〉。そして衆生を救う手段となる活動が仏の智慧である〈方便を究竟《くきょう》となす〉。

三句の法門

㊀

菩《ぼ》提《だい》心《しん》を因となし、

↓

悟りを求める心（菩提心）
をもつことが原因となる

㊁

大《だい》悲《ひ》を根となし、

↓

菩提心は仏の豊かな慈悲
の心を根源として育つ

㊂

方便を究《く》竟《きょう》となす

↓

悟りの究極の目的は、救う
べき衆生が尽きるまで他
者に尽くすことである

つまり、「住心品」の中心テーマは現実の世界そのものを大日如来の活動と受け止め、そこに生きる自己をありのままに知ることなのである〈如実知自心〉。

究極の悟りの世界を如実に説く『金剛頂経』

『大日経』よりやや遅れてつくられた『金剛頂経《こんごうちょうきょう》』は、八世紀に不空《ふくう》によって漢訳された。釈迦が菩提樹の下で成仏したことを密教的に解釈し、釈迦と同じように、この身このままで仏になることを中心テーマとする。修行者が自分の仏性を悟って仏になりきる修行法としては、「五相成身観《ごそうじょうじんかん》」という観法《かんほう》（瞑想法《めいそうほう》）が説かれている。

その第一は、月輪《がちりん》に象徴される自己の心は本来、煩悩の雲にさえぎられ見えないが、清いものであると観想する〈通達菩提心《つうだつぼだいしん》〉。第二は、少しずつ雲が晴れて心のなかに月輪が見えてくる〈修《しゅう》菩提心〉。第三は、金剛堅固な仏の智慧を確立する〈成金剛心《じょうこんごうしん》〉。

仏の智慧とは、すべてをありのままに知る智慧〈大円鏡智《だいえんきょうち》〉、自己と他者が一体となっていることを知る智慧〈平等性智《びょうどうしょうち》〉、救うべきあらゆる衆生の苦しみや希望などを正確に知る智慧〈妙観察智《みょうかんざっち》〉、具体的に衆生を救うはたらきをする智慧〈成所作智《じょうそさち》〉のこと。これら四つの智慧の根拠となる智慧を〈法界体性智《ほっかいたいしょうち》〉という。

五相成身観

① 通達菩提心《つうだつぼだいしん》	煩悩の雲にさえぎられて見えない月輪（自己の心）を清いものだと観想する
② 修菩提心《しゅうぼだいしん》	心の観想をより深めて煩悩の雲を取り払うと、うっすらと月輪が見えてくる
③ 成金剛心《じょうこんごうしん》	煩悩の雲が晴れた月輪のなかで、金剛石のように強固な智慧を確立する
④ 証金剛心《しょうこんごうしん》	あらゆる智慧を備えた仏と自己の心身が同体であることを観想する
⑤ 仏身円満《ぶっしんえんまん》	仏と自己との一体観をより確固たるものにして即身成仏の境地を体得する

五相成身観の第四は、以上の五つの智慧を備える仏と自己は同体であることを観想する〈証《しょう》金剛心〉。

そして第五は、自らが仏であることを確固たるものにして釈迦と同じようにこの身のままに成仏する〈仏身円満《ぶっしんえんまん》〉。

「金剛」とは稲妻を意味し、その破壊力があらゆる煩悩を打ち砕く智慧に喩《たと》えられる。また、その輝きに比してダイヤモンドも「金剛」といわれる。

ダイヤモンドは堅固であるから、仏の智慧が壊れない永遠なものであることを喩える。それゆえ、「金剛」はすべての煩悩を破壊し、堅固な仏の智慧のことであり、金剛杵《しょ》がそれを象徴する仏具となる。

理趣経

煩悩を悟りに変え大楽にいたる

真言宗の寺院で常に読誦される重要経典

『理趣経《りしゅきょう》』（般若理趣経）は七～八世紀ごろインドで成立したと考えられている。いくつかの漢訳があるが、日本では不空《ふくう》訳の『大楽金剛不空真実三摩耶経般若波羅蜜多理趣品《たいらくこんごうふくうしんじつさんまやきょうはんにゃはらみったりしゅぼん》』一巻がもちいられている。

「理趣」はサンスクリット語で「ナヤ」といい、連れて行くもの、導くものという意味をもつ。つまり正しいことへの道筋、悟りの境地へ達する道をしめす教えのことである。

密教経典のなかでも『大日経』『金剛頂経』とならぶ重要な経典で、読誦《どくじゅ》することによって神秘的な釈迦の救いのはたらきがあらわれでるとする『般若経』の一つである。そのため、真言宗の寺院では常日頃から読誦されている。

また『理趣経』の註釈書『理趣釈経《りしゅしゃくきょう》』の貸借問題が、空海《くうかい》と最澄《さいちょう》が袂《たもと》をわかつ一因となったことでも知られている。

高野山金剛峯寺

真言宗の総本山。『大日経』や『金剛頂経』が学ばれ、『理趣経』などが読誦されている

日常の汚れのなかに見出す清らかな悟り

『理趣経』は大日如来が八十億尊の菩薩たちに対して、正しい真理、道理である大欲を説くというかたちで書かれている。

その教えは十七段にわかれており、総論ともいうべき初段では、金剛薩埵《さった》の悟りの内容である「大楽《たいらく》の法門」をしめしている。どんな欲望も本来は浄《きよ》いものであり、真理を見、般若の智慧で道理を見れば、大きな欲が尊いことを知ると説く。

その具体例として「十七《じゅうしち》清浄《しょうじょう》句《く》」があげられている。

「十七清浄句」とは、十七段階にわたる男女の性的な欲望を含む人間の感性的な喜びのことである。

一見、性愛を全面的に肯定しているようにもとれるが、人間の根源的な欲望である性欲を喩えとして成仏への道をしめしているだけで、男女の性愛を奨励しているものではない。煩悩を否定せずに、ありのままの姿で即身成仏できるというのが真意である。

四人の女性菩薩（慾《よく》金剛、触《そく》金剛、愛《あい》金剛、慢《まん》金剛）が修行者の理想である金剛薩埵と同じ蓮台《れんだい》に坐し、同一の月輪のなかに坐し、究極の「大楽」の世界が展開する。

ここには『理趣経』の所説の最極秘奥の教えがしめされ、深秘の法門と名づけられている。対象に触れ、愛し、自分のものにしたくなる、欲、触、愛、慢という経路を経て、欲望はどこまでも進展していく。

しかし、その小欲が「大欲」に変わるとき、衆生への無限な救済の欲望となり、悟りに達することができる。金剛薩埵の大楽三昧《ざんまい》の世界を明らかにした教えだ。

一般的な仏教経典は欲をもつことを否定し、捨て去らねばならないと説く。それに対して、『理趣経』では欲望の心理を肯定する。そうした思想の芽生えは大乗仏教に見られるが、密教の思想が進展するにつれて、さらに強調されることとなった。ただし、その欲は絶対的なもの（大欲）である必要がある。修行によって自利の欲（小欲）を大欲に変え、大楽（絶対的な楽しみ）の世界を見出すことが密教の修行に求められるのである。

十七清浄句の説く清らかな欲望

一	妙適《みょうてき》	男女の性的合体の喜び
二	欲箭《よくせん》	男女合体への欲望が矢のように速くおこること
三	触《そく》	男女が触れ合うこと
四	愛縛《あいはく》	男女が抱き合い、お互いに離れたくなくなること
五	一切自在主《いっさいじざいしゅ》	性的合体により、全能感にひたること
六	見《けん》	欲望により見たいと思うこと
七	適悦《てきえつ》	男女が一つになって、悦びを感じ合うこと
八	愛《あい》	抱擁しお互い離れたくなくなり、愛が生まれること
九	慢《まん》	全能感から得る性的な満足感
十	荘厳《しょうごん》	飾り立てて喜ぶこと
十一	意滋沢《いしたく》	感じるまま、心豊かに喜ぶこと
十二	光明《こうみょう》	満ち足りて心が恍惚と輝くこと
十三	身楽《しんらく》	身体が楽になること
十四	色《しき》	ものを見ること
十五	声《しょう》	音声を聞くこと
十六	香《こう》	香を嗅ぐこと
十七	味《み》	味わうこと

↓

すべては清浄で、菩薩の境地である

阿含経

釈迦が直説した聖なる伝承

古来より伝承されてきた経典群

阿含《あごん》とはサンスクリット語やパーリ語のアーガマの音写で、「伝え来たったもの」すなわち「伝承された教説、またはその集成聖典」を意味する。

無数の経典群の集成からなるアーガマ文献は、形態上から大きく二種に分類される。すなわちスリランカやミャンマー、タイなどに伝わったパーリ語による上座部仏教所伝の経蔵である『ニカーヤ』と、中国などに伝わって漢訳された『阿含経』である。

現存するアーガマ文献は、パーリ語仏典の『ニカーヤ』（集まりを意味する）では五部、漢訳『阿含経』では四阿含に分類される。しかし、内容が共通する部分の原形は、部派分裂以前に成立したと推定されるため、釈迦自身の教えや初期仏教を知るうえでの重要史料とされている。

ヨーロッパでは十九世紀前半から『ニカーヤ』の研究が進められ、日本では明治時代以降に

原始経典

十二分教（①〜⑫）
九分教（①〜⑨）

①スッタ（経）	説法を数行の散文にまとめたもの
②ゲイヤ（重頌《しゅうじゅ》）	スッタと同じ内容のものに韻文をつけて説くもの
③ヴェイヤーカラナ（授記）	仏が仏弟子に成仏の記を授ける
④ガーター（韻文・諷頌《ふうじゅ》・偈《げ》）	スッタから独立して、別の内容を説く韻文
⑤ウダーナ（自説）	釈迦が折々に感懐を吐露した無問自説
⑥イティヴッタカ（本事）	仏弟子の過去世の因縁を説く。ゲイヤを発展させ、唱えやすくしたもの
⑦ジャータカ（本生）	釈迦の前世物語
⑧ヴェーダッラ（方広《ほうこう》）	方正広大な真理を説くもの
⑨アップブタダンマ（未曾有）	釈迦の奇跡を記すもの
⑩ニダーナ（因縁）	諸々の因縁を説いたもの
⑪アヴァダーナ（譬喩《ひゆ》）	具体的な譬《たと》えをもって法の真理を説くもの
⑫ウパデーシャ（論議）	スッタに関する研究

独自の研究がはじまった。

『ニカーヤ』の一部から四部までの長部、中部、相応部、増支部の各経典は、漢訳『阿含経』のそれぞれ長、中、雑、増一の各『阿含経』に相当する。

だが、『ニカーヤ』の五部の『小部経典』（クッダカ・ニカーヤ）に相当する部分は漢訳『阿含経』にはふくまれていない。

『小部経典』には、釈迦の教えを詩のかたちにした『ダンマ・パダ』（法句経《ほっくきょう》）や『スッタ・ニパータ』（経集《きょうしゅう》）がある。

釈迦の直弟子たちの告白『テーラ・ガーター』（長老偈《ちょうろうげ》）、『テーリー・ガーター』（長老尼《に》偈）、釈迦の前世物語『ジャータカ』（本生譚《ほんじょうたん》）などがふくまれている。

現実に即した釈迦の教え

アーガマ文献の内容は、過去世や来世をふくむ三世にわたっての釈迦の生涯と、その教え〈教理・説法〉からなる。

釈迦は八十歳で入寂《にゅうじゃく》するまで説法の旅をつづけ無数の説法を行なった。そのうち、弟子たちに伝えられ、記されたものがアーガマ文献に残されている。

『阿含経』のなかにも、入滅を中心に描く『涅槃経《ねはんぎょう》』をはじめとしたさまざまな経典がある。釈迦の伝記（仏伝）はその話の経過で、釈迦の前世だけでなく、滅後について触れているものもある。これら死後の釈迦についての省察が、真実（法）を身体として具現化した仏（法身《ほっしん》仏《ぶっ》）の思想を生んでいくことになる。

釈迦はいろいろな場面で、さまざまな人びとにむかって説法をした。これがおおぜいの弟子たちによって受けとめられ、伝えられるうちに、その解釈をめぐってさまざまな部派が生まれ、さらには大乗仏教も展開していった。

法（ダルマ）を説いて人びとの苦しみを癒した釈迦は、「医王《いおう》」すなわち医者の王にたとえられる。医者が患者の病状に応じて薬を与えるように、釈迦は相手の能力や素質に応じて法を説いた。これを「応病与薬《おうびょうよやく》」、あるいは「対機説法《たいき》」という。

『阿含経』

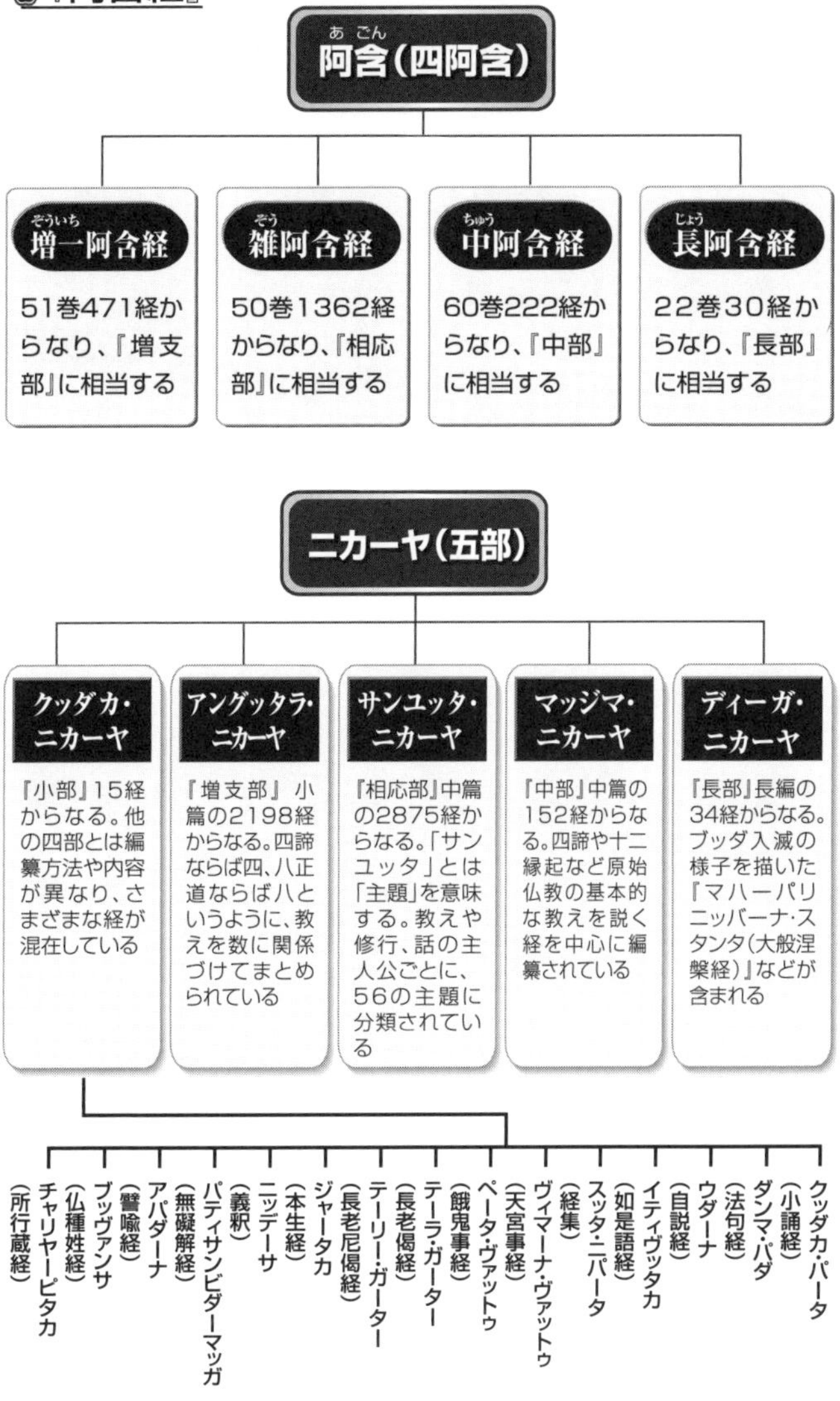

阿含《あごん》(四阿含)
増一《ぞういち》阿含経
51巻471経からなり、『増支部』に相当する
雑《ぞう》阿含経
50巻1362経からなり、『相応部』に相当する
中《ちゅう》阿含経
60巻222経からなり、『中部』に相当する
長《じょう》阿含経
22巻30経からなり、『長部』に相当する
ニカーヤ(五部)
クッダカ・ニカーヤ
『小部』15経からなる。他の四部とは編纂方法や内容が異なり、さまざまな経が混在している
アングッタラ・ニカーヤ
『増支部』小篇の2198経からなる。四諦ならば四、八正道ならば八というように、教えを数に関係づけてまとめられている
サンユッタ・ニカーヤ
『相応部』中篇の2875経からなる。「サンユッタ」とは「主題」を意味する。教えや修行、話の主人公ごとに、56の主題に分類されている
マッジマ・ニカーヤ
『中部』中篇の152経からなる。四諦や十二縁起など原始仏教の基本的な教えを説く経を中心に編纂されている
ディーガ・ニカーヤ
『長部』長編の34経からなる。ブッダ入滅の様子を描いた『マハーパリニッバーナ・スタンタ(大般涅槃経)』などが含まれる
クッダカ・パータ(小誦経)
ダンマ・パダ(法句経)
ウダーナ(自説経)
イティヴッタカ(如是語経)
スッタ・ニパータ(経集)
ヴィマーナ・ヴァットゥ(天宮事経)
ペータ・ヴァットゥ(餓鬼事経)
テーラ・ガーター(長老偈経)
テーリー・ガーター(長老尼偈経)
ジャータカ(本生経)
ニッデーサ(義釈)
パティサンビダーマッガ(無礙解経)
アパダーナ(譬喩経)
ブッヴァンサ(仏種姓経)
チャリヤーピタカ(所行蔵経)

経集・法句経

もっとも古い形式を伝える短経集

詩句形式でつづられる釈迦の言葉『経集』

『スッタ・ニパータ』（経集《きょうしゅう》）はパーリ語の『小部経典』（クッダカ・ニカーヤ）の第五番目に収められている。全体は五章からなり、七二経と一一四九の詩句で構成され、その内容は部分的に散文の説明文をふくむ、長短の詩句を集めた詩集形式になっている。

スッタは「経」、ニパータは「集成」という意味で、スッタとは本来、教えを簡潔な詩句にまとめたものをいう。パーリ語で書かれた数多くの原始仏教聖典のなかで最古のものに属し、歴史上の人物としての釈迦の教えにもっとも近いものの一つとして、最初期の仏教思想や、仏教教団の状況を伝える貴重な経典となっている。

『スッタ・ニパータ』には、修行者の簡素な生活が描かれ、後世の仏典に見られる煩瑣《はんさ》な教理もほとんどない。欲望をおさえ真実を見すえる修行者として生きる道が、釈迦との対話のなかで具体的に語られている。

『経集』の構成

- **第一章** 蛇品（蛇の章）
- **第二章** 小品（小さな章）
- **第三章** 大品（大いなる章）
- **第四章** 義品（八つの詩句の章）
- **第五章** 彼岸道品（彼岸にいたる道の章）

72経、1149の詩句が集められている

『経集』に収められた詩句

（一）　蛇の毒が（身体のすみずみに）ひろがるのを薬で制するように、怒りが起ったのを制する修行者（比丘《びく》）は、この世とかの世とをともに捨て去る。――蛇が脱皮して旧い皮を捨て去るようなものである

（第一章一、蛇）

（二一〇）　あらゆる執着《しゅうじゃく》の場所を知りおわって、そのいずれをも欲することなく、貪《むさぼ》りを離れ、欲のない聖者は、作為《さくい》によって求めることがない。かれは彼岸《ひがん》に達しているからである

（第一章一二、聖者）

（九三一）　虚言をなすことなかれ。知りながら詐りをしないようにせよ。また生活に関しても、知識に関しても、戒律や道徳に関しても、自分が他人よりもすぐれていると思ってはならない

（第四章一四、迅速）

出典:『ブッタのことば―スッタニパータ』中村元訳（岩波書店）

●世界中で親しまれる釈迦語録『法句経』

『スッタ・ニパータ』同様、『ダンマ・パダ』（法句経《ほっくぎょう》）も成立が古い。パーリ語の『小部経典』（クッダカ・ニカーヤ）の第二番目に位置しており、スリランカやミャンマーなどの上座部仏教圏では大変尊重されている。

漢訳の『法句経』と『法句譬喩経《ほっくひゆきょう》』がほぼこれに相当し、ほかにもかなりの部分が重なる漢訳仏典がある。ガンダーラ語やパーリ語に近い混交サンスクリット語によるものも発見されている。

パーリ語のダンマはサンスクリット語では「ダルマ」、漢訳では「法」となり、ここでは真理を意味している。パダはことばという意味で、「句」と訳される。それゆえ「ダンマ・パダ」は「法句経」あるいは「真理のことば」と訳されるのだ。

二十六章、四二三の短い詩句からなり、初期仏教教団で伝持されたものが紀元前三～四世紀ごろ編集されたものと考えられている。内容は体系的ではないが、合理的な初期仏教の人間観、実践観が簡潔に表明されている。釈迦自身の説いたものに近い縁起《えんぎ》、四法印《しほういん》（諸行無常《しょぎょうむじょう》、諸《しょ》法無我《ほうむが》、一切皆苦《いっさいかいく》、涅槃寂静《ねはんじゃくじょう》）、三宝帰依《さんぽうきえ》、四諦《したい》、八正道《はっしょうどう》など、仏教の基本原理となる教えが平易なことばで説かれている。

『法句経』の構成

第一章	ひと組ずつ	第十章	暴力	第十九章	直を実践する人
第二章	はげみ	第十一章	老いること	第二十章	道
第三章	心	第十二章	自己	第二一章	さまざまなこと
第四章	花にちなんで	第十三章	世の中	第二二章	地獄
第五章	愚かな人	第十四章	釈迦	第二三章	象
第六章	賢い人	第十五章	楽しみ	第二四章	愛執
第七章	真人	第十六章	愛するもの	第二五章	修行僧
第八章	千という数にちなんで	第十七章	怒り	第二六章	バラモン
第九章	悪	第十八章	汚れ		

423の短い詩句が集められている

『法句経』に収められた語句

（二）ものごとは心にもとづき、心を主とし、心によってつくり出される。もしも清らかな心で話したり行なったりするならば、福楽はその人につき従う。——影がそのからだから離れないように　（第一章）

（一五二）学ぶことの少ない人は、牛のように老いる。かれの肉は増《ふ》えるが、かれの知慧は増えない　（第一一章）

（二五二）他人の過失は見やすいけれども、自己の過失は見がたい。ひとは他人の過失を籾殻のように吹き散らす。しかし自分の過失は、隠してしまう。——狡猾な賭博師が不利な骰《さい》の目をかくしてしまうように　（第一八章）

（三四二）愛欲に駆り立てられた人々は、わなにかかった兎のように、ばたばたする。束縛の絆《きずな》にしばられ執着になずみ、永いあいだくりかえし苦悩を受ける　（第二四章）

出典:『ブッダの真理のことば・感興のことば』中村元訳（岩波書店）

長老偈・長老尼偈

悟りを求めて出家した直弟子たちの告白

仏弟子と尼僧の告白

パーリ語の『小部経典』（クッダカ・ニカーヤ）の第八および第九の経典は、『テーラ・ガーター』（長老偈《ちょうろうげ》）と『テーリー・ガーター』（長老尼偈《ちょうろうにげ》）である。テーラは長老、テーリーはその女性形で長老尼を意味し、ガーターは詩句を意味する（日本語訳には、それぞれ『仏弟子の告白』『尼僧の告白』中村元訳・岩波書店などがある）。

どちらもパーリ語でのみ伝えられており、全体としての漢訳、チベット語訳などは存在しない。現在の形に集成、編纂《へんさん》されたのは紀元前三世紀のアショーカ王の時代以降と推定されている。

『テーラ・ガーター』は序としての詩句が三つ、本文は二十一章にわかれる。一二七九の詩のあとに、二六四人の男性修行僧の名がしるされている。

これらの詩は修行僧たちが自分で詠じたもの、詠じたと伝えられているもののほかに、市井《しせい》

『長老偈』と『長老尼偈』

長老偈《ちょうろうげ》		長老尼偈《ちょうろうにげ》
テーラ・ガーター	パーリ語名	テーリー・ガーター
21章1279詩句+3序詩句	構成	16章522詩句
264人の修行僧	詠み人	92人の尼僧
釈迦の在世に修行した弟子たちの心境が美文調でつづられている	内容	出家した女性の喜びや苦悩がみずみずしく表現されている

の人びとが修行僧について詠じたものがある。

その姉妹編ともいうべき『テーリー・ガーター』は序をふくめて十六章にわかれ、五二二の詩のあとに、九十二人の尼僧の名がそれぞれしるされている。

悟りを求める弟子たちの言葉

『テーラ・ガーター』には、釈迦の直弟子の長老たちが数多く登場する。

仏弟子の双璧と讃えられた智慧第一の舎利弗《しゃりほつ》（シャーリプトラ）と神通《じんつう》第一の目犍連《もくけんれん》（マウドガリヤーヤナ）をはじめ、釈迦のいとこで二十五年間侍者としてつかえた多聞《たもん》第一の阿難《あなん》（アーナンダ）、釈迦のただ一人の息子で密行《みつぎょう》第一の羅睺羅《らごら》（ラーフラ）など、十大弟子と讃えられた長老たちがその名をつらねている。

バーラーナシー郊外の「初転法輪《しょてんぽうりん》」の地・鹿野苑《ろくやおん》で釈迦がはじめて教えを説いた五人の比丘《びく》たちのなかで、最初に悟りを開いたアンニャコンダンニャ、殺人鬼として恐れられ、のちに釈迦に帰依したアングリマーラ、生まれつき愚鈍で、たった一説の詩を四か月かかっても覚えられなかったというチューラパンダカなどのほか、その名の知られていない者なども数多くふくまれている。

『テーリー・ガーター』には、多くの尼僧たちの詩が収められている。

釈迦の実母・摩耶夫人《まやぶにん》（マーヤー）の妹で、釈迦の養母になり、のちに最初の比丘尼《びくに》（女性出家修行者）になったマハープラジャーパティー・ゴータミー尼、ヴェーサーリーの名高い遊女で、その所有のマンゴー園を教団に寄進し、のちに出家したアンバパーリー尼、死んだわが子を抱いて子どもを生き返らせる薬を求めて舎衛城《しゃえいじょう》（シラーヴァスティー）の町をさまよい歩き、ブッダに諭《さと》されて正気に立ち戻ることができたと伝わるキサー・ゴータミー尼などである。

世俗生活で満たされなかった女性たちが釈迦の教えに接して真実に目覚めた喜びを告白する多くの詩に、当時のインド女性の生活の一面を垣間見ることができる。

ウッパラヴァンナー尼の告白

わたしたち、母と娘の両人は、同一の夫を共にしていました。そのわたしに、未だかつてない、身の毛もよだつ、ぞっとする思いがおこりました。——

厭わしいかな！　愛欲は不浄で、悪臭を放ち、苦難が多い。——われら母と娘とが同じ夫を共にするとは！

もろもろの欲望には患いのあることを見て、また世を捨てて出離することがしっかりとした安穏であると見て、わたしは王舎城において出家して、家に在る生活から出て、家無き生活に入りました。——

わたしは神通力を現に体現し、わたしは煩悩の消滅に達しました。わたしは六つの神通を現に体得しました。ブッダの教えがなしとげられました。

出典:『尼僧の告白ーテーリーガーター』中村元訳（岩波書店）

出家前の悔悟と、悟りにいたったことへの歓喜が赤裸々に表現されている

本生譚

無数の過去を生きた釈迦の前世譚

輪廻転生にもとづいた前世物語

『小部経典』（クッダカ・ニカーヤ）のなかに二十二編、五四七話が収められている『ジャータカ』（本生譚《ほんじょうたん》）は釈迦の前世物語である。輪廻転生《りんねてんしょう》や因果応報《いんがおうほう》の思想、現世で悟りを開いて釈迦になったのは無数の過去世であらゆる善行と功徳《くどく》を積んできたからだ、という考えから生まれた。

その原形は紀元前三世紀ごろにつくられたと推定される。冒頭には釈迦誕生の経緯から祇園《ぎおん》精舎《しょうじゃ》の寄進を受けるまでの、いわゆる「仏伝」がつけられていて、研究者にとっての貴重な史料になっている。

『ジャータカ』では、釈迦の前世を悟りを求めて利他行を重ねる修行者（菩薩）ととらえ、「布施《ふせ》」「忍辱《にんにく》」がとくに賞賛されている。つまり、自己犠牲の物語が多いのだ。

そもそも『ジャータカ』はインド各地の昔話や寓話《ぐうわ》にもとづいており、ヒンドゥー教やジャ

『本生譚』の影響が見られる書物や仏跡

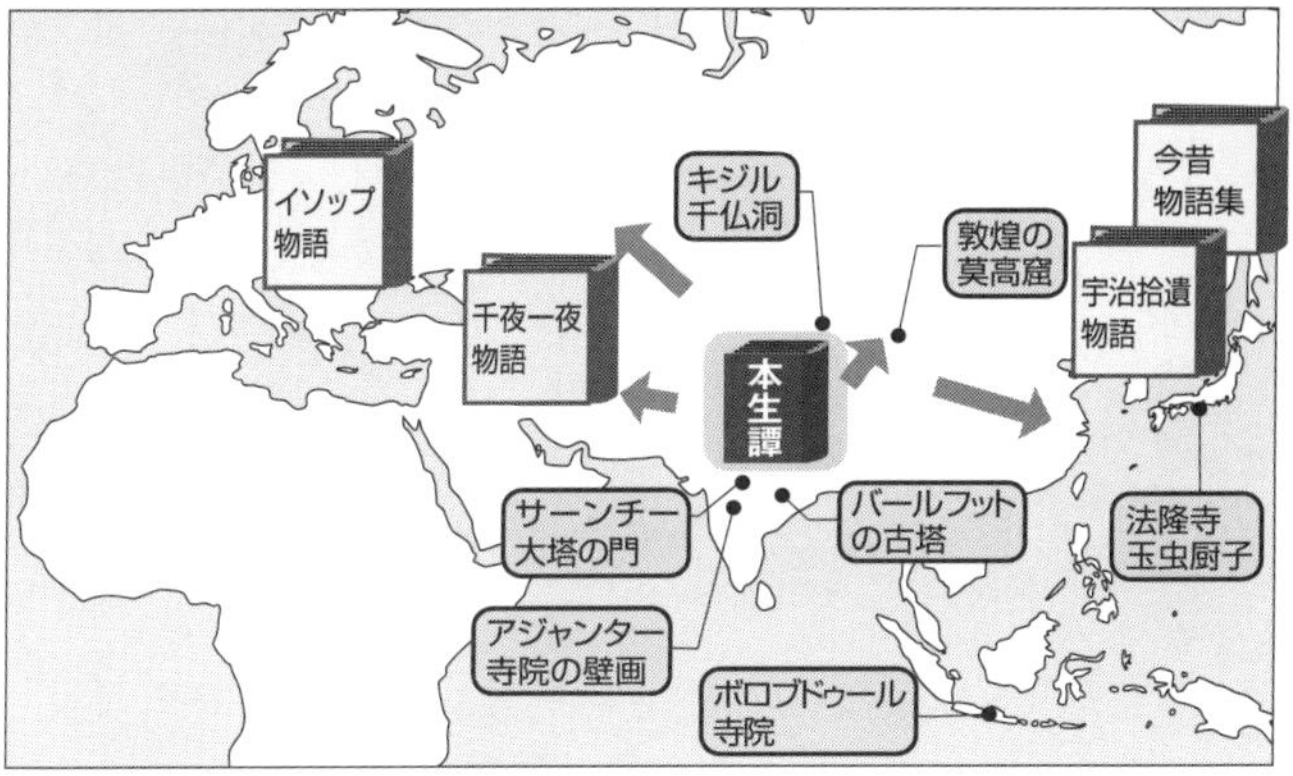

輪廻転生の観念

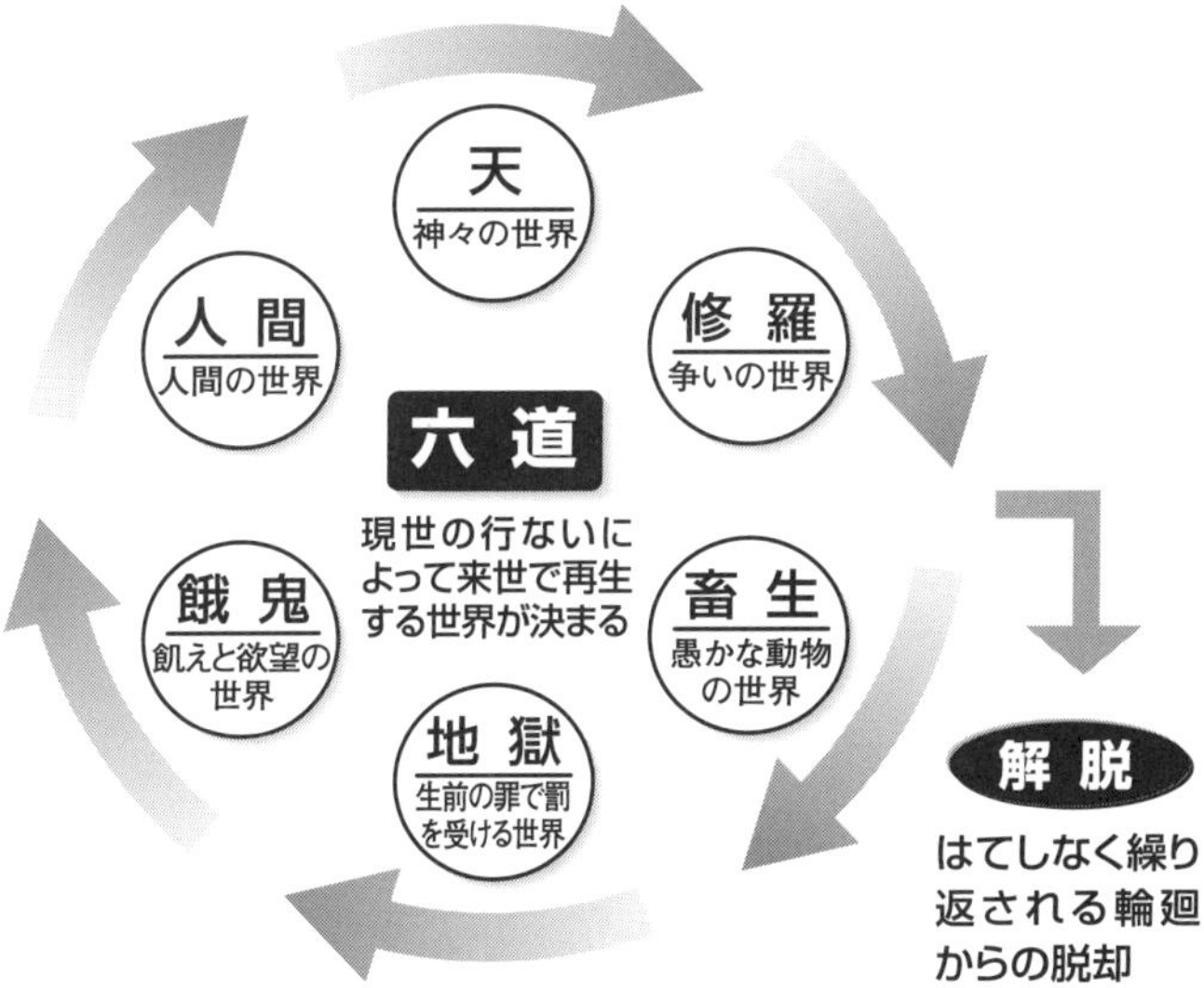

イナ教にも共通の説話が見られる。これらの民話はのちにアラビア語やシリア語に訳され西方に伝播《でんぱ》し、『千夜一夜物語』や『イソップ物語』『グリム童話』、ラ・フォンテーヌの『寓話《ぐうわ》』などにも影響を与えたとされている。

日本でも漢訳文献をつうじて『今昔物語集《こんじゃくものがたりしゅう》』などに収められているほか、謡曲「一角仙人」や歌舞伎十八番の「鳴神《なるかみ》」などの題材にもなっている。

さらに彫刻や絵画などでも表現され、紀元前二世紀ごろの中部インド・バールフット古塔の玉垣《たまがき》のレリーフをはじめ、サーンチー大塔の門、アジャンター寺院壁画、敦煌莫高窟《とんこうばっこうくつ》、中部ジャワのボロブドゥール寺院など数が多い。

菩薩としての釈迦の修行録

ヒマラヤで修行していた雪山童子《せっせんどうじ》の前に、帝釈天《たいしゃくてん》が人を喰う羅刹《らせつ》に変じてあらわれ、「無《む》常偈《じょうげ》」の前半を説いた。童子はその後半を聞くために身体を羅刹に与えた――。「施身聞偈《せしんもんげ》」とよばれるこの話は、薩多太子《さったたいし》が飢えた虎の母子に血肉を与えた話（「捨身飼虎《しゃしんしこ》」）とともに、法隆寺《ほうりゅうじ》の玉虫厨子《たまむしのずし》に描かれている。

川獺《かわうそ》と犬と猿と兎が僧侶たちに供養《くよう》について相談し、川獺は砂のなかの魚を、犬は番小屋の肉を、猿は森のマンゴーの実を供養した。供養するもののない兎は火中に身を投じてみずからの肉を供養した――。

兎が月に住むというお伽話《とぎばなし》は、この物語と関連している。

シビ王の物語もよく知られている。菩薩行の誓いを立てたシビ王をためすために、帝釈天は鷹《たか》になって鳩を追いかける。鳩はシビ王の懐《ふところ》に逃げこむが、鷹は自分の獲物だから返してくれといいはる。王は、菩薩行の誓いを立てているので、鳩を渡すわけにはいかず、鳩のかわりに自分の身体の肉を切って鷹に与える。鷹に変身していた帝釈天は王の誓願が真実であることを見届けて昇天。王の傷ついた身体はたちまち元どおりになったという。

捨身飼虎図

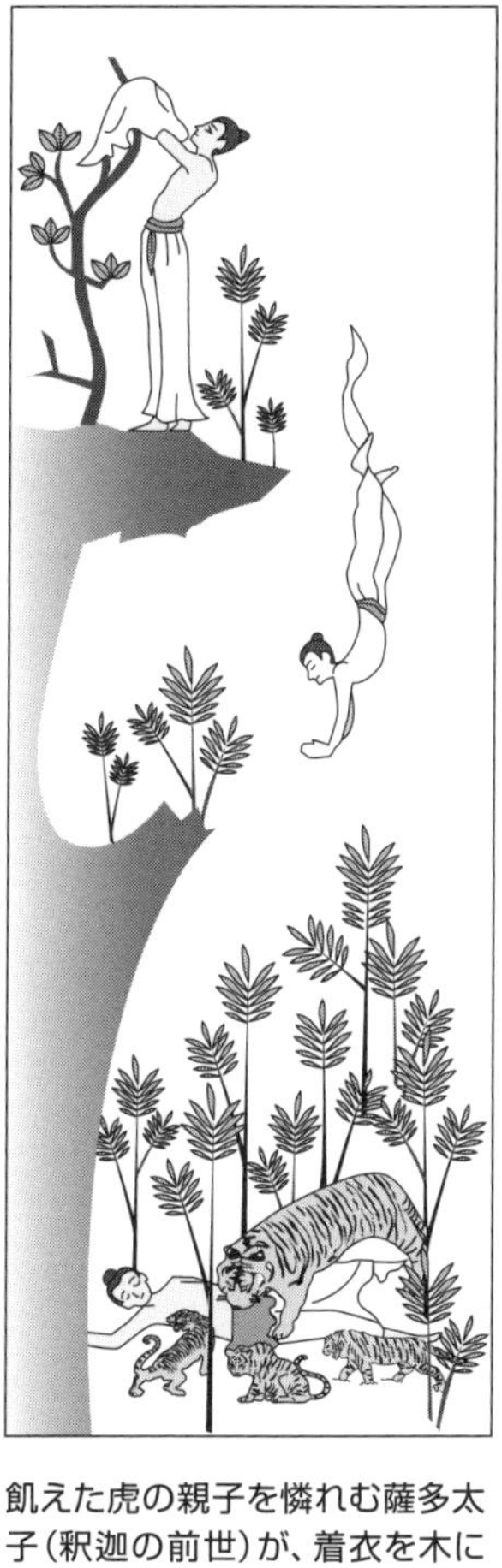

飢えた虎の親子を憐れむ薩多太子（釈迦の前世）が、着衣を木に掛け飛び込もうとする場面。法隆寺の玉虫厨子に描かれている

涅槃経

釈迦最後の遊行から入滅までを克明に描く

小乗の『大般涅槃経』と大乗の『大般涅槃経』

『涅槃経《ねはんぎょう》』すなわち『大般涅槃経《だいはつねはんぎょう》』はパーリ語の長編経典を集めた『長部経典』(ディーガ・ニカーヤ)三十四経のなかでもっとも長い経典で、漢訳の『長阿含経』三十巻のなかでも第二番目の長さになる。編纂されたのは、紀元前三世紀のアショーカ王入滅直後と推定されている。

『涅槃経』には、釈迦の最後の説法の旅から入滅、遺骨の分割という一連の出来事が克明に描かれており、その骨子や筋書きは『遊行経《ゆぎょうきょう》』とほぼ一致している。

このアーガマ文献に含まれる『涅槃経』とは別に、紀元四世紀ごろに成立する大乗仏教の立場からつくられた同じ題名の『大般涅槃経』がある。サンスクリット語の原典は残っていないが、三種の漢訳とチベット語訳がある。

『涅槃経』に何が説かれているのかというと、衆生の世界が無常、苦、無我、不浄であるのとは逆に、仏は常、楽、我、浄の四つの徳を備えている。そして、そのような仏の徳は衆生にも

二つの『大般涅槃経』

	初期仏教の『大般涅槃経』	大乗の『大般涅槃経』
伝来	南伝(スリランカ・インドシナ半島)	北伝(中国・朝鮮・日本)
成立	紀元前3世紀ごろ	4世紀ごろ
言語	パーリ語(古代インドの方言)	サンスクリット語からの漢訳、チベット語訳
分量	小本(2～3巻)	大本(40巻)
内容	釈迦の最後の旅から入滅、荼毘にふされるまでの様子を、事実にもとづいて描く	南伝の『涅槃経』と同様、入滅までの様子を伝えるが、釈迦の入滅は方便であり、衆生救済が永遠につづくことを説く

本来は備わっているので、すべての衆生には仏になる可能性があるという。つまり、「一切衆《いっさいしゅ》生悉有仏性《じょうしつうぶっしょう》」を説いている。

大いなる涅槃に入った釈迦

釈迦は、王舎城（ラージャグリハ）を離れて最後の遊行の旅に出た。ヴァイシャーリーで遊女アンバパーリーの供養をうけ、ヴェルヴァーナ村で最後の雨安居《うあんご》に入る。すると病にかかり、激しい腹痛に襲われた。

そこで釈迦は苦しみにたえながら弟子の阿難（アーナンダ）に語る。

「自らを灯明《とうみょう》（あるいは島）とし、自らを依《よ》りどころとし、法を灯明（島）とし、法を依りどころとして精進《しょうじん》しなさい。ほかのものを灯明（島）とし、よりどころにしてはならない」

「自灯明《じとうみょう》」あるいは「法灯明《ほうとうみょう》」とよばれるこのときの釈迦の説法は、もっとも基本的な教えの一つとして仏教徒たちに尊重されている。

その後、釈迦と比丘《びく》たちはパーヴァー村に着き、鍛冶師《かじ》・チュンダのマンゴー林で休息をとった。

チュンダは布施《ふせ》の食事を供し、貴重なきのこ（栴檀耳《せんだんじ》）も供養した（豚肉という説もある）。だが、食事のあと、ブッダは背中に猛烈な痛みを感じ、下痢におそわれる。

一行は近くに小川があるサーラ（沙羅）の樹の林で休息をとることにした。ブッダは寝具を敷いた二本のサーラ樹（沙羅双樹《さらそうじゅ》）のあいだに右脇を下にして足の上に足を重ね、頭を北にして横たわった。そして、釈迦は、

「もろもろの事象はすぎ去るものである。怠ることなく、精進にはげみなさい」

と最後に比丘たちに説き、礼拝を受けながら静かに涅槃に入ったという。

釈迦の遺骸は、クシナガラの住人であるマッラ族によって荼毘《だび》（火葬）にふされた。釈迦入滅の知らせを聞いて、ゆかりの国々から使者がきて、釈迦の遺骨（仏舎利《ぶっしゃり》）を要求した。仏舎利は八つに配分され、それぞれの国にストゥーパ（仏舎利塔）が建立された。

『涅槃経』で説かれる釈迦の最後の旅

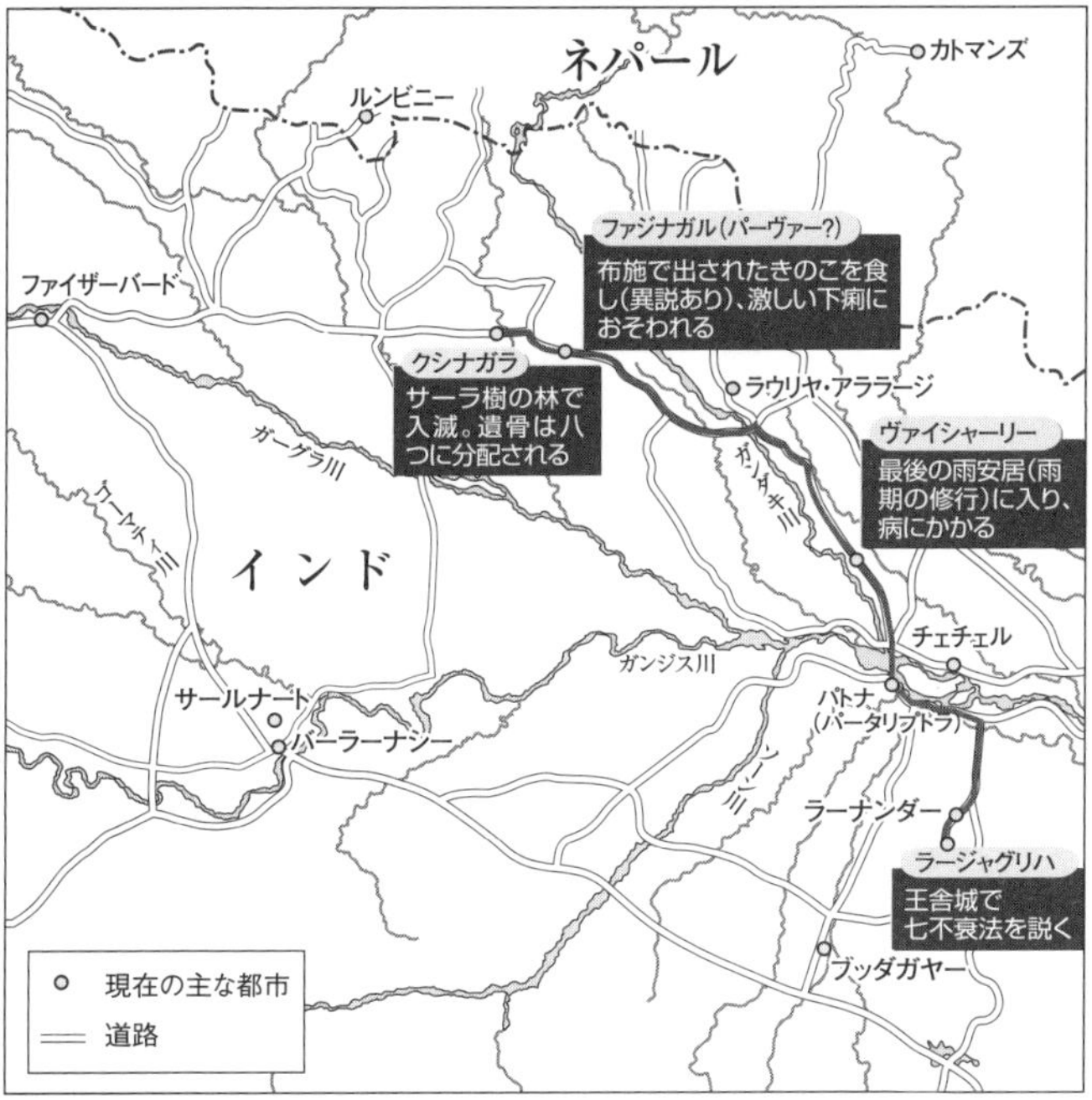

涅槃像

涅槃はすべての迷いから解き放たれた境地をしめす

コラム

さまざまな仏たち

仏教では、あらゆる時間、空間、場所（三世十方）にさまざまな仏が存在するとされている。仏教経典にも多様な仏が登場するが、それらはここにあげる四つに大別できる。

如来

苦行を積んで悟りを開いた釈迦如来は、時代を問わず広く信仰されている。装身具や宝冠をつけず簡素な姿をしているのが特徴的だ

如来《にょらい》とは、「真理の世界からやってきた者」を意味する。つまり、修行を完成させ、悟りを開いた釈迦と同じ仏のことで、諸仏のなかでも最高位に位置する。釈迦如来、阿弥陀如来、薬師如来、大日如来などがよく知られ、それぞれ異なる役割をもつ。理想化され、人間を超越した姿をしており、三十二相、八十種好という身体的特徴を備えている。

菩薩

釈迦の死後、56億7000万年のちに仏になることを約束された弥勒菩薩。釈迦の教えで救われなかった衆生を救うとされている

菩薩《ぼさつ》とは、仏（如来）になる前の段階にあるも

のをさす。限りなく仏に近く、仏になれるだけの能力をもっているが、衆生を救済するためにあえて現世にとどまっている。悟りの真実を現世で実行しようとする仏である。観世音《かんぜおん》菩薩、弥勒《みろく》菩薩、地蔵《じぞう》菩薩などが代表例としてあげられる。

明王

明王《みょうおう》は、仏（如来）が通常のかたちでは救済することができない衆生を悟りに導くために、自

不動明王は五大明王の一つで、大日如来の教えを広める使者である。右手に剣、左手に綱をもち、火焔を背負っている

ら姿を変えてあらわれたものとされる。そのため忿怒《ふんぬ》の形相で剣などを手にしている。武器をもって人びとの煩悩を打ち砕くのである。不動《ふどう》明王のほか、愛染《あいぜん》明王、降三世《ごうさんぜ》明王などがある。

天

天《てん》は、古代インドの神々が仏教に取り入れられて護法神《ごほうしん》となったものだ。如来、菩薩、明王を守護することがその役目である。四天王《してんのう》、弁財天《べんざいてん》、仁王《におう》、歓喜天《かんぎてん》、鬼子母神《きしぼじん》など多数の天がおり、姿かたちもさまざま。性別が明確なのも特徴的である。

人間のからだに象の頭をつけた男女二神が抱き合う歓喜天。ヒンドゥー教ではシヴァ神の子とされる。仏法・願望成就の守護神

宗派・経典関連年表

年代	出来事
前四六三頃	釈迦誕生（異説あり）
前二八〇頃	教団の分裂（根本分裂）
前二〇〇頃	原始経典の成立
紀元〜後一〇〇	大乗仏教がおこる
	初期大乗経典（『般若経』『法華経』『華厳経』『無量寿経』『維摩経』など）がつくられはじめる
	中国に仏教が伝わる
	仏典の漢訳がはじまる
一五〇頃	龍樹（ナーガールジュナ）の活躍
三〇〇以降	中期大乗経典（『大般涅槃経』『勝鬘経』など）がつくられはじめる
三九九	法顕、インドへ求法の旅に出る
四〇一	鳩摩羅什（クマーラジーヴァ）、長安におもむき、『維摩経』『法華経』の漢訳を作成する
五三八	百済から日本へ仏教が伝わる
六〇〇以降	後期大乗経典（『大日経』『金剛頂経』など）が成立
六〇四	十七条憲法が制定される
六〇六	聖徳太子、『三経義疏』を著す
六二九	玄奘、インドへ旅立つ
六五三	道昭、入唐して法相宗を学ぶ
七三六	道璿、唐から『華厳経』をもたらす。四年後、審祥が来日し、華厳宗を伝える
七五四	鑑真、律宗を確立

八〇五	最澄、唐から帰国し、天台宗を開く
八〇六	空海、唐から帰国し、真言宗を開く
八三八	円仁、唐に渡る
九三八	空也、京都で念仏をはじめる
九八五	源信、『往生要集』を著す
一一二四	良忍、融通念仏宗を開く
一一七五	法然、専修念仏を称え、浄土宗を確立
一一九一	栄西、臨済宗を伝える
一一九八	法然が『選択本願念仏集』、栄西が『興禅護国論』を著す
一二二四	親鸞、『教行信証』を撰する
一二二七	道元、曹洞宗を伝え、『普観坐禅儀』を著す
一二四六	蘭渓道隆の来日
一二五三	日蓮、日蓮宗を開く
	道元の『正法眼蔵』が完成する
一二六〇	日蓮、『立正安国論』を著す
一二七四	一遍、時宗を開く
一二七九	無学祖元の来日
一三八〇	足利義満により、五山十刹が確立
一四八〇	蓮如、山科に本願寺を再興する
一四八八	加賀の一向一揆おこる
一五七一	織田信長、比叡山を焼き討ちにする
一六五四	隠元の来日。黄檗宗を伝える

【主な参考文献】 ※左記の文献等を参考にさせていただきました。

『仏教』ブラッドリー・K・ホーキンズ、『経典ガイドブック』宮元啓一、『華厳とは何か』竹村牧男（春秋社）／『日本仏教の思想』立川武蔵、『世界宗教事典』村上重良、『仏教の来た道』『観音経講話』『観音のきた道』鎌田茂雄、『大乗経典を読む』定方晟（講談社）／『ブッダ　知れば知るほど』奈良康明編（実業之日本社）／『日本仏教史』末木文美士（新潮社）／『真言宗の常識』新居祐政、『曹洞宗の常識』中野東禅、『浄土宗の常識』神山榮輝ほか、『宗教史地図　仏教』古坂紘一（朱鷺書房）／『日本の名僧』今泉淑夫、『捨聖　一遍』今井雅晴、『鎌倉新仏教成立論』大野達之助（吉川弘文館）／『日本仏教史　近世近代篇』圭室諦成（法蔵館）／『仏教入門　人間学としての宗教』藤井正治（潮文社）／『日中文化交流叢書④　宗教』源了圓・楊曾文編（大修館書店）／『日本仏教宗派のすべて』、『仏教とはなにか』大正大学仏教学科編、『日本仏教十三宗ここが違う』、『わが家の宗教　浄土宗』若林隆光、『わが家の宗教　曹洞宗』東隆真、『曼荼羅図典』（大法輪閣）／『よくわかる仏事の本　日蓮宗』松村寿巌、『よくわかる仏事の本　浄土真宗』中西智海、『禅の世界』（世界文化社）／『鎌倉の仏教』納富常夫（かまくら春秋社）／『高僧伝⑨　日蓮』金岡秀友（集英社）／『人間ブッダの生き方』高瀬広居（角川書店）／『仏教入門』三枝充悳、『原始仏典を読む』中村元、『お経の話』渡辺照宏（岩波書店）／『仏教経典の世界・総解説』（自由国民社）／『釈迦の本』（学習研究社）／『お経の基本がわかる小事典』松濤弘道（ＰＨＰ研究所）／『日本の仏教を知る事典』奈良康明編著（東京書籍）／『大乗仏典入門』勝又俊教・古田紹欽編（大蔵出版）／『「般若心経」の世界』西条慎之介（オーエス出版）／『よくわかる密教のすべて』大栗道榮（日本文芸社）／『仏教の深層心理』太田久紀（有斐閣）／『日本仏教宗派事典』斎藤昭俊（新人物往来社）／『日本仏教基礎講座①　奈良仏教』平岡定海編、『日本仏教基礎講座④　浄土宗』藤井正雄編、『日本仏教基礎講座⑤　浄土真宗』早島鏡正・坂東性純編（雄山閣）／『東大寺物語　シルクロードの終着駅・奈良』狭川普文（フジタ）／『七人の高僧列伝』松原哲明（三修社）／『仏教の大河』高瀬広居（展望社）／『図解雑学空海』頼富本宏（ナツメ社）／『宗教年鑑　令和五年版』（文化庁）

※「宗派データ」は『宗教年鑑　令和五年版』（文化庁）にもとづく。

本書は小社より刊行された『図説　あらすじでわかる！　日本の仏教とお経』（二〇一〇年）、を加筆修正の上、再編集したものです。

監修者紹介

廣澤隆之　1946年、東京都生まれ。京都大学文学部哲学科卒、大正大学大学院博士課程満期退学、仏教学者、真言宗僧侶。大正大学仏教学部教授、智山伝法院院長、大正大学副学長を歴任、現在は大正大学名誉教授。八王子市浄福寺住職。主な著書・監修書に『「唯識三十頌」を読む』（大正大学出版会）、『図解雑学仏教』（ナツメ社）、『よくわかる仏教』（PHP研究所）、『釈迦八相図で辿るブッダの生涯と教え　上・下』（仏教検定協会）などがある。

図説《ずせつ》　ここが知《し》りたかった！

日本《にっぽん》の仏教《ぶっきょう》とお経《きょう》

2024年6月5日　第1刷

監修者　廣《ひろ》澤《さわ》隆《たか》之《ゆき》

発行者　小澤源太郎

責任編集　株式会社プライム涌光
電話　編集部　03(3203)2850

発行所　株式会社青春出版社
東京都新宿区若松町12番1号 〒162-0056
振替番号　00190-7-98602
電話　営業部　03(3207)1916

印刷　三松堂　　製本　フォーネット社

万一、落丁、乱丁がありました節は、お取りかえします。

ISBN978-4-413-23361-3 C0015